한국여지승람

TIMES-SPACES OF KOREAN HERITAGE

전쟁의 시공간 · *Battlefields*

03

문사철 지음 노영구 감수

직지
플러스

_____

만든 사람들

기획 총괄 문사철
집필 강응천, 원재훈
책임 편집 김덕련

디자인 이소영
아트워크 EPS 채희만
아트디렉터 김용한
지도 일러스트 조혜림
사진 문화유산기술연구소, 박동진, 손승현

감수 노영구
기획 자문 조정희
제작 제이오
교정 김정, 문사철

기획 총괄 문사철

출판, 강연, 전시, 여행 등을 통한 인문사회 지식의 소통과 공유를 위해 활동하는 기획 집단. 통합 교양을 지향하는『지식의 사슬』시리즈, 신문 형식으로 보는 역사 시리즈의 결정판『근현대사신문』시리즈, 한국사와 세계사를 같은 시간의 흐름 속에서 살펴볼 수 있도록 정리한『세계사와 함께 보는 타임라인 한국사』시리즈, 한국사의 흐름을 세기 단위로 나눠 정리한 '세기의 서(書)'『민음한국사』시리즈 등을 기획하고 만들었다.

감수 노영구

서울대학교 인문대학 국사학과를 졸업하고 동 대학원에서「조선후기 병서와 전법의 연구」로 박사 학위를 취득했다. 일본 방위연구소 전사연구 센터 객원연구원, 국가안전보장문제연구소 군사문제연구센터장 등을 역임하고, 국방대학교 군사전략학과 교수로 재직 중이다. 주요 저서로『한 국군사사』7,『영조 대의 한양 도성 수비 정비』,『조선중기 무예서 연구』,『조선후기의 전술』,『연병지남__북방의 기병을 막을 조선의 비책』,『조 선후기 도성방어체계와 경기도』,『한양의 삼군영』, 한국의 전쟁과 과학기술문명』등이 있다.

21세기 한국 문화는 세계사적 현상이다. 한국의 문화유산은 앞다퉈 유네스코 세계문화유산으로 등재되고 있고, 한국의 현대 문화는 앞다퉈 세계인의 관심과 호응을 이끌어 내고 있다. 지난 세기만 해도 상상할 수 없었던 일이다. 현대화는 곧 서구화라는 관념 아래 한동안 한국의 전통문화는 극복의 대상, 현대 문화는 모방의 산물로 여겨졌다. 그런 생각에 변화가 일어난 것은 한국이 경제적으로 급성장하면서 자신감이 상승하던 20세기 8, 9십년대의 일이다. 1997년이 문화유산의 해로 선포되고 박동진 명창이 "우리 것은 좋은 것이야!"라고 일갈한 사례가 보여 주는 것처럼 전통문화의 가치를 재발견하는 흐름이 일어났다. 물론 그때는 아직 우리 것을 우리가 챙기지 않으면 누가 알아주겠느냐 하는, 다소 내성적이고 국수주의적인 정서가 앞서 있었다.

이제는 세계가 앞다퉈 한국과 한국 문화를 알려고 한다. '우리 것'이 더는 우리만의 것이 아니다. 이 같은 반전을 이루어 낸 한국 문화의 저력은 어디에서 왔을까? 우리 자신에게뿐 아니라 세계를 대상으로 한국 문화의 보편적 성격을 어떻게 설명해야 할까? 『한국여지승람』은 그런 문제의식 아래 한국 문화의 기원과 특징을 찾아 방방곡곡을 탐사하는 책이다. 한국 문화를 구성해 온 핵심 주제를 선정하고, 해당 주제의 역사적 발전 과정을 따라가면서 주요 지역이나 장소를 집중 탐구해 나갈 것이다. 그럼으로써 시공간을 무대로 깊고 넓게 펼쳐져 온 한국 문화의 흐름과 특징을 최대한 입체적으로 포착할 수 있기를 기대한다.

제3권의 주제는 '전쟁'이다. 한국인과 한국 문화의 형성 과정에서 전쟁은 특별하고도 압도적인 영향을 미쳤다. 한국사의 거의 모든 시대와 지역에 걸쳐 전쟁, 그것도 강대한 외세가 도발한 침략 전쟁의 흔적이 남아 있다. 한국인은 때로는 침략자를 격퇴하고 때로는 그들 앞에 무릎 꿇었지만, 끝내는 그 모든 전쟁으로부터 살아남아 침략과 억압을 증오하는 특유의 문화를 형성해 왔다. 따라서 우리는 한국의 주요 전적지에서 흔히 말하는 '호국 정신'만이 아니라 한국 문화의 특질에 대한 매우 특별한 설명까지 찾을 수 있으리라 믿는다.

한국사의 주요 전쟁이라면 그것이 비록 현대 한국의 영역에서 일어나지 않았더라도 탐사 대상에 포함한다는 것이 우리의 생각이다. 고대와 고려 시대의 전쟁이 주 무대로 삼은 만주와 북한 지역도 예외가 아니다. 또 기존에 알려진 주요 전장이나 영웅의 행적에 머물지 않고 삶의 터전과 인간의 존엄을 지키기 위해 싸운 무명의 전사들과 전장을 찾아내 탐사하려고 노력할 것이다. 특히 제4부 동학농민전쟁은 전봉준의 진퇴에 집중되는 기존 서사를 넘어 전국 각지에서 펼쳐진 농민군의 분투를 구석구석 끝까지 추적하고자 한다. 동학농민전쟁은 기존의 전쟁과 달리 모든 종류의 억압과 침략을 없애기 위해 일어난 전쟁이었으나 끝내는 외세에 의해 좌절되었다. 따라서 한국인의 전쟁 체험을 총괄하고 근대적 세계관과 문화를 형성하는 데 결정적 영향을 미친 동학농민전쟁은 특별한 관심을 받아 마땅할 것이다.

한국의 방방곡곡을 돌아보다 떠오른 말이 있다. 일보일사(一步一史). 어느 고장이든 역사의 자취와 마주치지 않고는 단 한 걸음도 뗄 수 없었기 때문이다. 기쁘고 분하고 슬프고 즐거운 온갖 사연이 수천 년 동안 삼천리 방방곡곡에 깃들어 왔다. 현대 한국의 문화는 그처럼 다양한 분포와 층위를 갖는 역사와 전통을 자양분 삼아 성장해 왔고 성장해 갈 것이다. 우리의 탐사가 그러한 성장에 작은 디딤돌이 되기를 바라며 수천 년 전쟁의 발자취를 찾아 발걸음을 옮긴다.

2023년 늦가을 『한국여지승람』을 만든 사람들

* 연대와 날짜 표기는 1895년까지는 음력, 1896년 이후는 양력을 원칙으로 했다.

I 중원의 백만 대군

기벌포의 자취 금강이 서해와 만나는 충청남도 서천군 장항읍 일대의 해 질 무렵 풍경. 삼국 시대에 이곳은 '기벌포'로 불렸다. 서기 660년(태종 무열왕 7) 서해를 건넌 당군이 백제 왕도를 공격하기 위해 들어선 곳이다. 676년(문무왕 16) 당군이 신라마저 굴복시켜 한반도를 통째로 지배하려다가 신라군에 패해 쫓겨난 곳이기도 하다.

— 고대의 전장을 찾아서

1393년(조선 태조 2) 6월 명(明) 태조 주원장은 조선에 편지를 썼다. "너희는 바다가 넓고 산이 험준한 것을 믿고 우리 군이 한·당(漢唐)과 같을 것으로 생각한다. 한·당은 육군은 강하나 수군은 약해 바다에서 혹 어려움을 겪었다. 짐은 강남과 회남을 복속시켜 천하를 통일하고 오랑캐를 쫓아냈다. 수군과 육군을 모두 갖췄으니 어찌 한·당에 비하겠는가? …… 백만 대군과 천 리에 뻗친 전함으로 발해와 요양을 따라간다면 조선쯤은 아침 한 끼 거리도 안 될 텐데 너희가 어찌 당해 내겠는가?"(『명실록』)

이 협박 편지에는 종종 대륙 왕조의 침략에 노출되곤 했던 한국인의 험난한 역사가 농축되어 있다. 한·당의 침략에 맞서 광범위한 전선이 펼쳐졌던 고대의 만주와 한반도로 발걸음을 옮겨 보자.

고조선-한전쟁과 아시아

고조선과 한의 무력 충돌은 만주와 한반도에서 일어났지만, 외교전을 포함한 전선은 동아시아를 넘어 북아시아의 흉노까지 뻗어 있었다.

고조선 시기 문자 토기 기원전 5~4세기 무렵 제작된 것으로 표면에 불 화(火) 자와 비슷한 글자가 새겨져 있다. 중국 랴오닝성 출토.

씨름하는 흉노 전사 내몽골 오르도스에서 출토된 허리띠 장식.

서역의 관문인 간쑤성 둔황에 이르는 '황허 서쪽의 통로'. 약 900킬로미터.

하서회랑

흉노

부여

고조선

진국

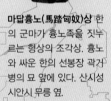

마답흉노(馬踏匈奴)상 한의 군마가 흉노족을 짓누르는 형상의 조각상. 흉노와 싸운 한의 선봉장 곽거병의 묘 앞에 있다. 산시성 시안시 무릉 옆.

한

남월 정복(기원전 111)

무릉 고조선을 멸망시킨 한 무제의 무덤. 한의 역대 황제 무덤 중 최대 규모를 자랑한다. 산시성 시안시.

진국 영역에서 나온 중국 동전 진국과 중국 왕조 간에 교역이 있었음을 보여 준다.

⟷ 충돌   ⟷ 친교   ⟷ 긴장 고조

1

고조선과 한의 전장

고조선은 만주와 한반도 북부를 세력권으로 삼아 성장해 중국 왕조와 국경을 마주하게 되었다. 기원전 3세기 무렵에는 지금의 베이징에서 랴오닝성에 걸쳐 있던 연(燕)과 자웅을 겨루기도 했다. 진(秦)에 이어 한이 중국을 통일하자 고조선은 한과 오랫동안 평화 관계를 맺었다. 그동안 고조선은 지금의 북한 지역에 있던 진번, 임둔 등을 복속시켜 사방 수천 리에 달하는 판도를 갖추었다. 기원전 2세기 말 우거왕 때는 지금의 남한 지역에 있던 진국(辰國)이 한과 직접 교통하는 것을 가로막아 중계 무역의 이익을 독점하고, 유목 국가인 흉노와 연계해 한을 견제하려 했다.

흉노는 한의 숙적이었다. 장안성 코앞까지 내려와 한을 압박하던 흉노를 밀어내고 서역 교통로를 개척하는 것은 한의 숙원이었다. 제7대 무제(재위 기원전 141~87)에 이르러 한은 흉노를 제압하고 서역으로 가는 길인 하서회랑에 사군을 설치했다(기원전 111). 고조선이 한 무제의 다음 표적 가운데 하나가 되리라는 것은 불 보듯 뻔한 일이었다. 기원전 109년, 중원에서 일어난 전쟁의 비바람이 압록강과 서해를 건너 한반도로 다가오고 있었다.

❶ 패수는 어디인가

고조선과 한의 전쟁은 패수(浿水)에서 출발한다. 당시의 고조선은 위만조선이었다. 위만은 전국 시대 연의 유민으로, 패수를 건너 고조선에 망명한 인물이었다. 고조선의 준왕은 위만을 박사로 삼아 서쪽 변경을 지키게 했으나, 위만은 정변을 일으켜 고조선의 왕이 되었다(기원전 194).

고조선과 한의 전쟁 당시 고조선을 통치한 우거왕은 위만의 손자였다. 무제는 자신에게 고분고분하지 않은 우거왕을 회유하기 위해 사신 섭하를 보냈다. 그러나 섭하는 아무 소득도 얻지 못하고 돌아가다가 패수를 건너기 직전 자신을 배웅하던 고조선 장수를 살해하고 도주했다.

그렇다면 패수는 어디일까? 유감스럽게도 한·중·일의 수많은 학자가 오랜 세월 그 위치를 놓고 논쟁을 벌여 왔으나 결론은 나지 않았다. 고조선의 국호를 계승한 조선 왕조는 시기별로 패수의 위치에 대한 공식 견해를 달리했다. 전기의 『고려사』「지리지」, 『세종실록』「지리지」 등에서는 패수가 대동강이었다. 중기의 『신증동국여지승람』은 패수를 압록강으로 올려놓았다.

청(淸)이 쇠퇴하고 민족주의적 분위기가 생겨나던 조선 후기에는 패수가 한반도를 벗어나 요동을 흐르는 어니하, 요서의 난하 등으로 멀찌감치 배치되었다. 그런가 하면 실학자 한백겸이 제시한 청천강설은 이마니시 류, 이병도 등 일제 강점기 학자들에게 지지를 받았다.

한편, 패수라는 용어는 고유 명사가 아니라 넓다는 뜻을 가진 만주어 '삐라'와 연관된 보통 명사일 가능성도 제기되었다. 패수는 특정한 강을 가리키는 것이 아니라 넓은 강을 의미하므로 고조선의 중심 지역이 만주에서 한반도 북부로 이동함에 따라 다른 강을 가리켰을 것이라고 한다.

이처럼 각각의 학설은 서로 다른 민족적, 정치

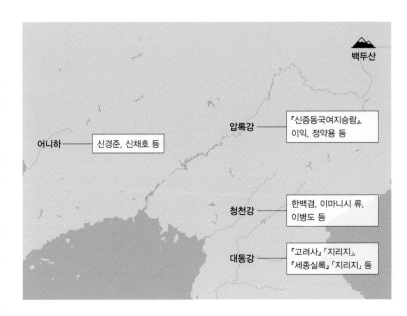

적 이해관계를 배경으로 저마다 나름의 근거를 제시하며 팽팽히 맞서고 있다.

여기서는 일단 패수가 한과 고조선의 경계였다는 『사기』「조선열전」의 기록을 고려해 고조선 왕도로 유력한 왕검성 아래의 대동강은 배제하겠다. 또 요동과 요서를 가르는 랴오허강 일대는 수·당이 고구려를 침공할 때 지났을 것이므로 그때 다루기로 하겠다. 청천강 역시 고구려군이 수의 30만 대군을 수장한 살수(薩水)로 추정되므로 다시 만날 기회가 있을 것이다.

따라서 위만과 섭하가 건넌 패수가 압록강이라는 가정 아래 그 후 고조선과 한 사이에 벌어진 일들을 따라가 보도록 하자.

패수 위치 논쟁 대동강설, 청천강설, 압록강설, 어니하설을 각각 주장하는 대표적인 학자와 문헌.

압록강 한반도에서 가장 긴 강. 803킬로미터. 백두산에서 발원해 서해로 흐른다. 『신증동국여지승람』에 따르면 물 빛깔이 오리 머리처럼 푸르러 '압록(鴨綠)'이라 했다고 한다. 평안북도 신의주와 중국 랴오닝성 단둥 사이의 압록강과 그 위의 조중우의교(중국과 북한을 잇는 다리)를 단둥 쪽에서 찍은 사진.

② 압록강과 서해를 건너서

무제는 임무를 수행하지 못한 살인자 섭하를 도리어 치켜세우고 요동군 동부도위에 임명했다. 『한서』「지리지」에 따라 추정하면 동부도위부는 압록강 북안의 단둥에서 선양 방향으로 40여 킬로미터 떨어진 펑청에 있었다. 고조선의 코앞이었으니 노골적인 도발이 아닐 수 없었다. 우거왕은 이 같은 도발을 좌시하는 인물이 아니었던 모양이다. 그는 자객을 보내 섭하를 죽였다. 무제는 이를 빌미로 전쟁을 결심하고, 장군 양복은 참모들을 이끌고 장안의 감옥으로 가 죄수를 모았다. 그들은 형장의 이슬로 사라지는 대신 목숨을 걸고 왕검성으로 돌격하기 위해 징집되었다.

훗날 조선 시대에 의주에서 압록강을 건너 단둥, 펑청, 선양을 지나는 길은 중국으로 가는 사절단의 경유지였다. 태평한 시기라면 관리와 상인의 왕래로 붐볐을 그 길이 살기가 번뜩이는 침략의 길로 바뀌고 있었다. 기원전 109년 가을, 한은 육로와 해로 양면으로 대대적인 고조선 원정에 나섰다. 좌장군 순체가 이끄는 5만 명의 육군은 섭하가 도주한 길을 거꾸로 밟아 패수를 건넜다. 누선장군 양복이 이끄는 7000명의 수군은 산둥반도에서 배를 타고 서해를 건넜다. 양군은 지금의 평양 인근에서 합류해 왕검성을 협공한다

펑청의 고구려 유적 고구려의 산성인 봉황성으로 짐작되는 곳. 봉황성은 오골성이라고도 했다. 고조선 시기에 한의 요동군 동부도위부가 이곳에 있었을 것으로 추정된다. 랴오닝성 펑청시.

한군 병사들 한 양릉에서 출토된 도용(陶俑). 양릉에는 무제의 아버지인 한의 제6대 황제 경제와 그 황후가 합장되어 있다. 경제는 제5대 문제와 더불어 '문경의 치'라 불리는 선정을 펼쳤다. 산시성 셴양.

는 계획을 세워 놓고 있었다.

우리는 여기서 고조선-한전쟁이 시작되는 두 번째 지점과 만난다. 중국에서 한반도를 향해 돌출해 있는 산둥반도. 공자의 고향인 노(魯), 춘추전국 시대의 강국 제(齊)가 있던 이 반도는 뱃길로만 따져 한반도와 가장 가까운 곳이다. 반도 끝의 웨이하이에서 평양까지는 약 360킬로미터, 인천까지는 400여 킬로미터밖에 안 된다. 오늘날 여객선이 인천을 떠나 산둥반도의 여러 항구에 닿는 데는 15시간 안팎이 걸린다.

이처럼 가깝다 보니 산둥반도는 역사적으로 한국과 밀접한 관계를 맺어 왔다. 바닷가의 츠산(赤山)에는 9세기 신라의 장보고가 세운 법화원이 있고, 장보고의 동상도 우뚝 서 있다. 법화원처럼 신라인이 세운 절을 신라원이라 하고, 산둥반도 곳곳에 자리 잡은 신라인의 마을을 신라방이라 했다. 물론 그것은 신라와 당이 평화로운 교류를 이어 가던 시절의 이야기였다. 전쟁을 맞이해 산둥반도를 출발하는 한의 수군들에게 서해는 삶과 죽음의 기로였다.

❸ 왕검성에 지다

한의 7000 수군은 서해를 건너 대동강으로 진입 했다. 그러나 그들은 기다리고 있던 고조선 군대 의 기습 공격을 받아 궤멸적인 타격을 입었다. 순 체가 이끄는 5만 대군의 앞에도 험난한 여정이 기다리고 있었다. 겨울이 오기 전에 왕검성을 함 락하고 두둑한 전리품과 함께 돌아갈 줄 알았던 그들은 고조선 수비대와 맞닥뜨린 첫 번째 전투 에서 완패를 당했다. 왕검성을 겹겹이 에워싸고 고사 작전을 펼쳤지만, 고조선의 저항은 완강했 다. 싸움은 해를 넘기면서 계속되었다.

전황이 불리해지자 한 무제는 위산을 사신으 로 보내 협상하자는 제안을 해 왔다. 이에 고조선 에서도 태자를 보내 협상할 뜻을 밝혔다. 그러나 서로 의심을 풀지 못해 협상은 순조롭게 진행되 지 않았다. 무제는 협상 결렬의 책임을 물어 위산 을 처벌했다. 그리고 전선의 교착을 뚫기 위해 제 남 태수 공손수를 파견해 총공격을 전개했다. 이 역시 실패로 돌아가자 공손수도 패전의 책임을 지고 처벌당했다.

고조선의 강력한 항전으로 벽에 부딪힌 한군 은 새로운 방법을 모색했다. 정면 대결을 피하고 시간을 끌면서 고조선의 지배층을 매수해 분열 시키는 작전이 시작되었다. 포위 상태가 오래 이 어지자 전쟁에 지친 왕검성 내에서 분열이 일어

났다. 항전파는 기선을 제압한 데다 한군도 지쳤 으니 조금만 더 버티자고 주장했다. 반면 화친파 는 전쟁을 오래 끌면 불리하다면서 평화적 해결 을 주장했다.

화친파 가운데 가장 먼저 목소리를 높인 사람 은 조선상 역계경이었다. 그는 우거왕 앞에서 세 가 불리함을 이유로 한과 화의를 맺자고 주장했 다. 그러나 우거왕은 역계경의 제안을 단호히 거 부했다. 역계경은 위기의식을 느꼈다. 항전파가 그를 비난하며 거세게 압박해 들어왔다. 전쟁에 서 승리한다는 믿음도 잃고 지위마저 흔들리던 역계경은 자신의 세력을 이끌고 남쪽의 진국으 로 내려가 버렸다.

❶ 한 수군 7000명과 육군 5만 명, 고조선에 1차 공격을 가했으나 패배 (기원전 109 가을)

❷ 한 육군·수군, 고조선에 대한 2차 공격 (기원전 108, 왕검성 함락)

한 · 고조선 · 보하이만 · 라오둥반도 · 압록강 · 왕검성 · 산둥반도 · 서해

→ 한군 → 고조선군

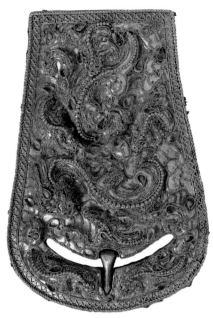

낙랑 금동 곰 모양 상다리 (왼쪽) 왼 무릎은 굽히고 오른 무릎은 세운 곰이 입을 벌린 채 오른팔로 상을 떠받치는 모양이다. 한 대에 곰은 귀신을 물리친다고 해서 장식에 많이 활용되었다.

낙랑의 금제 띠고리 1916년 평안남도 대동군(지금은 평양시) 석암리 9호분에서 출토된 낙랑 시기 유물. 금판에 금 알갱이 수백 개를 붙여 일곱 마리의 용이 꿈틀대는 모습을 표현했다. 낙랑 유물 중 최고의 수작으로 꼽힌다. 국보.

한사군
설치 당시의 한사군 위치 추정도. 무제는 흉노의 옛 땅에 하서사군을 설치한 것처럼 고조선의 옛 땅에도 사군을 설치했다. 한사군의 위치에 대해서는 논란이 끊이지 않고 있다.

역계경의 모습을 지켜본 조선상 노인, 니계상 참, 장군 왕겹 등 화친파는 비밀리에 회동을 갖고 한에 항복하자는 데 뜻을 모았다. 그들은 이러한 뜻을 한군 진영에 전하고 나라를 등졌다. 그러나 그들이 투항을 결심했음에도 불구하고 우거왕은 굴하지 않고 계속 맞서 싸웠다.

그러자 투항파는 참담한 결정을 내렸다. 끝도 없는 전쟁의 중심에 서 있는 우거왕을 제거하지 않으면 자신들이 살길이 없다고 판단한 것이다. 그들이 우거왕의 침실에 들여보낸 한인(漢人) 자객에 의해 고조선의 마지막 왕은 비명에 가고 말았다.

지배층의 배신이 잇따랐지만, 왕검성은 바로 함락되지 않았다. 고조선의 대신으로 있던 성기 때문이다. 그는 성안의 백성을 모아 최후의 한 사람까지 결사 항전할 것을 다짐했다. 그런 성기를 죽인 것은 적군이 아니었다. 기원전 108년 그는 노인의 아들 최와 왕자 장에 의해 최후를 맞았다. 고조선 백성은 줄줄이 묶여 이역만리 먼 땅으로 끌려갔지만, 적에게 항복하고 나라를 판 자들은 포상을 받았다.

한은 고조선을 멸망시킨 뒤 그곳에 낙랑, 임둔, 진번, 현도 등 네 개의 군(郡)을 설치했다. 그러나 이들 한사군 가운데 낙랑군을 제외한 세 곳은 세워진 지 30여 년 만에 토착 세력의 공격을 받아 폐지되었다. 이 사실은 고조선을 구성하고 있던 토착민들이 이 지역에 얼마나 굳게 뿌리내리고 있었는가를 잘 알려 준다. 낙랑군은 서기 313년까지 평양 일대의 중계 무역 중심지로 남아 있다가 부여 지역에서 일어난 고구려에 의해 멸망했다.

고조선과 한의 전쟁 직후에 쓰인 『사기』「조선 열전」은 이렇게 기록하고 있다.

"양군(兩軍, 한의 육군과 수군)이 모두 곤욕을 치르고 장수로서 공을 세워 후(侯)에 봉해진 자가 없었다."

이처럼 동아시아 최대의 강국이던 한에 맞서 고조선은 강력한 저항을 펼쳤다. 그러한 항거가 없었다면 우리는 고조선을 당당한 한국사 최초의 국가로 기억하지 못했을지도 모른다.

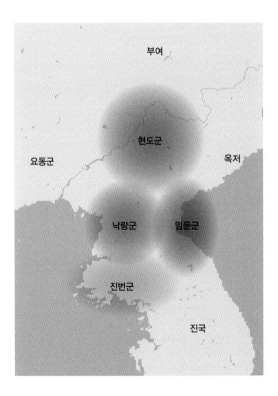

고구려-수전쟁과 아시아

6세기 말 수가 중국을 통일하면서 동북아시아에 전운이 감돌자 고구려는 북아시아(돌궐), 중앙아시아(소그디아나)까지 수에 맞서는 연대의 전선을 넓혔다.

아프라시압 궁전 벽화 7세기 소그디아나왕국 제작. 오른쪽에 고구려 사신으로 보이는 두 사람이 그려져 있다. 우즈베키스탄 사마르칸트.

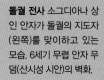

돌궐 전사 소그디아나 상인 안자가 돌궐의 지도자(왼쪽)를 맞이하고 있는 모습. 6세기 무렵 안자 무덤(산시성 시안)의 벽화.

요동성 터 고구려 방어선의 중핵이었던 곳. 지금은 요(遼)가 세운 동경성이 자리 잡고 있다. 랴오닝성 랴오양시.

요동성 가는 길 오늘날의 베이징인 탁군에서 출발한 수의 백만 대군이 보하이만 연안을 따라 만주(동북 3성)로 진입하는 길에 보이는 풍경.

을밀대 6세기에 평양성 내성의 북장대로 세워진 누각. '장대'는 적군의 동정을 살피며 작전을 지휘하는 곳이다. 북한 국보 문화유물 제19호.

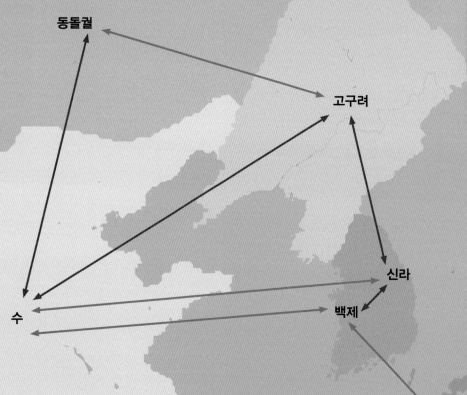

동돌궐

고구려

신라

수

백제

왜

◀──▶ 대 립   ◀──▶ 우 호

대운하 수가 중국을 통일한 후 뤄양 일대를 화북·강남과 연결하기 위해 건설했다.

쇼토쿠 태자 수 양제에게 "해 뜨는 곳의 천자가 해 지는 곳의 천자에게"라는 편지를 보냈다.

14

2

고구려와 수·당의 전장

역사는 때로 비슷한 양상을 반복하곤 한다. 기원전 2세기의 진·한과 고조선, 서기 7세기의 수·당과 고구려가 그랬다. 고조선은 전국 시대의 분열을 끝낸 진의 위협을 받았으나 진의 빠른 멸망으로 화를 면했다. 그러나 진을 계승한 한의 야욕은 피해 가지 못했다. 고조선에 이어 한반도 북부와 만주의 주인이 된 고구려 역시 남북조 시대의 분열을 끝낸 수(隋)와 국경을 맞대면서 위기에 봉착했다. 수는 진처럼 단명한 왕조였으나 네 차례나 고구려를 침략했다. 그 여파로 수가 망한 뒤에는 당의 침공도 이어졌다. 고조선과 한 사이에서 흉노와 진국이 했던 역할을 고구려와 수·당 사이에서는 돌궐과 백제·신라가 했다. 평행 이론 치고는 참으로 고약한 평행 이론이 아닐 수 없다. 그러나 고구려는 고조선과 달리 한 번의 침략에 무너지지 않고 끈질기게 강대한 침략군과 맞서 싸웠다. 그 집요한 항거는 한반도가 중국 일부로 편입되지 않고 독자적인 문화를 이룩해 온 이유의 하나가 되었다.

1 고구려-수전쟁과 살수

수가 북조를 평정하고 남조의 진(陳)을 정복해 중국을 통일한 것은 서기 589년이었다. 수의 창업주 문제(文帝, 재위 581~604)는 우선 갓 통일된 중원의 옛 왕조 세력들과 각지의 토호들이 딴마음을 먹지 못하도록 사회를 통합하는 데 전력을 기울였다. 흉노에 이어 북아시아 유목 지대의 주인이 된 돌궐의 위협을 제거하는 것도 급선무였다. 이처럼 급한 불을 끈 뒤에는 동북쪽으로 국경을 접하게 된 고구려를 어떤 식으로든 굴복시키려 들 것이 분명했다.

고구려는 이미 중국의 한, 위, 후연 등과 잦은 전쟁을 벌이면서 커 온 나라였다. 중국을 통일한 수가 자신을 가만두지 않으리라는 것을 잘 알고 있었다. 고구려는 이에 대비해 밖으로는 멀리 북아시아의 돌궐에 사신을 보내 수의 침략에 대비한 연합 전선을 모색하고, 안으로는 더욱더 많은 성을 쌓고 군대를 길렀다.

아니나 다를까 문제는 고구려의 영양왕(재위 590~618)에게도 편지를 보내 자신의 신하가 되라고 요구했다. 백제는 수에 여러 차례 사신을 보내 적국인 고구려를 응징해 달라고 요청했다. 그러나 고구려는 중국의 통일 왕조에게도 절대 만만치 않은 나라였다.

598년 영양왕은 군사를 보내 수의 요서 지방을 공격했다. 이는 고구려의 의지도 보여 주고 수의 힘도 떠보려는 선제공격이었다는 설과 고구려에서 이탈하려는 거란족에게 경고하고자 말갈족을 이용해 일으킨 국경 분쟁이었다는 설이 있다. 이에 맞서 수는 30만 병력을 동원해 고구려를 침공했으나 고구려군의 저항과 장마로 인해 퇴각했다. 돌궐도 힘에 부치는 마당에 고구려까지 한꺼번에 상대하기는 쉽지 않았다.

문제에 이어 수의 제2대 황제로 등극한 양제

(煬帝, 재위 604~618)는 우선 통일 국가의 기반을 닦는 데 주력했다. 양쯔강의 남과 북을 잇는 대운하를 건설해 세금과 각종 물류의 운송을 원활하게 하고 중앙 집권의 강화를 촉진했다. 진시황의 만리장성에 버금가는 대규모 토목 사업이었다. 이렇게 대대적인 내부 정비를 끝내고 돌궐을 제압한 뒤에야 양제는 고구려 정벌을 결심했다. 어쩌면 근대 이전 동아시아 역사에서 가장 규모가 큰 전쟁이라고 할 수 있는 고구려와 수의 대결이 다가오고 있었다.

베이징에서 랴오양까지

양제는 전국에 방을 붙여 고구려를 힘으로 무릎 꿇리기 위해 대규모 원정군을 조직한다고 선포했다. 중국 전역에서 원정에 필요한 군사 장비와 식량이 원정의 전진 기지인 탁군(涿郡, 베이징)으로 보내졌다. 대운하와 전국 곳곳의 도로가 그러한 물자와 동원된 군사들로 가득 찼다. 612년(영양왕 23) 탁군 벌판에 집결한 전투 병력은 113만 3800명에 달했다(『삼국사기』). 그들을 뒷받

돌궐 석인상 남북조 시대에 북주와 북제는 돌궐에 막대한 공물을 바쳤다. 돌궐의 무한 가한(재위 553~572)이 "남쪽에 효성이 지극한 두 아이가 있는데, 내게 물자가 부족할까 무슨 걱정을 하겠는가?"라고 할 정도였다. 돌궐의 동서 분열(582)과 수의 남북조 통일 후 상황이 바뀌었다. 599년 수는 동돌궐의 돌리 가한을 복속시켰다. 사진은 돌궐인이 남긴 석인상.

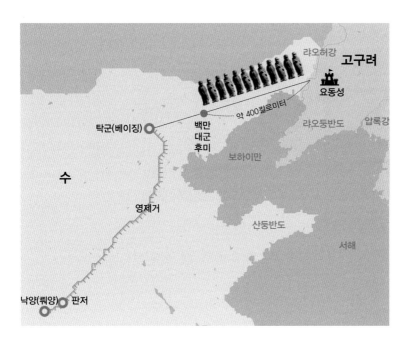

**수 원정군의
진격로와 보급로**
양제의 고구려 원정 당시
베이징~랴오허강 구간은
백만 대군이 일으키는 흙
먼지로 자욱했을 것이다.
베이징까지 이어진 영제거
(대운하의 일부, 608년 개
통)는 이들이 쓸 전쟁 물자
를 나르는 데 중요한 역할
을 했다.

침할 보급 병력은 이 숫자의 두 배에 이르렀다고
한다. 세계사를 통틀어 제1차 세계대전 이전에는
다시 볼 수 없는 엄청난 병력이었다. 양제가 직접
이끄는 백만 대군은 일사불란한 대형을 갖추고
동쪽으로 진군하기 시작했다.

베이징에서 보하이만 연변을 따라 동쪽으로
600킬로미터 정도 가다 보면 보하이만으로 흘러
들어가는 랴오허강이 나온다. 보하이의 한국식
한자음은 발해, 랴오허는 요하이다. 꽤 친숙한 이
름들이다. 특히 '요하'는 고구려와 중국의 자연적
경계선으로 인식되던 강으로, 이 강의 동쪽이 요
동이고 서쪽이 요서이다. 따라서 양제의 백만 대
군은 랴오허강을 건너는 순간 침략군이 되는 셈
이다. 『삼국사기』의 기록으로 미루어 보면 대형

을 갖추고 늘어선 113만 병력의 길이는 거의 400
킬로미터에 이르렀다고 한다. 경부고속도로를
꽉 메우고 행진하는 군대를 연상하면 된다. 행군
을 시작한 이 대군의 최후방 부대가 출발 당시 선
발대가 있던 지점에 이르는 데 걸리는 시간은 한
달 하고도 열흘을 채웠다. 따라서 선발대가 요하
에 도착했을 때 최후방 병력은 아직 발해만의 서
쪽 연안을 걷고 있었을 것이다. 상상하기 어려운
규모와 시간이다.

고구려 최대의 국경 도시는 요동성이었다. 지
금의 랴오닝성 랴오양에 해당하는 곳으로, 요하
의 가장 가까운 지점으로부터 100킬로미터 남짓
떨어져 있었다. 고구려군은 일부 병력을 보내 요
하의 도하 지점인 통정진 일대를 지켰으나, 백만
대군을 막아 내기에는 중과부적이었다. 그들은
모두 요동성으로 퇴각해 일전 태세를 갖추었다.
요하를 건넌 수군은 요동성에 도착하자 성을 겹
겹이 에워쌌다.

오늘날 요동성의 자취는 남아 있지 않다. 11세
기 들어 거란이 그곳을 차지한 뒤 세운 동경성 유
적이 남아 있는데, 그곳이 요동성 자리였으리라
짐작할 뿐이다. 동경성이 요동성과 같은 크기였
는지는 알 수 없지만, 동경성의 규모만 놓고 볼
때 백만 대군이 이 성을 다 둘러싸려면 열 겹으로
도 모자랐을 것 같다. 아마도 전투를 벌이는 동안
에도 뒤쪽 대열의 병력은 계속해서 발해만을 지
나고 요하를 건너고 있었을 것이다.

**요동성 터의 동경성 유적
(왼쪽)과 「요동성도」** 북중
국을 정복한 거란은 지금
의 랴오양시 일대에 동경
요양부를 설치했다. 요동
성은 석성인 동경성과 달
리 토성이었다고 한다. 오
른쪽은 1953년 평안남도
순천군에서 발굴된 고구려
고분의 요동성 벽화.

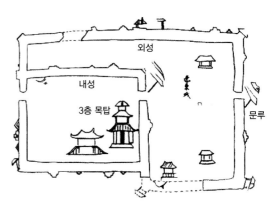

17

압록강에서 평양까지

수의 백만 대군이 요동성을 향해 진군하고 있는 동안 산둥반도에서는 또 다른 대군이 전함에 올라 출진하고 있었다. 앞서 고조선과 한의 전쟁에서도 보았던 장면의 데자뷔였다. 양제는 자신이 이끄는 육군으로 요동성을 함락한 뒤 고구려의 왕도인 평양성으로 진군하고, 내호아가 이끄는 수군은 서해를 건너 대동강에 진입한 뒤 육군과 합류하는 작전을 세웠다. 그런데 요동성의 저항이 생각했던 것보다 완강해 양제는 점점 초조해졌다.

내호아가 이끄는 수군은 서해를 가로질러 대동강에 진입한 뒤 그곳에서 기다리고 있던 고구려 군대와 만나 크게 이겼다. 내호아는 여세를 몰아 평양성으로 쳐들어가려 했다. 본래 수군의 주 임무는 육군에 대한 보급이었으므로 양제는 육군이 도착할 때까지 기다리라고 명령했다. 그러나 내호아는 기가 오른 나머지 황제의 명을 어기려 한 것이다. 부사령관 주법상이 육군을 기다리자고 말렸지만, 큰 공을 세워 황제를 놀라게 하고 싶었던 내호아는 듣지 않았다. 그는 수만 명의 정예 군사를 선발해 평양성으로 진격했다.

당시 평양성을 지키는 수비대의 책임자는 영양왕의 동생인 고건무였다. 그는 군사를 내려보내 내호아 군대와 싸우게 했지만, 얼마 싸워 보지도 않고 패해서 성안으로 도망쳤다. 고구려군을 우습게 여긴 내호아는 성안으로 따라 들어가 백성을 사로잡고 재물을 약탈했다. 그러나 이것은 계산된 고건무의 작전이었다. 평양성은 외성, 내성 등 여러 겹의 성벽으로 이루어진 단단한 성이었다. 고건무는 외성에 있는 빈 절에 군사들을 숨겨 두고 있었다. 그 군사들은 수의 군대가 약탈하느라 정신없는 틈을 타 절에서 뛰쳐나가 기습 공격을 가했다. 수만 명의 수 정예군 가운데 살아남은 자는 수천 명에 불과했다. 간신히 포로 신세를

대동강을 내려다보는 영명사 평양시 모란봉에 있던 사찰. 고구려 광개토대왕이 평양에 세운 9개의 사찰 중 하나로 전한다. 한국전쟁 때 대부분 소실되어 현재는 팔각오층탑 등 일부분만 남아 있다. 사진은 일제 강점기인 1921년의 모습.

면한 내호아는 목숨만 건져 줄행랑을 쳤다. 그는 남은 군사를 이끌고 바닷가로 돌아가서 꼼짝하지 않았다.

한편 요동성에 발이 묶여 있던 양제는 전략을 수정했다. 별동대를 꾸려 바로 평양을 공격하기로 한 것이다. 별동대라는 것은 그야말로 따로 움직이는 특공대를 의미한다. 보통 몇십 명이나 몇백 명 규모로 기동성 있게 움직인다. 그런데 백만 대군을 거느린 양제는 생각의 크기가 달랐다. 별동대로 꾸린 병력이 무려 30만 명이었다. 우중문, 우문술 등이 각각 나누어 거느린 별동대는 여러 경로로 요동성을 돌아서 진군했다. 그리고 압록강 서쪽에서 하나로 합쳤다.

평양성(장안성)
고구려는 586년(평원왕 28) 장안성(長安城)으로 천도했다(『삼국사기』). 장안성은 곧 지금의 평양성으로 보인다. 고려와 조선의 개축을 거쳐 오늘에 이른다. 둘레 약 23킬로미터. 북한 국보 문화유물 제1호.

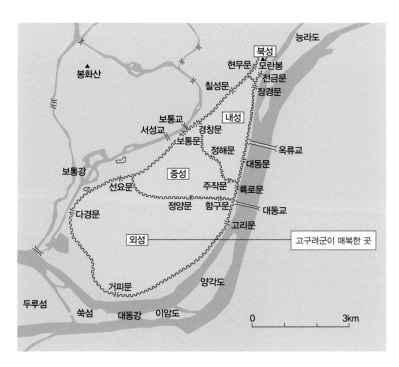

압록강 서쪽이라고 하면 고구려 시기에 서안평이라고 불렸던 오늘날의 단둥 부근일 가능성이 크다. 요동성이 있던 랴오양에서 단둥까지는 오늘날 가장 빠른 도로를 기준으로 200여 킬로미터 떨어져 있다. 30만 별동대는 무거운 갑옷을 입고 100일분의 식량과 온갖 무기를 짊어진 채 강행군을 벌였다. 우문술이 도중에 식량을 버리는 자는 목을 베겠다고 엄포를 놓았지만, 200여 킬로미터는 별동대에게 너무 먼 거리였다. 그들은 무거운 짐을 감당하지 못해 장막 밑에 구덩이를 파고 식량을 묻었다. 압록강을 건너기도 전에 군량은 거의 다 떨어져 버렸다.

바로 그때 고구려의 영양왕이 보낸 대신이 수군의 별동대 군영을 찾았다. 그의 이름은 을지문덕. 그는 수가 군사를 물리면 항복하겠다는 영양왕의 뜻을 전달했다. 그러면서 수군의 동태를 유심히 살폈다. 무거운 짐을 지고 행군하느라 군사들은 지쳐 보였고 군량마저 부족해 사기는 땅에 떨어져 있었다. 그때 우중문은 고구려왕이나 을지문덕이 찾아오면 반드시 사로잡으라는 양제의 비밀 명령을 받아 두고 있었다. 그래서 을지문덕을 체포하려 했으나, 별동대를 수행하던 유사룡이 이를 말렸다. 항복하러 온 적의 장수를 잡는

것은 도리가 아니라는 뜻에서였으리라. 우중문은 마음이 약해져 을지문덕을 돌려보냈다. 하지만 우중문은 바로 후회하고, 돌아가는 을지문덕에게 사람을 보내 말을 전했다. "다시 하고 싶은 말이 있으면 돌아와도 좋소."

그러나 을지문덕은 수의 군영을 찾은 목적을 이미 달성한 뒤였다. 그 목적은 진짜 항복의 뜻을 전하는 것이 아니라 적의 사정을 염탐하는 것이었다. 을지문덕은 승리에 대한 확신을 품고 압록강을 건넜다.

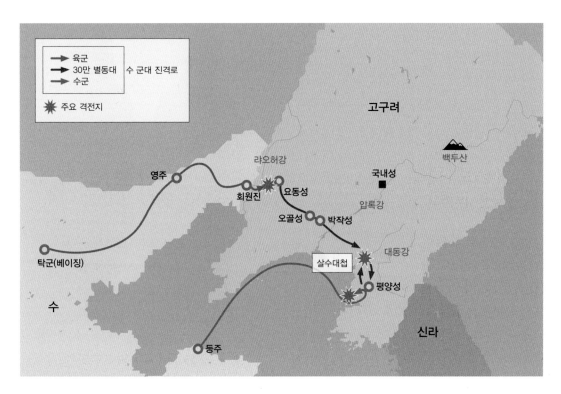

육군
30만 별동대 수 군대 진격로
수군

주요 격전지

고구려

백두산

라오허강

영주

국내성

회원진 요동성

압록강

오골성 박작성

탁군(베이징)

살수대첩 대동강

수

평양성

신라

등주

고구려-수전쟁 전적지

수 양제의 전략은 수륙 양면 작전이라는 점에서 한 무제의 고조선 침공과 기본적으로 같았다. 그러나 수 양제는 한 무제의 침략군보다 훨씬 더 많은 백만 대군을 직접 지휘하고도 고구려군의 용맹과 지략을 당해 내지 못한 채 돌아서야 했다.

수군(隋軍)의 무덤 살수

을지문덕을 돌려보낸 우중문과 우문술은 몹시 불안했다. 이미 식량이 다 떨어졌기 때문이다. 그러나 그들은 보급을 담당한 수군이 평양에서 전멸한 사실을 아직 모르고 있었다. 우중문과 우문술을 비롯한 별동대 장수들은 논란 끝에 압록강을 건너 평양성으로 진격했다. 평양 부근에서 수군과 합류하기만 하면 식량 문제를 해결할 수 있다고 생각했기 때문이다. 요동성에서 압록강에 이를 때까지와 비슷한 200여 킬로미터의 험난한 여정이 남아 있었다.

압록강 건너편에서는 을지문덕이 이끄는 고구려군이 기다리고 있었다. 그는 적의 상태를 이미 파악한 터라 무리하게 맞서는 대신 상대의 힘을 빼는 전술을 썼다. 하루 동안 일곱 번 맞서 싸워 일곱 번 모두 짐짓 패한 척 도망쳤다. 군량이 다 떨어져 가던 별동대이건만 연이은 전투에서 승리하다 보니 저절로 사기가 올라갔다. 우중문과 우문술은 그들을 지휘해 살수를 건너 평양성 10여 킬로미터 밖까지 진출했다. 살수가 오늘날 평

안북도와 평안남도의 경계를 이루는 청천강이라면, 그곳은 압록강부터 평양까지 가는 길의 3분의 2 지점에 해당한다. 그 거리를 고구려군과 싸우며 행군한 별동대는 견고한 평양성을 쳐서 무너뜨릴 힘이 남아 있지 않았다.

바로 그때 평양성으로 들어가 있던 을지문덕이 적진에 사람을 보냈다. 그의 손에는 우중문에게 보내는 오언시가 있었다. 오언시는 한 줄이 다섯 글자로 되어 있는 한시(漢詩)를 말한다. 그 내용은 다음과 같다.

神策究天文 (신책구천문)
신기한 책략은 하늘의 이치에 닿았고
妙算窮地理 (묘산궁지리)
오묘한 계산은 땅의 이치에 닿았노라.
戰勝功旣高 (전승공기고)
싸움에 이겨 공이 이미 높으니
知足願云止 (지족원운지)
만족함을 알고 그만두기를 바라노라.

을지문덕 대한제국 교과서에 실린 삽화. 망국 위기에 놓인 대한제국 말기의 지식인들에게 을지문덕은 애국심을 고취할 수 있는 국난 극복의 상징이었다. 민족사학자 신채호는 1908년 역사 전기 소설 『을지문덕전』을 저술했다.

『삼국사기』에 전하는 이 시는 한국 전쟁사에서 손꼽히는 명문이다. 우중문을 한껏 높이는 말 같지만, 사실은 조롱하는 뜻이 품격 있는 시구 속에 담겨 있었다. 을지문덕이 고구려의 대신답게 싸움만 잘하는 것이 아니라 한문 지식과 문장력도 빼어났다는 것을 알 수 있다. 그가 보낸 사람은 이 시와 함께 다음과 같은 말도 전했다. "만약 군사를 거두어 돌아간다면, 임금을 모시고 황제가 계신 곳으로 가서 예방하겠습니다."

우중문과 우문술은 을지문덕이 정말 항복하려는 게 아님을 잘 알고 있었다. 하지만 식량은 떨어지고 군사들은 지칠 대로 지쳐 있었다. 게다가 수군이 평양성을 공격했다가 궤멸당했다는 사실을 알게 되자 별동대는 평양성을 공격할 엄두가 나지 않았다. 그들은 을지문덕의 '항복 문서'를 전리품 삼아 황제가 기다리는 요동성 부근으로 후퇴할 수밖에 없었다. 그 소식을 듣고 평양성 부근에 침거하고 있던 내호아도 철수했다.

30만 명에 이르는 별동대는 여러 부대로 나뉘어 각각 사각형 모양으로 진을 치고 행군했다. 이렇게 항상 사방을 경계하며 전진하기 위해 사각

형 모양으로 치는 진을 '방진(方陣)'이라 한다. 하지만 침략군을 고이 돌려보내 줄 고구려가 아니었다. 을지문덕은 군사를 풀어 사방에서 수군을 공격하게 했다.

별동대는 고구려군의 공격을 견뎌 내며 살수에 이르렀다. 그들은 진형을 흐트러뜨리지 않고 질서정연하게 강을 건너기 시작했다. 대열이 강을 절반쯤 건너고 있을 때 을지문덕은 총공격 명령을 내렸다. 별동대의 후방을 지키고 있던 장수 신세웅은 고구려군과 용맹하게 맞서 싸우다 죽었다. 그가 죽자 그때까지 견고하게 유지되던 진형은 일거에 흐트러지고, 장수와 군사들이 서로 살겠다고 허겁지겁 강을 건너려다 뒤엉키면서 대혼란이 일어났다. 고구려군은 조금의 자비도 베풀지 않고 닥치는 대로 침략자의 군대를 공격했다. 말갈 군사를 포함해 경기병과 중기병으로 이루어진 고구려 기병의 우수성은 여기서 진가를 발휘했다.

압록강을 건너온 수의 별동대는 30만 명이 넘었지만, 대부분 살수에서 비참한 죽임을 당하고 2700명만 겨우 목숨을 부지해 달아났다. 그들은 필사적으로 뛰어 압록강에 이르는 150킬로미터 가까운 길을 하루 만에 주파했다. 이제나저제나 하며 별동대의 승전보를 기다리고 있던 양제는 군사와 무기를 다 잃고 초라한 모습으로 돌아온 우문술에게 크게 화가 났다. 그런 상황에서 요동성을 무너뜨리고 다시 한번 평양으로 진군하는 것은 불가능했다. 양제는 하는 수 없이 우문술을 비롯한 패장들을 쇠사슬로 꽁꽁 묶고 장안으로 돌아갔다.

113만 대군의 공격을 견뎌 낸 요동성의 고구려군, 평양성을 지킨 고건무의 수비대, 그리고 30만 별동대를 살수에 수장시킨 을지문덕의 고구려군은 세계 전쟁사에 유례 없는 승전보를 쓰고 고구려를 절멸의 위기에서 구했다.

철제 방진도(아래) 가로로 더해도, 세로로 더해도 모두 111이 되도록 구성된 원(元)의 방진도. 가로 세로 각각 6칸이다. 산시역사박물관.

방진도 명의 수학자 정대위(程大位)의 『산법통종(算法統宗)』(1592)에 실린 방진의 사례. 방진은 자연수를 정사각형 모양으로 나열해 가로, 세로, 대각선으로 배열된 각각의 수의 합이 전부 같아지게 만든 것이다. 마방진(魔方陣)이라고도 한다.

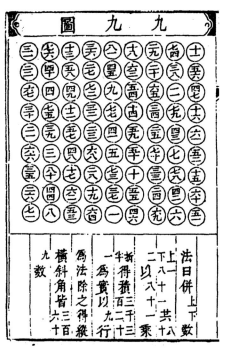

2 고구려-당전쟁과 안시성

서기 1259년(고려 고종 46) 고려 태자(훗날의 원종)는 중국의 고도(古都) 경조부(시안)를 거쳐 몽골제국의 수도 카라코룸으로 가고 있었다. 30년 가까이 이어 오던 몽골과의 전쟁을 끝내고 태자가 직접 화의를 맺으러 가는 길이었다. 그런 도중에 몽골의 대칸 뭉케가 죽고 후계자 자리를 놓고 뭉케의 두 동생인 쿠빌라이와 아리크부카 사이에 내전이 일어났다. 태자는 고민에 빠졌다. 누구에게 갈 것인가? 고려의 운명을 좌우할 고민이 아닐 수 없었다.

태자는 몽골고원을 장악한 아리크부카 대신 중국에서 활약하던 쿠빌라이를 택했다. 마침 남쪽에서 북상하던 쿠빌라이와 길가에서 만난 태자는 자줏빛 비단 도포에 물소 띠를 두르고 상아 홀을 든 채 폐백을 받들었다. 쿠빌라이는 흥분하며 말했다. "고려는 만 리나 되는 나라이다. 과거 당 태종이 친히 원정하고도 굴복시키지 못한 나라이다. 이제 그 나라의 세자가 스스로 와서 내게 귀부하니 이는 하늘의 뜻이로다."

당 태종(재위 626~649)이 굴복시키지 못한 나라는 고구려를 말한다. 예전에 고구려는 고려로도 불렸다. 쿠빌라이는 의식적으로 두 고려를 같은 나라로 여기고, 그처럼 위대한 나라의 태자가 자신을 택한 것이야말로 하늘의 뜻이라고 선전했다. 13세기의 몽골제국에까지 알려져 있던 전설적인 태종의 고구려 원정은 서기 645년(보장왕 4)에 실제로 일어난 일이었다. 그 역사적인 전쟁의 현장으로 안내한다.

전쟁 기지 뤄양

중국에서 수가 망하고 당이 들어서자 고구려에는 잠시 평화가 찾아왔다. 4차에 걸친 수의 침략으로 지쳐 있던 고구려 귀족들은 대부분 당과 화친을 맺고자 했다. 반면 연개소문은 화친에 반대하고 당에 강경한 태도를 보였다. 이 때문에 당과 갈등이 불거지자 영류왕(재위 618~642)은 연개소문을 당의 침략에 대비한 천리장성 공사의 책임자로 보냈다. 영류왕은 612년 수 양제의 침공 때 평양성에 침투한 수군을 몰살시킨 고건무였다. 그때 일부 귀족이 연개소문의 제거를 모의하

고구려-당전쟁의 서막

당은 중국 역사상 가장 강성한 왕조로, 당 태종은 중국 역사상 가장 위대한 황제로 일컬어진다. 돌궐을 제압하고 서역을 평정한 태종에게 남은 정복 대상은 고분고분하지 않은 동방의 고구려뿐이었다.

당군 병사(아래) 이전의 중국 왕조와 달리 당은 기동력에 초점을 맞춘 경기병대를 축으로 군을 편제했다. 경기병대는 당이 북방 유목민을 제압하는 데 상당한 역할을 했다.

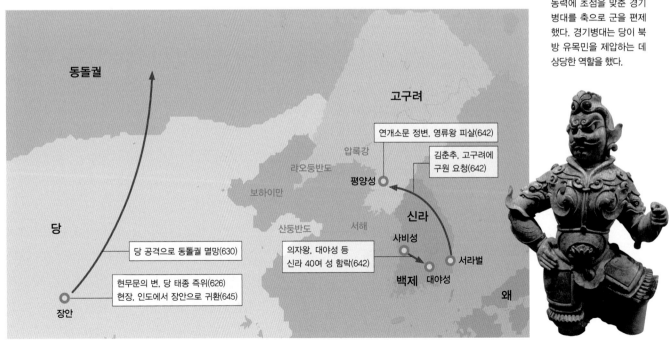

동돌궐

고구려

연개소문 정변, 영류왕 피살(642)

압록강

김춘추, 고구려에 구원 요청(642)

라오둥반도

평양성

보하이만

신라

당

산둥반도

서해

사비성

당 공격으로 동돌궐 멸망(630)

의자왕, 대야성 등 신라 40여 성 함락(642)

서라벌

현무문의 변, 당 태종 즉위(626)
현장, 인도에서 장안으로 귀환(645)

백제 대야성

장안

왜

대안탑에서 바라본 서역 가는 길 태종은 동돌궐을 굴복시키고 실크로드를 다시 열었다. 그 길을 따라 귀국한 현장은 인도에서 가져온 경전을 장안의 대자은사에 세워진 대안탑에 보관하고 이를 한문으로 번역하는 데 힘을 기울였다. 그때 현장이 태종의 명을 받들어 저술한 인도 여행기가 『대당서역기』이다.

당 태종을 연상시키는 소릉의 기마 삼채용 태종 무덤인 소릉(산시성 셴양)에서 출토되었다. 위풍당당한 태종의 모습을 연상시킨다. 그는 천책상장(天策上將)이라는 칭호를 얻을 만큼 전장에서 탁월한 능력을 발휘했다.

자 연개소문은 먼저 손을 써서 잔치를 베푸는 척하고 귀족 180여 명과 영류왕을 죽였다. 그는 보장왕(재위 642~668)을 세우고 이전에 없던 절대 권력자인 대막리지가 되었다.

그 무렵 백제의 공세에 시달리던 신라가 김춘추를 고구려에 보내 구원을 요청했다. 그러나 연개소문은 도리어 김춘추를 감금하고 신라와 당의 교통로인 당항성(경기도 화성)을 점령했다. 태종은 고구려에 신라와 화해할 것을 촉구하는 사신을 보냈으나, 연개소문은 이를 거부하고 사신을 구속했다. 태종은 초기에 당을 괴롭히던 동돌궐을 굴복시키고 '천가한(중원과 유목 세계의 지배자)'으로 불리던 군주였다. 그런 자가 연개소문의 도발을 웃어넘길 리 없었다. 644년 6월, 그는 고구려 정벌을 선언하고 장안 동쪽의 낙양(허난성 뤄양)에 머물며 원정 준비에 들어갔다.

태종 이세민은 중국 역사상 위대한 황제로 손꼽힌다. 선비족 출신의 귀족이던 그의 집안은 양제의 잇따른 실정으로 수가 기울자 군사를 일으켜 당을 세우고 천하를 재통일했다. 형제들 가운데 가장 큰 공을 세운 것이 둘째인 이세민이었으나, 황제 자리에 오른 아버지 이연은 장남 이건성을 태자로 책봉했다. 이는 형제들 간의 피를 부르는 후계 전쟁으로 이어졌다. 이세민은 황성의 북문인 현무문에서 형을 죽이고 부황의 양위를 받아 즉위했다.

이세민은 이처럼 손에 피를 묻히고 황제 자리에 올랐지만, 내치에서는 선정을 베풀었다. 그의 연호인 정관(貞觀)에서 따온 '정관의 치'는 동아시아에서 훌륭한 통치의 대명사처럼 통했다.

태종의 시대에 당에는 또 한 명

의 위대한 인물이 있었다. 온갖 난관을 물리치고 불교의 본고장인 인도까지 가서 수행에 정진한 뒤 수많은 불경을 가지고 돌아온 승려 현장이었다. 실크로드의 여러 나라에서 이름을 떨치던 현장이 귀국한 것은 마침 태종이 낙양에서 고구려 원정 준비에 몰두할 때였다. 태종은 현장을 낙양으로 불러 성대한 환영 행사를 치러 주었다. 그는 현장이 마음에 들었다. 승려로서 마음에 든 것은 아니었다. 험난한 사막도 아랑곳하지 않고 뜻한 바를 이루어 낸 배짱과 의지, 지혜와 견문을 자기 것으로 하고 싶었다.

태종은 현장에게 뜻을 이루었으니 환속하고 고구려 원정에 동행하라고 명령했다. 그러나 현장은 완곡하게 이를 거부하고 대신 인도를 다녀오는 길에 보고 들은 모든 정보를 기행문으로 엮어 바치겠다고 했다. 태종이 이를 수락함으로써 현장도 파계의 위기에서 벗어났거니와 고구려도 하마터면 무서운 적으로 마주칠 뻔했던 사람을 피할 수 있었다. 현장이 태종의 참모로 고구려 원정에 참여했다면 역사는 달라졌을지도 모른다.

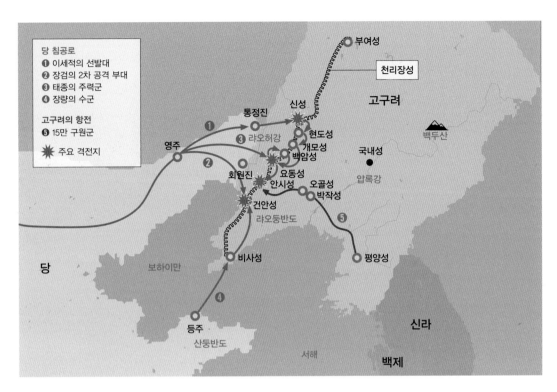

**고구려-당전쟁
전적지**
태종은 선발대와 2차 공
격 부대를 각각 요동 전선
북쪽(신성)과 남쪽(건안성)
으로 보내 고구려군의 주
의를 분산한 다음 주력군
을 이끌고 요동성을 공격
했다. 수군에는 평양성이
아니라 요동 전선 최남단
비사성을 공격하라는 명
을 내렸다. 이처럼 태종은
612년의 수 양제와는 다른
전술을 구사했다.

격전의 땅 랴오닝

당의 고구려 원정에는 수륙 양면으로 대규모 병
력이 동원되었다. 대다수가 수 양제의 원정군보
다 질적으로 뛰어난 정예병이고, 돌궐과 거란의
군대도 다수 포함되어 있었다. 645년 초, 그들은
이세적이 지휘하는 선발대, 태종이 직접 이끄는
정예 부대, 장량이 통솔하는 수군으로 나뉘어 진
군했다.

전쟁의 무대는 오늘날의 중국 랴오닝성 지역
이었다. 이세적의 선발대는 현도성(푸순)과 개모
성(선양)을 함락시키고, 장량의 수군은 비사성
(다롄)을 함락시켰다. 태종의 주력군은 그해 5월
지금의 랴오양에 도착해 보름 남짓 만에 요동성
을 무너뜨렸다. 6월 들어 인근의 백암성을 공격
하자 백암성 성주 손대음은 싸워 보지도 않고 항
복했다. 30여 년 전 수 양제의 원정군과 확연히
비교되는 파죽지세였다.

당군의 진로에 비추어 볼 때 백암성 다음 공격
대상이 바로 안시성이었다. 그러나 태종은 안시
성을 우회하자고 제안했다. 연개소문의 정변 때

안시성 성주가 복속을 거부하자 연개소문이 공
격했지만 끝내 무릎 꿇리지 못할 만큼 강한 상대
였기 때문이다. 그러자 이세적이 반대하고 나섰
다. 안시성은 랴오허강 하류의 도하 지점 한 곳을
견제할 수 있는 교통의 요지였다. 이세적은 그런
안시성을 우회해 평양성으로 바로 진격하면 뒤
에서 안시성 군사들이 당군의 보급로를 끊어 버
릴 것이라고 했다. 태종은 그의 말을 받아들여 안
시성을 공격하기로 했다.

태종이 안시성 공격에 나섰다는 소식이 들리

백암성과 태자하 백암성
일대는 동북쪽이 높고 서
남의 마을 쪽으로 내려오
면서 낮아진다. 백암성은
북쪽의 거대한 암반에 자
리하고 있는데, 성의 동남
쪽에는 깎아지른 절벽 아
래로 타이쯔허(태자하)가
흐른다. 오늘날 현지에서
는 옌저우성으로 불린다.

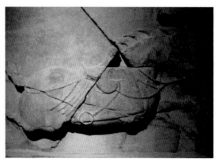

육준(六駿) 태종이 전장에서 탔던 준마 6마리의 부조. 본래 태종 무덤인 소릉에 조각되었다. 훗날 도굴되어 현재 2점은 미국에 있고 4점만 시안 베이린박물관에 소장되어 있다.

자 연개소문은 말갈족 병사들이 포함된 15만 명의 대군을 급히 모아 지원군으로 파견했다. 안시성 성주의 이름은 당대의 사서에는 나오지 않고 조선 시대에 박지원이 쓴 『열하일기』에 양만춘이라고 나온다. 양만춘이든 아니든 안시성 성주는 연개소문의 정적이었다. 그러나 국내 문제는 국내 문제고, 강대한 적이 쳐들어온 이상 함께 맞서 싸우는 것은 생존의 문제였다.

15만 고구려 지원군은 안시성 밖에 있는 주필산 부근에서 당군과 정면 대결을 벌였다. 말갈병을 포함한 고구려 기병은 우수한 기마술로 전투 초기에 당군을 밀어붙였으나, 당의 유인책에 말려 대패했다. 그때 당군에서는 설인귀와 설계두라는 특별한 이력을 가진 장수들이 맹활약했다. 설인귀는 신분 상승의 꿈을 품고 참전한 평민 출신이었다. 태종이 고구려 원정을 선포하고 지원병을 모을 때 설인귀는 부친상을 당한 몸이라 출전하기 어려웠다. 그런데 부인이 이 기회에 한번 출세해 보라면서 등을 떠밀었다고 한다. 설계두는 야망을 품고 서해를 건너 당으로 간 신라인이었다. 설인귀는 주필산전투 중에 큰 공을 세워 마침내 귀족으로 신분 상승을 이루었다. 그러나 설계두는 이 전투에서 목숨을 잃고 말았다.

주필산전투에서 패한 고구려 지원군은 부근 산속으로 도망갔다가 당군에게 항복했다. 태종은 고구려 지휘관을 모조리 당으로 보내고, 고구려에 협력한 말갈 군사 3300명은 생매장해 버렸다. 이는 주필산전투에서 태종이 위기를 겪은 데

안시성 중국 랴오닝성 안산시 하이청 남동쪽의 잉청쯔(英城子). 안시성의 위치에 관해서는 몇 가지 이설이 있으나 이곳이 가장 유력한 후보지이다. 훗날 고구려가 멸망한 뒤에는 고구려 부흥군의 중심지였다가 당군의 총공격을 받고 함락되었다. 동북아역사재단 제공.

대한 보복인 동시에 고구려군에 협력하는 말갈족에게 보내는 경고이기도 했다. 이제 안시성은 바람 앞의 등불 같은 신세에 놓이게 되었다.

당군의 무덤 안시성

안시성이 지금 어디인가에 대해서는 여러 가지 설이 있다. 현재는 요동성이 있던 랴오양에서 남서쪽으로 약 60킬로미터 떨어진 안산시의 잉청쯔촌에 덩그러니 솟아 있는 산성이 가장 유력한 후보지로 꼽힌다. 다른 고구려 산성이 대개 돌로 쌓은 성이었으나, 안시성은 흙을 다져 쌓은 토성이었다.

주필산전투 후 당군은 안시성을 본격적으로 공격했다. 안시성의 군사와 백성은 다가오는 당군의 깃발과 일산(日傘)을 보고는 성에 올라 북을 두드리고 함성을 올렸다. 그 모습을 보고 태종이 대로하자 이세적은 성이 함락되는 날 안시성의 남자를 모두 구덩이에 묻어 버리자고 제안했다. 그 소식을 들은 안시성 성주와 군사들은 사생결단의 자세로 방어에 임했다.

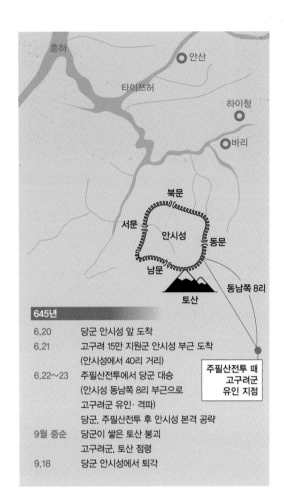

북문

서문 안시성 동문

남문

동남쪽 8리

토산

645년

6.20 당군 안시성 앞 도착

6.21 고구려 15만 지원군 안시성 부근 도착
(안시성에서 40리 거리)

6.22~23 주필산전투에서 당군 대승
(안시성 동남쪽 8리 부근으로
고구려군 유인·격파)
당군, 주필산전투 후 안시성 본격 공략

9월 중순 당군이 쌓은 토산 붕괴
고구려군, 토산 점령

9.18 당군 안시성에서 퇴각

주필산전투 때
고구려군
유인 지점

전진한다. 당의 충차는 생나무로 사방을 막았다. 생나무는 쉽게 불이 붙지 않고 탄력이 있는 데다 세모꼴로 만들어 돌이 날아와 부딪쳐도 튕겨 나가거나 미끄러져 내렸다. 두 겹으로 만들어 쉽게 부서지지도 않았다.

충차가 성문으로 돌진하는 동안 사다리차가 성벽으로 달려가 사다리를 성벽에 올리면, 병사들이 그 사다리를 타고 기어올랐다. 사다리차를 개량한 공성탑도 있었다. 사다리차의 앞과 좌우에 두꺼운 나무판을 대고 적의 불화살 공격을 막아 내기 위해 소가죽을 덧댄 장비였다. 거대한 망루처럼 생겨서 '누차'로도 불린다.

고구려군은 돌과 쇳물을 떨어뜨려 충차를 파괴했다. 또 거대한 갈고리를 빙빙 돌리다가 획 던져 충차를 맞히면 박살이 났고, 사다리차를 맞히면 기우뚱거리다가 넘어졌다. 기계 장치로 화살을 쏘아 보내는 쇠뇌는 활보다 훨씬 더 강력한 파괴력으로 당군을 괴롭혔다. 무너진 성벽은 나무판이나 가죽 따위로 메우면서 안시성의 고구려군은 무려 석 달을 버텼다.

안시성 공략이 어려워지자 주필산전투에서 당군에 투항한 고구려 장수 고연수가 안시성 대신 오골성을 공격하자고 건의했다. 가족들을 생각해 결사 항전하는 안시성과 달리 오골성은 성주도 늙었고 방어 태세도 덜 견고할 것이라는 이유에서였다. 그런 다음 압록강을 건너 평양성을 치자는 것이었다.

당군이 고구려 원정에 동원한 공성 무기는 강력했다. 성벽을 공격할 때는 투석기를 달아맨 포차가 포격을 가한다. 포차는 바퀴를 달고 있어서 옮겨 다니며 돌을 쏠 수 있었다. 투석기의 사정거리는 450미터나 되었다. 고구려의 활인 맥궁의 사정거리가 360미터 정도였다고 하니 대단한 성능이었다. 요동성을 무너뜨린 것은 수백 대의 포차에서 무차별적으로 돌을 쏘아 대는 투석기였다. 그러나 안시성에서 포차는 이렇다 할 활약을 보이지 못했다. 요동성은 중국의 여러 성처럼 평지성이었으나 안시성은 산성이었다. 따라서 포차의 운용도 어렵고 명중률도 떨어졌다.

포차가 포격을 퍼붓는 동안 충차가 전진한다. 충차는 공성퇴라고 불리는 날카로운 쇠 위에 통나무를 씌우고 성문으로 돌진하는 무기이다. 충차 안에는 군사들이 들어가 공성퇴를 함께 들고

태종이 그 제안을 따르려 하자 장손무기가 반대하고 나섰다. "천자의 원정은 보통 장수의 정벌과 다르니, 모험하면서 요행을 바랄 수 없습니다. 건안성(랴오닝성 잉커우)과 신성(푸순)의 무리가 아직도 10만 명이나 되는데, 바로 오골성(단둥)으로 가면 반드시 고구려군의 추격을 받을 것입니다. 안시성을 함락하고 건안성을 취한 뒤에 먼 곳으로 진군하는 것이 만전을 기하는 일입니다." 태종은 생각을 바꿔 장손무기의 말을 따랐다.

안시성을 두고 좌고우면하는 태종을 보면 그가 그다지 지략이 뛰어난 인물은 아니라고 생각할 수도 있지만, 그렇지 않다는 것을 보여 주는 일화가 있다. 어느 날 안시성 안에서 닭과 돼지가 우는 소리가 들려왔다. 태종은 고구려군이 기습 공격을 앞두고 병사들을 배불리 먹이기 위해 가축을 잡는 것으로 판단하고 이세적에게 대비를 명했다. 그날 밤 정말 고구려군 수백 명이 성에서 줄을 타고 내려왔다. 그들은 준비하고 있던 당군의 공격을 받아 수십 명이 죽고 나머지는 도주했다.

안시성을 공략하기 위한 마지막 방법으로 태종은 성 앞에 흙으로 산을 쌓게 했다. 두 달 동안 연인원 50만 명을 동원한 끝에 성벽보다 더 높은 인공 산이 모습을 드러냈다. 당군 장수 이도종은 부관 부복애에게 500명의 군사를 거느리고 토산에 주둔하면서 성안을 살피라고 지시했다. 그런데 토산이 갑자기 무너져 내려 성벽 한쪽을 덮쳤다. 토산과 성벽이 이어지자 당군은 힘들이지 않고 성안으로 돌진할 기회를 잡았다. 그러나 웬일인지 당군은 이 절호의 기회를 맞고도 서두르지 않았다. 오히려 먼저 움직인 것은 안시성 쪽이었다. 고구려의 결사대가 무너진 성벽을 넘어 토산으로 돌격한 끝에 이를 점령했다.

격노한 태종은 부복애의 목을 베어 조리를 돌리고 장수들에게 총공격을 명령했다. 사흘 밤 사흘 낮 계속된 전투는 고구려군 1만

명, 당군 3만 명의 전사자를 내고 고구려군의 승리로 끝났다. 날씨는 추워지고 식량은 바닥났다. 태종은 현실을 인정하기 어려웠지만, 안시성을 계속 공격하는 것은 무리였다. 그는 철수를 결정할 수밖에 없었다. 그때 태종이 안시성 성주에게 성을 잘 지켰다고 칭찬하며 비단을 선물했다는 이야기도 전한다. 당군의 철군 행로는 낯설고 험난했다. 진흙에 빠진 수레바퀴를 끄집어내기 위해 태종 자신이 직접 힘을 써야 할 정도였다.

천신만고 끝에 장안으로 돌아간 태종은 절치부심 복수를 별렀다. 소규모 원정군을 지속적으로 보내 고구려의 전후 복구를 방해하면서 대규모 공격을 준비했다. 그러나 태종을 덮친 병마가 이를 가로막았다. 풍질을 포함해 각종 질병을 앓던 태종은 정치를 태자에게 맡기고 치료에 전념했으나, 안시성 패전 후 4년 만에 세상을 떠났다. 그는 태자와 신하들에게 요동 정벌을 그만두라는 유언을 남겼다. 여기서 '요동'은 두말할 것도 없이 고구려를 가리키는 말이었다.

삼국통일전쟁 무렵의 동아시아

7세기 후반 동아시아 전역에서 국제적인 전선이 형성되었다. 신라는 고구려·백제에 맞서 당과 동맹을 맺고 왜(일본)는 백제와 연합해 나당동맹에 맞섰다. 국혼을 계기로 한동안 화평했던 토번(티베트)과 당 사이에도 다시 전운이 감돌았다.

당을 방문한 외국 사절들 건릉 옆 장회태자 묘실의 동쪽 벽에 그려진 「예빈도」 일부. 당을 찾은 외국 사신을 접견하는 모습이다. 조우관을 쓴 오른쪽 두 번째 인물이 신라나 고구려의 사신으로 추정된다.

고구려
647년 소규모로 요동을 기습한 당군과 교전
648년 다시 요동을 기습한 당군과 교전

신라
648년 당과 동맹 체결
654년 태종 무열왕 즉위

건릉의 번국 석인상 주변국 왕과 귀족이 죽어서도 황제를 모신다는 의미를 담고 있다. 건릉은 당 고종과 무측천의 무덤이다. 시안 교외.

문성공주 641년 티베트에서 토번 군주와 혼인한 당 황실 여성. 서울 종로구 티베트박물관.

당

토번

649년 태종 사망, 고종 즉위
655년 무측천, 황후 책봉

641년 당 문성공주와 국혼
(이를 계기로 당과 화평)
659년 당에 예속된 토욕혼 공격
당군 격파

백제

왜

645년 제36대 고토쿠 천황
친당·친신라 노선 추구
654년 고토쿠 천황 사망
친백제 노선으로 회귀

655년 고구려와 연합해 신라 공격
(30여 성 함락)
656년 좌평 성충, 의자왕에게
간언하다가 옥사

선덕여왕릉 김유신과 김춘추를 이끌고 신라의 중흥을 이룩한 여왕의 무덤. 경상북도 경주시 보문동 산79-2번지. 사적.

사이메이(齊明) 천황 일본의 제37대 천황 (재위 655~661). 백제 부흥 지원군을 보내기 위해 적극적으로 움직였다.

3

삼국 통일의 전장

신라의 삼국 통일은 7세기 동아시아에서 일어난 역사적·지리적 변동의 일부였다. 서역을 평정한 당은 신라와 동상이몽의 동맹을 맺고 백제와 고구려를 멸망시킨 뒤 신라마저 무릎 꿇려 만주와 한반도를 평정하려 했다. 신라는 임전무퇴의 결의로 당과 싸워한반도 지역에 대한 주권을 지켰다. 만주에서도 당은 끝내 뜻을 이루지 못했다. 고구려를 계승한 발해가 일어나 만주와 한반도 북부에서 당을 밀어냈기 때문이다. 발해와 신라가 남북국을 이루면서 만주는 200여 년간 더 한국사의 무대로 남아 있었다.

삼국 시대에 한반도 남해안과 일본열도 서남부는 양쪽으로 열려 있는 공동 생활권이었다. 왜와 적대적인 신라가 백제를 통합하고, 왜가 동맹국인 백제를 구원하기 위해 파견한 대함대가 나당연합군에 대패하면서 한반도와 일본열도는 역사적으로 완전히 분리되었다. 663년 한·중·일이 사상 최초로 하나의 전장에서 격돌한 백강전투는 이 같은 분리를 결정지은 분기점이었다.

1 백제와 고구려의 결전장

이준익 감독의 「황산벌」은 황산벌전투를 유쾌한 방식으로 소환한 영화다. 이 영화를 떠올리며 내비게이션에 '황산벌 전적지'를 찍고 따라가 보니 당황스러운 장소가 나타난다. 논산 함박봉 황령재. 이런 고개에서 황산벌전투가 벌어졌다는 말인가? 영화의 미장센과도 맞지 않고 '황산벌'이라는 이름과도 맞지 않는다. 어떻게 된 일일까?

황산벌 황령재에서 내려다본 '진짜 황산벌'. 계백 결사대는 황령재 등의 고개에서 신라군을 막다가 저 벌판에서 최후의 저항을 펼친 것으로 보인다. 충청남도 논산군 연산면 일대.

황산벌과 백제의 최후

황령재 서쪽 평지로 시선을 돌리면 '진짜 황산벌'이 보인다. 황령재는 계백의 오천 결사대가 열 배나 되는 신라군의 진격을 차단하기 위해 택한 진지 중 하나였을 것이다.

계백은 신라군이 황산벌을 통과해 사비성(충청남도 부여)으로 들어가지 못하도록 세 곳에 진영을 설치했다. 황령재 부근의 황령산성, 산직리산성, 모촌리산성이 그 후보지들이다. 황령재에서 첫 번째 전투가 벌어졌다면, 좁은 길목에 목책을 세우고 대군의 진격을 저지한 전투였을 것이다. 여기서 어느 정도 저지에 성공하면 황산벌 쪽으로 물러나 제2, 제3의 방어선에서 막는 식으로 여러 차례 전투를 벌였다. 황산벌전투는 영화에

서 보는 것처럼 양군이 벌판에서 고정적인 진을 치고 맞붙은 공방전이 아니었다.

그렇다면 백제와 신라는 왜 황산벌에서 결전을 벌이게 되었을까? 신라와 당이 결성한 나당연합군은 난공불락의 고구려를 함락하기에 앞서 백제를 치기로 했다. 당 고종은 소정방을 총사령관으로 임명하고 당에 가 있던 신라 왕자 김인문을 부사령관으로 삼아 13만 병력을 파견했다.

이렇게 신라와 당의 연합 전선이 구축되었지만, 신라는 자국에 대한 고구려의 기습 공격에도 대비해야 했다. 백제를 공격하기 1년 전인 659년, 전국에서 인재를 선발해 고구려 국경의 칠중성에 배치했다. 실제로 고구려가 공격해 온 것은 백제가 멸망한 직후인 660년 11월이었고, 그때 고구려군과 싸우다 전사한 신라 장수 필부는 삼국통일전쟁의 숨은 영웅이 되었다.

길 안내 지도로 본 황산벌 해발 400여 미터의 함박봉 북쪽 고갯길에 자리 잡고 있다. 여기서 서남쪽으로 20여 킬로미터 떨어진 곳에 연무대(육군훈련소)가 있다. 네이버 지도 참조.

나당연합군의 백제 공격로(오른쪽)

❶ 신라군, 서라벌 출발 (660. 5. 26). ❷ 신라군, 남천정 도착(6. 18). ❸ 당군 이끌고 덕물도 상륙한 소정방, 신라 태자(훗날 문무왕)와 작전 회의(6. 21) . ❹ 당군, 기벌포에서 백제군 격파(7. 9). ❺ 황산벌전투(7. 9～10). ❻ 나당연합군, 사비성 함락(7. 13). ❼ 나당연합군, 웅진성 함락(7. 18).

덕적도(왼쪽 위) 중국을 오가는 해상 교통의 거점 역할을 한 섬. 660년 소정방의 당군, 663년 손인사의 당군이 이 섬을 거쳐 백제 땅으로 들어갔다. 인천광역시 옹진군 덕적면.

금돌성 경상북도 상주시 백화산 능선을 따라 구축된 삼국 시대 석성. 경상북도 문화재자료.

태종 무열왕(재위 654~661)이 백제를 협공하기 위해 김유신과 함께 군사를 거느리고 경주를 떠난 것은 660년 5월 26일이었다. 그들은 20여 일 후인 6월 18일 남천정(경기도 이천)에 도착했다. 그 며칠 후 소정방이 지휘하는 당군이 덕물도(인천 덕적도)에 들어왔다. 태종 무열왕은 태자 법민에게 전선 100척을 주어 소정방을 맞이하게 했다. 그 자리에서 당과 신라는 각기 다른 경로로 이동해 7월 10일에 사비성 남쪽에서 합류하는 작전을 짰다. 당군은 서해로 이동하고 신라군은 육지로 이동했다.

나당연합군의 속셈을 가늠할 수 없었던 의자왕과 신하들은 우왕좌왕했다. 좌평 의직은 당군이 상륙할 때 선제공격을 가해 기세를 꺾어 버리자고 했다. 달솔 상영은 먼저 신라군을 공격해 제압하고 당군을 무력화하자고 했다. 의자왕은 유배지에 있는 흥수에게 사람을 보내 의견을 구했다. 흥수는 군사적으로 우세한 나당연합군과 벌판에서 싸우면 불리하니 탄현(대전과 충청북도 사이)에서는 신라군을, 기벌포에서는 당군을 막으라고 했다. 그렇게 해서 적의 사기와 군량이 떨어질 때 총공세를 가하면 좋겠다는 것으로, 한 수 앞을 내다본 탁견이었다. 하지만 정부 신료들은 유배 중인 자가 원한을 품고 한 말로 치부하며 받아들이지 않았다.

백제가 이런 혼란에 빠져 있는 동안 나당연합군은 착착 백제를 향해 다가갔다. 당군은 해안선을 따라 내려가고, 신라군은 남천정에서 갑자기 방향을 바꿔 금돌성(경상북도 상주)으로 이동했다. 거기서 탄현을 거쳐 사비성을 향해 진격한 것이다. 이 같은 기습 작전은 기밀 유지가 생명이다. 만약 백제가 신라군의 이동로를 미리 알게 되면 낭패를 볼 수도 있다. 천운이었는지 신라군은 들키지 않고 사비성으로 가는 통로인 황산벌 앞에 다다를 수 있었다.

계백의 결사대는 바로 그때 급하게 조직되었다. 그때까지 백제의 주력군이 어디서 무엇을 했는지 알려 주는 사료는 없다. 여러 정황으로 미루어 나당연합군이 북쪽에서 공격할 것을 예상하고 주력군을 북쪽에 배치했다고 추측할 수 있다. 그렇다면 계백의 임무는 그 주력군이 다시 내려올 때까지 시간을 벌어 주는 것이었으리라.

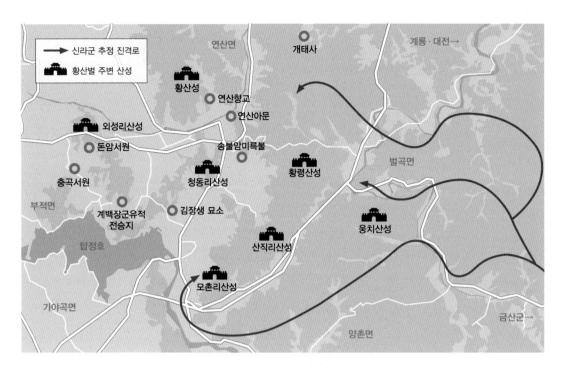

신라군 추정 진격로
황산벌 주변 산성

계룡·대전 →

연산면
개태사
황산성
연산향교
연산아문
외성리산성
송불암미륵불
돈암서원
청동리산성
황령산성
벌곡면
충곡서원
부적면
계백장군유적
전승지
김장생 묘소
탑정호
웅치산성
산직리산성
모촌리산성
가야곡면
양촌면
금산군 →

황산벌전투 전적지
계백은 결사대를 이끌고 방어에 유리한 동쪽 산지에서 열 배 많은 신라군을 맞아 초기에 승리했다. 그러나 결국 서쪽 평지로 밀려 탑정호 북쪽 지역(백제군사박물관 일대)에서 전사한 것으로 추정된다. 탑정호는 일제 강점기인 1944년에 준공된 저수지이다.

황산벌전투는 660년 7월 9일부터 10일까지 여러 차례에 걸쳐 연쇄적으로 벌어졌다. 계백은 전투에 임하기 전 "처자가 노비가 되어 살아서 욕보기보다는 죽는 것이 낫다."라면서 가족의 목숨을 거두었다. 결사대에게는 "지난날 월왕(越王) 구천은 오천의 군사로 오(吳)의 70만 무리를 격파했다. 각자 힘써 싸워 승리해서 나라의 은혜에 보답하자!"라고 외쳤다. 계백의 결사대는 신라의 오만 대군과 네 번 싸워 네 번 모두 이겼다. "백제군 한 명이 천 명을 당해 내지 못하는 사람이 없으니 신라군이 끝내 퇴각했다."(『삼국사기』).

당황한 신라군은 극단적인 전술을 꺼내 들었다. 반굴, 관창. 열여섯 꽃다운 나이의 두 소년이 필마단기로 백제 진영에 뛰어들어 싸우다 죽었다. 두 소년에게 출전을 요구한 장수는 다름 아닌 그들의 아버지 흠순과 품일이었다. 관창은 처음에는 사로잡혔으나 계백이 그의 결기를 칭찬하며 돌려보내 주었다. 관창은 치욕스럽고 분하다면서 또다시 적진으로 달려 들어갔다. 계백은 결국 관창을 참수하고 그 목을 말안장에 매달아 신라군에게 돌려보냈다.

어린 소년들의 희생을 마주한 신라군은 눈에

계백장군상 계백장군유적 전승지 충혼공원에 자리한 기마상. 앞에 보이는 것이 탑정호이다. 충청남도 논산시 부적면 신풍리 4.

백화정(위) 백제 멸망 당시 삼천 궁녀가 뛰어내려 죽었다고 전하는 낙화암 위의 정자. 1929년 궁녀들의 원혼을 달랜다는 취지로 세워졌다. 충청남도 문화재자료. 충청남도 부여군 부여읍.

낙화암에서 바라본 백마강 부여 일대를 흐르는 16킬로미터 가량의 금강 구간을 백마강이라 한다. 백강으로도 불린다. 낙화암 동쪽에는 사비성을 함락한 당의 장수 소정방이 용을 낚았다는 전설을 간직한 조룡대가 있다.

임존성 성벽 충청남도 예산군 대흥면 봉수산 꼭대기에 있는 산성. 둘레 약 3킬로미터. 백제의 왕도 사비성의 방어를 위한 외곽 기지로 기능했다. 사비성이 함락된 후에는 주류성과 함께 백제 부흥 운동의 주요 근거지로 활용되었다. 사적.

보이는 것이 없었다. 복수의 화신이 된 오만 대군의 총공격 앞에서 계백의 결사대는 무너졌다. 그들은 지금의 계백장군유적전승지까지 밀린 끝에 전멸하고 충상, 상영 장군 등 10여 명이 사로잡혔다. 계백장군유적전승지에는 황산벌이 내려다보이는 황산루, 결사대의 넋을 기리는 충혼공원과 계백의 사당인 충장사, 계백의 가묘가 자리 잡고 있다. 도약하는 말 위에 올라 포효하는 계백 장군상은 마치 어린 소년을 전쟁의 제물로 던진 신라군을 꾸짖고 있는 듯하다.

이처럼 신라군은 전쟁의 잔인함과 비인간성을 드러낸 작전 끝에 승리했다. 그들은 당군과 약속한 날짜보다 하루 늦게 사비성에 도착했다. 덕물도를 떠나 기벌포로 진입한 당군은 예정대로 7월 10일 사비성 남쪽에 도착해 있었다. 소정방은 단 하루일지라도 신라가 약속을 어겼다면서 신라군의 김문영을 참하려고 했다. 그 소식을 들은 김유신은 도끼를 들고 소정방을 찾아가 불같이 화를 냈다. "대장군이 황산벌의 싸움을 보지도 못하고 다만 기일을 어긴 것으로 벌을 내리려고 한다면, 나는 기필코 당과 결전한 뒤에 백제를 격파하겠소!"(『삼국사기』). 소정방은 그 기세에 눌려 한발 물러났다.

나당연합군은 전열을 정비하고 총공세에 나섰다. 양군은 네 갈래 길로 진격해 사비성을 포위하고 공격했다. 백제군 1만여 명이 전사하고 사비성이 위태로워지자 의자왕은 궁궐을 빠져나가

웅진성(충청남도 공주)으로 피신했다. 그러나 얼마 안 가 웅진 성주 예식과 함께 신라군에 투항하고 말았다. 의자왕은 웅진성에서 임존성(충청남도 예산)과 연계해 장기전을 펼치려 했으나, 예식이 의자왕을 배반하고 그를 체포한 뒤 항복했다는 설도 있다. 당으로 압송된 예식이 백제 항복에 결정적 공헌을 했다는 인정을 받았기 때문이다. 중국 고관대작의 묘지가 즐비한 뤄양에는 예식의 묘도 있다. 묘비명에 따르면 예식은 당에서 좌위위대장군이라는 높은 품계의 책봉을 받고 영화를 누렸다.

8월 2일 태종 무열왕은 사비의 부소산성에서 소정방을 비롯한 양국 장수에게 승전 잔치를 베풀었다. 하지만 그것이 끝은 아니었다. 의자왕과 함께 사비성을 탈출했던 복신, 흑치상지 등이 임존성에서 3만여 명의 병력을 모아 백제 부흥 운동을 전개했기 때문이다. 8월 26일 나당연합군은 임존성을 공략했으나 함락하지 못했다. 백제의 왕도는 함락되었어도 임존성을 중심으로 한 각 지방에서는 백제 부흥군이 결집하고 있었다.

사천원과 고구려의 최후

백제를 무너뜨리자 나당연합군은 처음에 계획한 대로 고구려 공격에 나섰다. 고구려는 결코 만만한 상대가 아니었으나 하늘은 신라의 편이었다. 당의 침략을 거듭 좌절시키던 연개소문이 세상을 떠났기 때문이다. 연개소문은 세 아들에게 다투지 말고 물과 물고기처럼 화목할 것을 당부하는 유언을 남겼다. 하지만 그 뜻은 이루어지지 않았다. 대막리지가 된 남생과 그의 두 아우 남건, 남산 사이에 권력 투쟁이 벌어졌기 때문이다. 남생이 평양성을 비우고 지방 순찰을 나가자 남건이 남생의 맏아들 헌충을 죽이고 평양성을 장악했다. 남생은 평양성을 탈환하기 위해 구원병을 모집했으나, 뜻대로 되지 않자 당군에 국내성(지린성 지안)을 바치고 투항했다. 그러자 당군의 한 장수가 말했다. "예전의 고구려는 틈이 없었지만, 지금은 남생 때문에 내부 사정을 다 알 수 있습니다. 이번 전쟁은 반드시 이깁니다."(『삼국사기』)

기세가 오른 당군은 요동 지역의 고구려성을 차례로 점령하고 평양성으로 진격했다. 연개소

삼실총 「공성도」 두 무사가 긴 창을 들고 기마전을 벌이는 모습을 담은 벽화. 무사 본인은 물론 말까지 갑옷과 투구로 중무장한 것이 눈길을 끈다. 삼실총은 고구려의 두 번째 왕도였던 국내성 지역의 벽화고분 중 하나이다. 중국 지린성 지안시.

문의 동생인 연정토마저 신라에 투항하고 고구려의 내분은 가속화했다. 대막리지가 된 남건이 이끈 고구려는 당군과 벌인 신성전투에서 패해 서북쪽 요충지를 잃었다. 연이어 이세적이 부여성(지린)을 함락했다. 부여성은 고구려 북부 최대의 전략 요충지로, 말갈족을 통제하는 거점 역할을 하고 있었다. 남건은 군사 5만 명을 동원해 부여성을 탈환하려 했으나 설하수전투에서 당군에 패하고 3만 명을 잃었다. 이세적은 압록강에 머물며 전열을 재정비했다. 글필하력의 증원 부대가 합류하면서 당군은 압록강을 건너 평양성으로 진격할 만반의 태세를 갖추었다.

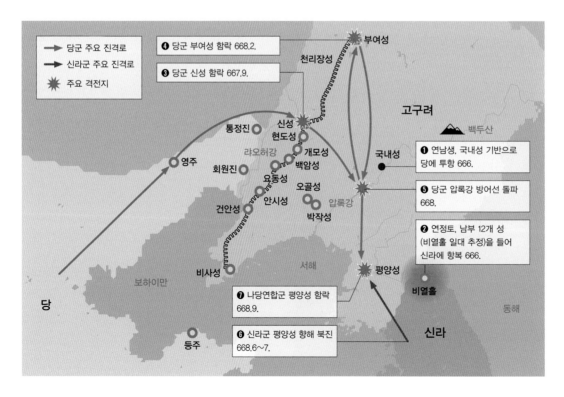

- 당군 주요 진격로
- 신라군 주요 진격로
- 주요 격전지

❹ 당군 부여성 함락 668.2.

❸ 당군 신성 함락 667.9.

천리장성

부여성

통정진

신성
현도성
개모성
백암성
요동성
오골성

고구려

백두산

국내성

❶ 연남생, 국내성 기반으로 당에 투항 666.

라오허강

영주

회원진

건안성
안시성

박작성

압록강

❺ 당군 압록강 방어선 돌파 668.

❷ 연정토, 남부 12개 성 (비열홀 일대 추정)을 들어 신라에 항복 666.

비사성

서해

보하이만

평양성

비열홀

동해

당

❼ 나당연합군 평양성 함락 668.9.

❻ 신라군 평양성 향해 북진 668.6~7.

신라

등주

나당연합군의 고구려 공격로

645년 태종의 고구려 원정이 실패한 뒤 당은 육해군의 소규모 부대를 수시로 보내 고구려를 지치게 하는 소모전을 펼쳤다. 660년 백제를 멸망시켜 고구려 남쪽에 제2전선을 구축한 뒤 당은 다시 한번 전면전을 도발했다. 백제를 의식해야 하는 부담을 털어 낸 신라도 평양성 공략에 나섰다.

본래 당군은 고구려를 독차지하기 위해 신라의 도움 없이 평양성을 함락할 계획이었다. 그러나 고구려의 저항은 생각보다 훨씬 더 완강했다. 어쩔 수 없이 신라에 지원군을 요청해야 했다. 압록강을 건너 내려간 당군과 남쪽에서 올라간 신라군은 평양성 부근의 사수(蛇水)에서 만났다. 사수의 위치에 대해서는 여러 설이 있으나, 평양성과 대성산성 사이를 흐르는 합장강이 유력하다. 그곳은 고구려군이 평양성을 지키기 위한 마지노선이었다.

당군이 남하하면서 고구려와 벌인 전투는 『자치통감』에 자세하게 기록되어 있다. 그러나 신라군이 어떤 경로를 거쳐 고구려의 저항을 뚫고 사수에 이르렀는지는 밝혀진 것이 별로 없다. 고구려는 당군의 진격을 막는 것만으로도 힘에 부쳤을 것이다. 그렇다고 해서 남쪽에서 올라오는 신라군을 그냥 내버려 뒀을 리는 없다.

문무왕(재위 661~681)은 훗날 장수들을 포상하면서 '사천전투'에서 고생한 장군에게 후한 상을 내렸다는 기록이 있다. 그 기록의 사천은 어디일까? 신라군과 당군이 만난 사수와 같은 곳일까, 다른 곳일까? 예전에는 같은 곳으로 보는 편이었으나 최근에는 서로 다른 곳이라는 주장도 제기되었다. 북진하던 신라군이 사수 남쪽의 사천과 그 연변의 벌판인 사천원에서 고구려군과 격돌했다는 것이다. 이 주장에 따라 상상력을 발휘해 사천전투를 재구성해 보자.

668년 6월 12일 당 고종의 명을 받은 유인궤 군대가 당항성에 도착하자, 김인문이 그들을 맞이하고 향후 일정을 논의했다. 문무왕은 6월 21일 김유신을 제총관으로 임명하고, 이튿날 당항성에 있는 김인문에게 병마를 지휘해 당 군영으로 가게 했다. 또 7월 16일에는 각처에서 모인 총관들에게 당군과 합류할 것을 명했다. 그날 신라 본대는 한성주(경기도 광명)를 출발했다.

남건은 대동강 이남의 병력을 최대한 동원해 신라군 저지에 나섰다. 사천 중류를 1차 저지선, 사천원을 2차 저지선으로 삼았다. 그러나 신라군은 문영의 활약에 힘입어 사천과 사천원을 돌파했다. 그리고 사수에서 당군과 합류한 것은 9월 21일. 이 시나리오대로라면 사천전투는 백제의 황산벌전투가 그랬던 것처럼 고구려의 멸망이 신라에 의해 앞당겨진 전투였다고 하겠다.

사천에서 밀린 고구려군은 사수에서도 나당연합군의 공세를 막아 내지 못했다. 김유신과 이세적은 평양성을 포위하고 고구려의 목줄을 옥죄어 들어갔다. 당군의 선두에는 복수심에 눈이 먼 남생이 있었다. 보장왕은 한 달을 견디지 못하고 남산과 함께 항복했다. 비분강개한 남건이 성문을 닫아걸고 저항했지만, 승려 신성 등이 남생과 내통해 성문을 열었다. 치욕을 견디지 못한 남건은 성 위에서 자결하려 했으나 실패했다. 그는 보장왕과 함께 포로로 잡혀 당으로 끌려갔다. 그때 남건은 아버지의 유훈을 떠올렸을까?

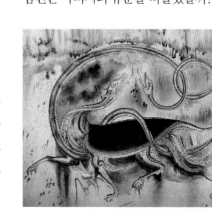

② 운명의 강 백강

고구려가 멸망한 668년부터 5년을 거슬러 올라가 백제가 패망한 직후의 서해안 지역으로 가 보자. 복신, 도침 등이 이끄는 백제 유민은 임존성과 주류성을 거점으로 백제 부흥군을 일으켰다. 그들은 왜에 있던 의자왕의 아들 부여풍을 귀국시켜 백제왕으로 삼는 한편, 왜에 지원군을 요청했다. 왜는 이에 응해 대규모 함선과 병력을 주류성 부근의 백강으로 파견했다. 나당연합군도 백제 부흥군을 궤멸시키기 위해 주류성과 백강으로 진군했다. 동아시아 4국의 피할 수 없는 결전이 다가오고 있었다.

백강은 어디인가

백강과 주류성의 위치는 확정되지 않은 채 논란이 이어지고 있다. 백제의 기록이 남아 있지 않고, 백강전투에 대한 한·중·일 역사책의 기술이 서로 다르기 때문이다. 그에 따라 문헌 고증과 군사학적 추리로 무장한 수많은 학자가 이 난해한 문제에 뛰어들어 왔다.

660년 당군이 상륙한 기벌포도 백강이라 불리는데, 그곳이 금강 하구라는 데는 오랜 세월 별다른 이견이 없었다. 그러나 663년(문무왕 3)의 백강이 기벌포와 같은 것인지 아닌지에 대해서는 이견이 분분했다. 그러한 이견들은 크게 보아 두 가지로 나뉜다. 663년의 백강이 금강 하구라는 설과 금강 하구가 아니라는 설.

금강 하구설은 다시 주류성을 금강 이남인 전라북도 부안으로 보는 설과 금강 이북인 충청남도 서천으로 보는 설로 나뉜다. 금강 하구가 아니라는 설에는 부안 동진강설, 경기도 안성천의 한 포구인 백석포설, 경기도 평택과 충청남도 당진 사이의 아산만설 등이 있다. 비교적 최근에는 안성천과 삽교천이 함께 아산만으로 유입하는 곳

이 백강이라는 설도 등장했다.

660년의 백강, 즉 기벌포가 금강 하구라는 오랜 정설에 도전한 가설도 있었다. 660년의 백강은 부여의 백마강, 663년의 백강은 부안의 줄포·내포라는 것이었다. 이처럼 그치지 않는 논쟁은 서해안 각지에서 백강전투에 대한 관심을 증폭시키면서 이 지역의 역사와 지리에 대한 인식과 사고의 폭을 확대해 나가고 있다.

야마토에서 백강까지

일본의 고대사를 총정리한 『일본서기』에는 부여풍이 백제로 돌아갔다는 기록이 두 번 나온다. 한 번은 661년 9월에 5000여 군사의 호위를 받으며 돌아가고, 또 한 번은 이듬해 5월에 수군 170척의 호위를 받으며 돌아갔다는 것이다.

어느 쪽이든 돌아간 뒤 백제 부흥군의 왕이 된 부여풍은 662년 12월 신하들의 반대를 무릅쓰고 도읍을 주류성에서 피성으로 옮겼다. 주류성의 위치에 대해 이견이 있으므로 피성의 위치도 여러 설이 있다. 다만 주류성은 방어에는 유리하나 땅이 척박하고, 피성은 땅이 기름지되 방어에는 불리한 곳이었다. 따라서 피성 천도는 다가오는 나당연합군과의 결전에서 불리하게 작용할 것이 틀림없었다.

왜는 662년 1월 백제 부흥군의 지도자 복신에게 화살 10만 개를 보내고, 무기를 수리하며 전선을 건조하는 등 지원군 파견을 위한 준비에 들어갔다. 이듬해 3월, 전장군 가미츠케노 노와카코 등이 이끄는 2만 7000명의 대군이 백제 부흥군을 지원하기 위해 일본열도를 떠났다. 그 전후에 파견된 병력을 합치면 4만 명이 넘는다고 계산하는 학자도 있다.

아직 중앙 집권적 고대 국가를 확립하지도 못한 7세기의 왜가 그렇게 많은 병력을 해외에 파견할 수 있었을까? 구체적인 수치를 차치하고 한·중·일의 역사 기록을 종합하면, 왜가 국력을 쏟아붓다시피 해서 대규모 함대를 파견한 것만은 사실로 보인다. 그만큼 백제의 부흥 여부는 왜에게도 사활이 걸린 국가적 관심사였던 셈이다. 그리하여 중국과 일본이 역사상 처음으로 맞붙는 전투가 다른 곳도 아닌 한반도에서 벌어지게 되었다.

일본열도를 출발한 왜의 선단은 한반도의 남해안과 서해안을 따라 여러 항만 지역에 기항하면서 북상했다. 백제가 건재하던 시절에는 수많은 백제와 왜의 선박이 그와 같은 징검다리 항해를 통해 사비와 야마토를 오갔을 것이다. 앞서 본 것처럼 백강전투 1년 전인 662년에는 왜의 보급 부대가 같은 경로를 따라 주류성의 복신에게 원조 물자를 전달하기도 했다. 첨단 항해술로 무장한 현대의 전함은 먼바다를 몇 달씩 떠다녀도 끄떡없지만, 돛과 노로 움직이는 고대의 전선은 이처럼 수시로 섬이나 육지의 항구에 들러 휴식도 취하고 군량도 보급받아야 했다.

왜군이 올라오자 당군 장수 유인궤는 본국에 증원군을 요청했다. 그에 따라 663년 5월 우위위 장군 손인사의 부대가 덕물도에 도착했다. 당군은 웅진성에 있는 신라군과 합세해 왜-백제 연합군과의 전투에 대비했다.

바로 그때 하늘이 신라 편임을 알려 주는 듯한 사건이 일어났다. 주류성의 백제 부흥군 사이에 치명적인 내분이 발생한 것이다. 부흥군의 지도자 복신이 동지였던 도침과 권력 투쟁을 벌이다가 그만 그를 살해하고 말았다. 그러자 신변에 위협을 느낀 백제왕 부여풍이 복신을 처형했다. 부여풍은 복신의 추종 세력에 경고하는 의미로 그의 머리를 소금에 절여 성안에 내걸었다. 두 지도자를 동시에 잃은 백제 부흥군이 나당연합군의 공세를 이겨낼 수 있을까?

붉게 물든 백강

그해 7월 17일 문무왕은 김유신을 비롯한 장수들과 함께 군대를 인솔해 웅진성으로 향했다. 그곳에서는 유인원이 지휘하는 당군이 기다리고 있었다. 부여풍은 마음이 급해졌다. 나당연합군이 들이닥치기 전에 백강 어귀에서 왜군 함대를 맞아 그들을 무사히 상륙시켜야 했다. 8월 13일 부여풍은 직접 왜군을 영접하고 연회를 베풀기 위해 군사를 이끌고 백강으로 갔다.

1000척에 이르는 왜군 함대 중 일부가 서해 연안을 따라 올라가 백강 어귀로 들어섰다. 부여풍이 지휘하는 백제 부흥군이 강변에 진을 치고 그들의 상륙을 도울 준비를 했다. 바로 그때 신라 기병이 백제 부흥군 진영을 급습했다. 예상치 못한 기습에 백제 부흥군은 전열이 흐트러져 패주하고 말았다. 왜군 함대는 상륙하지 못한 채 백강 어귀에 머물러야 했고, 주류성을 지키는 백제 부흥군은 불안에 떨어야 했다. 신라군과 백제 부흥군이 맞붙은 백강전투 제1회전은 이렇게 신라군의 승리로 돌아갔다.

8월 17일 신라군은 주류성에 이르러 성을 포위했다. 동시에 당군 장수 손인사는 170척의 전선을 이끌고 백강에 들어섰다. 전선의 수만 놓고 보면 왜군 함대의 압도적 우세였다. 8월 27일 왜군 함대 중 먼저 도착한 전선들이 손인사의 함대와 교전을 벌였으나, 전세가 불리해지자 후퇴했다. 이튿날 왜군은 부여풍과 논의하고 "우리가 앞다퉈 나아가 싸우면 적이 스스로 물러날 것"이라고 자신하며 400여 척의 대함대로 공격에 나섰다. 당군의 방어선을 뚫고 주류성에 고립된 백제 부흥군을 지원하기 위해서였다.

그러나 왜군 함대가 간과한 것이 있었다. 공격을 시작할 때의 기상 조건이었다. 바람은 당군 함대가 버티고 있는 동쪽에서 왜군 함대가 다가오는 서쪽 해안으로 불었다. 『삼국지연의』의 적벽

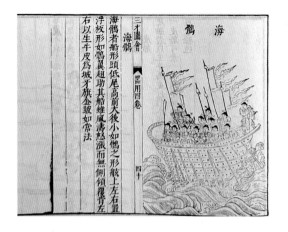

해골선 당 수군의 전선 중 하나. 배 앞부분은 낮고 넓고, 뒷부분은 높고 좁은 모양이었다. 명 대의 왕기, 왕사의가 편찬한 『삼재도회(三才圖會)』에 수록된 그림이다.

대전에서 조조의 대군과 맞서 촉·오 연합군을 이끌던 주유와 제갈량이 고대하던 것과 똑같은 바람이었다. 그들이 조조군 쪽으로 부는 바람을 이용해 화공을 벌인 것처럼 당군 함대도 왜군 함대를 향해 불화살 세례를 퍼부었다. 하늘도 불타고 강도 불타고 400척의 왜군 함대도 불탔다. 불에 휩싸인 채 오도 가도 못하는 신세가 된 왜군 함대를 향해 당군 함대가 저승사자처럼 달려들었다. 그리고 어떤 일이 벌어졌는지 설명할 필요가 있

백강전투 전적지

화살표는 신라군, 당군, 왜군의 추정 진격로를 표시한 것이다. 백강 위치는 논란이 있지만, 일단 이 지도에서는 유력한 후보지로 거론되는 금강·동진강 하구 쪽으로 설정했다.

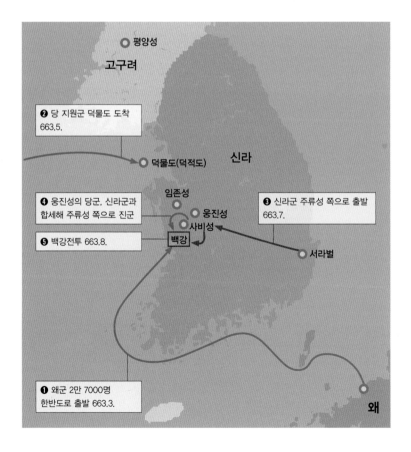

우금산성 전라북도 부안군 부안읍에서 서남쪽으로 10킬로미터 정도 떨어진 개암사 뒷산의 삼국 시대 산성. 위금암산성으로도 불린다. 전라북도 기념물. 부안군청 제공.

을까? 중국과 일본의 역사책을 들여다보는 것으로 그 수고를 대신하고자 한다.

"당군은 좌우에서 왜군 함선을 둘러싸고 공격해 왔다. 왜군은 눈 깜짝할 사이에 패배했다. 물속에 뛰어들어 익사한 자가 한둘이 아니었다. 키가 작동하지 않아 뱃머리를 돌릴 수 없었다."(『일본서기』)

그날 당군은 "왜군과 네 번 싸워 모두 이기고 전선 400척을 불살랐다. 연기와 불꽃이 하늘을 밝히고, 바닷물은 붉게 물들었다."(『자치통감』) 강변에서 맞붙은 신라와 백제 부흥군의 제1회전에 이어 백강을 붉게 물들인 당군 함대와 왜군 함대의 제2회전도 나당연합군의 승리로 돌아갔다. 거친 파도를 헤치고 백제 부흥군을 돕기 위해 달려온 왜군은 단 한 번의 전투에서 회복할 수 없는 패배를 당했다. 아름다운 백강을 물들인 것은 붉은 놀이 아니라 우세한 전력을 갖추고도 패배한 왜군의 피였다.

더는 희망이 없다고 생각한 부여풍은 몇 명의 측근만 데리고 배 한 척에 의지한 채 고구려로 달아났다. 그러나 5년 후 평양성이 함락되었을 때 그는 기어코 당군에게 사로잡히는 신세가 되었다. 당군은 고구려의 왕족과 함께 부여풍을 당으로 압송해 영남(嶺南, 지금의 광둥성·광시좡족자치구 일대)으로 귀양 보냈다. 그가 언제 어떻게

죽었는지는 알려지지 않았다.

백강전투에서 왜군 함대를 무력화한 나당연합군은 백제 부흥군 일부가 외롭게 지키고 있는 주류성에 본격적인 공세를 가했다. 복신도, 도침도, 부여풍도 없는 백제 부흥군은 적군을 막아 낼 힘이 없었다. 663년 9월 7일 주류성이 함락됨으로써 백제 부흥군의 심장은 차갑게 멈추었다. 살아남은 백제 귀족들은 목놓아 외쳤다. "오늘부터 나라의 이름이 끊어졌으니, 조상의 무덤을 다시는 찾아뵙지 못하겠구나!"

주류성이 무너지자 백제 부흥군이 지키던 주변의 성들도 잇따라 항복했다. 백제 부흥의 꿈은 물거품이 되어 백강의 붉은 강물 속으로 사라졌다. 백제 귀족과 왜군 장수들은 호례성이라는 곳에 집결해 앞날을 논의했다. 나당연합군에게 죽임을 당하거나 포로로 잡히지 않으려면 방법은 하나뿐이었다. 고향 땅을 버리고 왜로 망명하는 것이었다. 그들은 남은 왜군 함선에 올라 일본으로 향했다.

동진강 유역의 부안 지역은 백강전투의 유력한 후보지 가운데 하나이다. 문무왕이 김유신에게 식읍으로 하사한 그곳에는 김유신의 사당인 보령원이 있다. 지금도 보령원에 가면 주류성의 후보지 중 하나로 꼽히는 우금산성을 바라보며 김유신 장군의 활약을 이야기하는 후손들을 만나 볼 수 있다.

보령원 1862년(조선 철종 13) 김유신의 후손들이 건립한 사당. 우금산성에서 동남쪽으로 약 2킬로미터 떨어진 곳에 있다. 전라북도 부안군 상서면 봉은길 90-5.

백강전투의 그림자

백강전투가 동아시아 역사에서 갖는 가장 큰 의미는 한반도와 일본열도의 역사적, 정치적 분리라고 할 수 있다. 이 전투로 백제가 완전히 멸망하면서 백제와 연결되어 있던 왜의 세력이 한반도에서 축출되었기 때문이다. 삼국 시대에는 한반도 남해안과 일본 서남부가 긴밀하게 연결되어 있었지만, 신라의 삼국 통일이 가시화하면서 그 연결 고리는 끊어지다시피 했다.

이제 왜는 한반도의 거점 상실을 한탄하고 있을 때가 아니었다. 나당연합군이 백강전투의 여세를 몰아 쳐들어오면 일본열도 자체가 위험했다. 왜는 부산이 코앞인 쓰시마와 일본 서남해안 일대에 방어벽을 구축했다. 이 작업을 주도한 사람들은 축성술에 능한 백제 유민이었다.

이처럼 전쟁에 대비하는 한편 신라와 적극적인 외교 교섭에도 나섰다. 왜로서는 다행스럽게도 나당연합군은 고구려 공격에 집중했고, 그 와중에 신라와 왜는 국교를 정상화했다(665). 왜의 중신인 나카토미노 가마타리가 신라를 방문해 문무왕을 알현하고 김유신 사당에 공물을 바치기도 했다.

이후 왜는 국호를 일본으로 바꾸고 신라와 당에 대해 우호적인 자세를 취했다. 고구려가 멸망한 지 30년 만에 고구려 유민의 나라인 발해가 건국되자, 일본은 발해에 함께 신라를 공격하자고 제안하기도 했다. 그러나 발해는 그 제안을 거부했고, 동아시아는 당이라는 강대국을 중심으로 신라·발해·일본이 문화적으로 교류하는 평화 시대로 접어들었다.

백강전투를 일본에서는 '백촌강전투', 중국에서는 '백강구전투'라고 한다. 중국은 백강전투를 자국이 일본과 벌인 첫 번째 전투로 본다. 이 싸움에서 패한 일본은 그 후 천 년 동안 중국에 덤비지 못하고 양국은 평화로운 관계를 유지했다

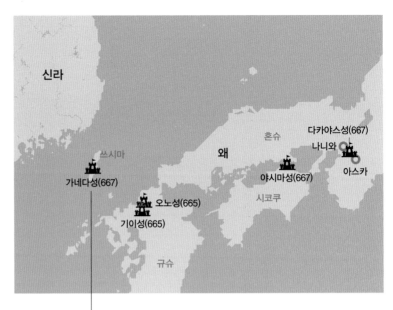

백강전투 후 왜가 구축한 방어벽
백강전투에서 패배한 왜는 나당연합군의 공격을 우려해 쓰시마, 규슈, 나라 등에 성을 쌓았다. 이 성들은 백제식 산성이었다. 망명한 백제인의 기술을 활용해 쌓았기 때문이다. 괄호 안은 축조 연도.

가네다성 쓰시마의 조야마(城山)에서 신라가 있던 한반도 쪽을 바라보고 있다. 일본 나가사키현 쓰시마시 미쓰시마정.

고 한다. 실제로 백강전투에서 패한 왜는 일본으로 국호를 바꾼 뒤 당에 견당사(遺唐使)를 파견하며 당의 선진 문물을 받아들이고자 힘썼다. 천 년이 지나 중국과 일본이 다시 맞붙은 전쟁은 1592년에 발발한 임진왜란이었다. 도요토미 히데요시가 세계 정복의 망상을 품고 먼저 조선을 치자 명이 조선을 도와 벌어진 또 한 번의 국제전이었다. 그때 뜻을 이루지 못하고 퇴각한 일본은 다시 300년이 지난 후 청일전쟁을 도발해 마침내 중국과의 대결에서 승리를 거머쥐었다. 청일전쟁 역시 무대는 한반도였다.

일본에는 백강전투를 당 중심의 대제국주의와 왜 중심의 소제국주의가 충돌한 동아시아 역사상의 일대 사건으로 보는 학자들도 있다. 그들에 따르면 왜는 백강전투에서 백제 부흥군을 도

운 정도가 아니라 주도적인 역할을 했다. 한반도에 세력권을 구축하고 소제국으로 군림하던 왜가 대제국인 당에 패배하면서 한반도에서 물러났다는 것이다. 물론 이 같은 주장은 과장된 것이다. 왜는 백강전투에서 패배한 뒤에야 당의 문물을 받아들여 율령 국가로 성장하고 고대 국가의 틀을 온전히 갖출 수 있었다. 그런 나라가 이미 수백 년 전 중앙 집권적 고대 국가 체제가 완비되어 있던 한반도에 소제국으로 진출했다는 주장은 어불성설에 가깝다. 또 백강전투는 일본의 침소봉대와 달리 신라와 당이 경험한 수많은 대외전쟁 중 하나에 불과했다. 이 전투의 역사적 의미는 신라의 삼국통일전쟁을 구성하는 한 요소로 평가될 때 온전하게 부여될 수 있다.

왜가 한반도에 세력권을 구축했다는 담론으로 일본에서 거론되는 것이 임나일본부설이다. 서기 3세기에 전설적인 여걸 진구 황후가 대함대를 이끌고 삼한 정벌에 나서 신라를 공략하고 백제와 고구려의 항복을 받았다는 주장이다. 그때 진구 황후가 한반도의 남해안에 구축했다는 식민지를 '임나일본부'라고 한다. 이 같은 진구 황후의 삼한 정벌과 7세기 사이메이 천황의 백강전투

파병은 그 서사 구조가 대단히 유사하다. 두 주인공이 모두 여성이다. 진구 황후와 사이메이 천황의 시호는 '다라시(足)'를 공유한다. 그들은 둘 다 신라를 정벌하기 위해 몸소 군대를 이끌고 나서거나 대군을 보냈다.

일본의 역사학자 나오키 고지로에 따르면 진구 황후의 삼한 정벌은 사실이 아니고 사이메이 천황의 백강전투를 모티브로 삼아 만들어진 전설에 불과하다. 8세기에 『일본서기』를 편찬할 때 일본의 전사(前史)를 미화하기 위해 임나일본부설을 조작하면서 백강전투의 서사를 차용했다는 것이다. 나오키 고지로는 마치 데칼코마니 같은 사이메이 천황과 진구 황후의 유사성을 조작설의 근거로 제시했다.

『일본서기』는 백강전투의 패배로 정신을 차린 왜가 일본으로 이름을 바꾸고 이전의 역사를 총정리하면서 자신의 정체성을 확립하고자 하는 시도였다. 역사는 미래의 거울인 만큼 이 같은 시도는 바람직하다. 그러나 그 과정에서 나오키 고지로의 주장처럼 역사를 조작했다면, 그것은 후손들에게 자부심의 근거가 되기보다는 두고두고 수치심을 안기는 과오로 남을 것이 틀림없다.

진구 황후 『일본서기』에 오진 천황을 임신한 몸으로 삼한을 정벌했다고 기록되어 있는 인물. 그녀의 삼한 정벌설을 묘사한 일본 그림으로, 1880년 작품이다.

🔳 나당전쟁의 현장

공주 취리산의 회맹

신라와 당은 백제와 고구려라는 공동의 적을 앞에 두고 손을 잡았다. 그러나 그들의 동맹 관계는 일시적인 것으로, 유효 기간이 정해져 있었다. 공동의 적을 무너뜨리는 시점까지였다. 당은 나당연합군을 천하 통일의 한 수단으로 생각했고, 신라는 그러한 당의 속셈을 꿰뚫어 보고 있었다. 고구려가 멸망하는 순간 당은 만주와 한반도 전체를 집어삼키려는 속내를 드러내게 되어 있었고, 신라는 그때를 대비해 발톱을 감추고 있었다.

당은 사실 백제를 멸망시킨 직후에 이미 속내의 일부를 드러내기 시작했다. 그들은 나당연합군으로 전쟁을 수행하면서도 신라를 속국처럼 여기고 있었다. 663년 백강전투에서 승리해 백제를 완전히 잠재우자, 당은 신라에 계림도독부를 설치하고 문무왕을 계림주대도독으로 임명했다. 물론 이는 당이 천자의 나라임을 과시하는 상징적 조치였다. 그러나 신라에게는 치욕스러운 일임이 분명했다. 아직 고구려라는 목표가 남아 있

던 신라는 일단 그 치욕을 감내하기로 했다.

665년 7월, 당군은 사비성 함락 후 의자왕과 함께 당으로 끌려간 왕자 부여융을 다시 데려와 사비성 지역의 웅진도독부 책임자로 임명했다. 그리고 다음 달에는 문무왕을 사비로 불러 인근 취리산에서 부여융과 마주 앉게 했다. 패전국 백제의 왕자 부여융과 승전국 신라의 문무왕은 당의 유인원이 참관한 가운데 서로 싸우지 않는다는 맹세를 했다. 맹세문은 신라의 종묘에 보관되었다. 이를 역사에서는 취리산 회맹이라고 한다. 이미 망한 백제와 불가침 조약을 맺는다는 것이 무슨 뜻이겠는가? 신라는 당이 지배하는 구 백제에 관여하지 말라는 것이다.

취리산 회맹지 공주생명과학고등학교 뒤 나지막한 산(공주시 신관동)과 그 서쪽의 연미산(공주시 우성면)이 유력한 후보지로 거론된다. 대전 동구와 대덕구에 걸쳐 있는 질티가 취리산 회맹지라는 견해도 있다. 사진은 연미산 상공에서 동쪽으로 금강 변의 신관동 일대와 백제큰다리를 바라본 장면.

668년 고구려가 멸망하자 당은 만주와 한반도 전체를 지배하려는 야욕을 노골적으로 드러냈다. 백제가 그랬던 것처럼 고구려도 평양성 함락 직후 각처에서 부흥군이 들불처럼 일어났다. 하지만 정작 신라를 괴롭힌 것은 고구려 부흥군이 아니라 그때까지 함께 피를 흘리며 싸우던 당군이었다. 신라는 감추어 두었던 발톱을 끄집어내 당과의 결전에 나섰다.

압록강에서 임진강까지

나당전쟁은 신라의 선공으로 시작되었다. 670년 3월, 신라의 설오유와 고구려 부흥군의 고연무가 이끄는 2만여 명의 군사가 압록강을 건너 오골성(단둥)을 공략했다. 오골성은 압록강 서안의 중요한 군사 기지로 앞선 당의 침공 때는 연개소문의 고구려군이 출동한 곳이기도 하다.

오골성전투는 한 달 만에 신라와 고구려 부흥군의 승리로 끝났다. 이 전투의 신속한 전개나 병력 이동에 걸린 기간 등을 고려할 때 신라는 이미 669년 겨울부터 치밀하게 전투 준비를 하고 있었던 것으로 보인다.

670년 6월, 고구려의 왕손으로 부흥군의 상징이던 안승이 신라에 귀순했다. 안승은 고구려 부흥군을 일으킨 검모잠에 의해 왕으로 옹립된 인물이었다. 당이 고구려 부흥군을 토벌하기 위한 군대를 보내자 고구려 부흥군 내부에 의견 대립과 분열이 일어났다. 그때 안승이 검모잠을 살해하고 신라에 투항한 것이다. 이후 고구려 부흥군은 신라와 밀착된 관계를 유지하다가 신라에 흡수되었다. 문무왕은 안승을 받아들여 금마저(전라북도 익산)에 정착하게 했다. 그때 고구려 유민 다수가 호남으로 이주했다.

오골성 공략에 성공한 신라는 이듬해인 671년 6월, 석성(부여)에서 당군 5000명의 목을 베고 승리했다. 이로써 신라는 당군이 지키던

백제의 고토를 대부분 회복했다. 석성전투 직후인 7월 26일, 설인귀는 전쟁을 도발한 문무왕을 질책하는 편지를 보냈다. 문무왕은 예를 갖춰 답신을 보내면서도 사비 지역에 소부리주를 설치하고 아찬 진왕을 도독으로 임명해 옛 백제에 대한 지배권을 다졌다.

672년 7월, 이근행이 이끄는 당군이 남진해 백수성(황해남도 배천) 근처에 주둔하자 신라군과 고구려 부흥군은 이를 공격해 승리를 거두었다. 이처럼 신라군이 연전연승할 수 있었던 데는 고구려 부흥군의 합세가 큰 도움이 되었다. 또 신라군은 백제와 고구려를 무너뜨리는 과정에서 당군에게 익힌 장창(長槍) 전술을 당군과의 전투에 역으로 적용해 효과를 거두었다.

그러나 신라군은 당군을 석문(황해북도 서흥)까지 추격하다 당군의 역습을 받아 궤멸하고 말았다. 석문전투의 패배로 전세가 불리해지자 문무왕은 수비를 강화하고 당에 사죄 사절을 보냈다. 신라가 억류하고 있던 당 장수들도 돌려보냈다. 일면 전쟁 일면 화해의 양면 전술이었다.

신라군은 그해 12월 황해남도의 백수산전투, 이듬해 파주의 호로하전투에서 연패했다. 당군은 계속 남하해 동자성(경기도 김포)까지 밀고 내려왔다. 신라군은 임진강 연변에 최후의 방어선을 구축했다. 그 절체절명의 시기에 신라군의 정신적 지주였던 김유신이 세상을 떠났다(673년 7월 1일). 신라에는 위기감이 감돌았다.

평화의 바다 기벌포

674년 당은 유인궤를 사령관으로 하는 대규모 신라 원정군을 조직했다. 이듬해 2월, 신라군은 임진강변의 파주 칠중성에서 유인궤 부대와 격돌해 패배했다. 유인궤는 승전 후 부여융과 함께 당으로 귀환하고, 이근행이 병권을 이어받아 매소성 부근에 진주했다. 그해 9월 설인귀의 수군이 신라인 김풍훈을 길잡이로 삼아 한강 하류의 천성(파주시 탄현)을 공격했다. 설인귀의 목적은 임진강을 경계로 형성된 전선을 한강까지 끌어내리는 것이었다. 하지만 그의 부대는 문훈이 이끄는 신라군에게 대패했다.

설인귀 함대는 매소성에 주둔하던 당군의 군량도 운반하고 있었다. 그런 부대가 격파당해 군량이 끊기면서 매소성의 이근행 부대는 사기가 떨어지면서 흔들렸다. 신라군이 때를 놓치지 않고 공격하자 당군은 말 3만 마리와 다량의 병기를 버리고 허겁지겁 북쪽으로 퇴각했다.

매소성전투의 승리로 전세는 신라 쪽으로 기울었다. 그러나 당은 물러나지 않고 더 많은 군대를 보냈다. 676년 7월, 신라군은 당의 증원 부대를 맞아 도림성(강원도 통천)에서 대승을 거두었다. 이것이 나당전쟁의 마지막 지상 전투였다. 이제 당은 수군에 전력을 집중해 금강 하구의 기벌포에서 최후의 승부를 걸었다. 그곳은 백제의 옛 수도 부여를 방어하는 전선이었다. 백제 옛 땅이라도 회복해 후일을 도모할 목적으로 기벌포 공략을 택한 것이다.

기벌포전투는 그해 11월 신라군의 선공으로 시작되었다. 시득이 지휘하는 신라 함대는 기벌포에 주둔하고 있던 설인귀 함대를 향해 진격했다. 처음에는 당군의 반격을 이겨내지 못하고 퇴각했으나, 곧 100척의 전선으로 함대를 재정비한 뒤 다시 공격했다. 이번에는 당군 4000명이 사살되었다. 이 같은 대규모 공방전과 소형선을 이용

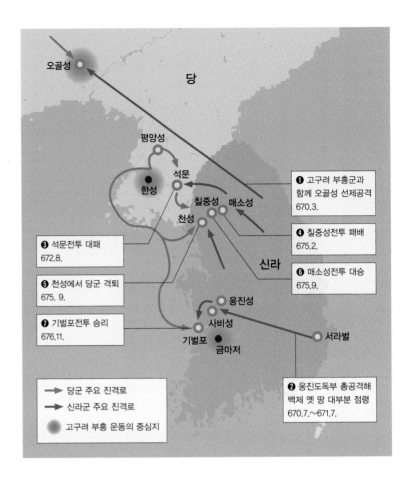

❶ 고구려 부흥군과 함께 오골성 선제공격 670.3.

❸ 석문전투 대패 672.8.

❺ 천성에서 당군 격퇴 675. 9.

❼ 기벌포전투 승리 676.11.

❹ 칠중성전투 패배 675.2.

❻ 매소성전투 대승 675.9.

❷ 웅진도독부 총공격해 백제 옛 땅 대부분 점령 670.7.~671.7.

→ 당군 주요 진격로
→ 신라군 주요 진격로
● 고구려 부흥 운동의 중심지

한 게릴라식 전투가 해상과 육상에서 동시다발적으로 22회나 벌어졌다.

기벌포전투에서 신라군은 천보노(千步弩)라는 비장의 신무기를 선보였다. 사정거리가 천 보, 즉 1400미터가량에 이르는 강력한 다연발 로켓이었다. 그 덕분이었을까, 전투가 거듭될수록 신라군은 승기를 잡아 갔다. 전투의 후반부는 퇴각하는 당군과 그들을 쫓는 신라군의 일방적인 추격전으로 펼쳐졌다.

나당전쟁 전적지
670년 신라군과 고구려 부흥군의 오골성 선제공격부터 676년 기벌포전투까지 주요 격전지와 고구려 부흥 운동 관련 지역.

매소성 터 대전리산성(경기도 연천군 청산면, 사진)과 대모산성(경기도 양주시 어둔동)이 주요 후보지로 거론된다.

기벌포는 660년 당군이 백제를 공격하기 위해
들어온 곳이었다. 이제 기벌포는 당군이 신라군
에게 최후의 일격을 맞고 쫓겨난 곳이 되었다. 그
동안 기벌포는 전쟁과 평화의 리트머스 시험지
였다. 기벌포가 군사의 피로 붉게 물들면 전쟁이
고, 맑은 물줄기로 흘러가면 평화였다. 만주와 한
반도를 독차지하려던 당의 구상은 기벌포에서
파탄에 이르렀다. 설인귀는 패장이 되어 귀국하
고, 웅진도독부는 백제와 아무 관계도 없는 건안
성(랴오닝성 잉커우)으로 옮겨 갔다.

신라의 기벌포 승전에는 뜻밖의 해외 조력자
가 있었다. 중원 서쪽 티베트고원의 강자 토번이
었다. 신라군이 매소성전투에서 승리를 거둘 무
렵 토번은 국경을 넘어 당을 침공했다. 당시 강대
국이던 토번과 맞서 싸워야 했던 당이 한반도에
서 대규모 병력을 유지하기는 어려웠다.

물론 승전의 가장 큰 요인은 태종 무열왕과 김
유신이라는 큰 별을 잃고도 흐트러짐이 없었던
신라의 전열이었다. 그처럼 단호한 태세는 전후
에도 계속되었다. 문무왕은 기벌포전투 직후 수
군을 관할하는 선부(船部)를 병부에서 독립시켰
다. 수군을 강화해 당군의 상륙을 원천 봉쇄하겠
다는 뜻이었다. 이 같은 태세를 유지한 신라의 판
단은 정확했다. 실제로 당은 나당전쟁 후 50년이

다 되어 가던 725년(성덕왕 24)까지도 신라 침공
을 포기하지 않고 있었기 때문이다.

신라와 당 사이에 화해의 움직임이 싹튼 것은
730년대 들어서의 일이었다. 732년 발해의 수군
이 당의 등주(옌타이·웨이하이)를 공격했다. 발
해의 급습에 당황한 당은 이듬해 신라에 사신을
보냈다. 사신은 발해를 공격하는 데 병력을 지원
하면 그 대가로 대동강 이남 지역을 신라 땅으로
인정하겠다고 약속했다. 신라는 이를 받아들여
병력을 파견했다. 폭설 때문에 발해와 실제로 싸
우지는 않았지만, 신라는 당이 약속한 것을 받아
내야 했다. 735년 당은 대동강 이남의 고구려와
백제 땅에 대한 신라 지배권을 공식적으로 인정
했다. 그것은 곧 나당전쟁이 당의 욕심에서 비롯
된 전쟁이고, 그 전쟁의 승자는 신라임을 최종적
으로 인정한 것이기도 했다.

한국사에서 사라진 땅 만주

"일송정 푸른 솔은 늙어 늙어 갔어도 / 한 줄기 해란강은 천년 두고 흐른다." 중국 지린성 옌볜조선족자치주를 흐르는 하이란강(해란강)을 배경으로 일제
강점기 만주를 누비던 한국인의 삶을 노래한 「선구자」의 한 구절이다. 1930년대에 윤해영이 시를 짓고 조두남이 곡을 붙인 이 노래는 만주에서 일제와 싸
우던 독립군을 떠올리게 하며 한때 한국인의 사랑을 듬뿍 받았다. 그러나 조두남과 윤해영의 친일 행적이 재조명되면서 이 노래는 일순간 독립군의 노래
에서 일제의 괴뢰국인 만주국 앞잡이의 노래로 비하되는 파란을 겪기도 했다.

이 같은 「선구자」 논란은 오랫동안 한국인의 조상이 살던 땅이었다가 926년 발해의 멸망과 함께 한국사의 영역에서 멀어져 간 만주의 운명과 겹치며 씁쓸함을 자아낸다. 고구려 유민이 옛 고구려 땅에 세운 발해는 만주와 한반도 북부를 차지하고 신라와 함께 200여 년 동안 남북국 시대를 이끌었다. 랴오허강 일대에서 일어난 유목 왕조 거란이 발해를 멸망시키자 만주는 한국사에서 지워졌다. 신라에 이어 한반도를 통일한 고려는 만주를 차지한 거란, 여진, 몽골 등 유목 왕조와 부딪쳐야 할 운명을 안고 있었다.

Ⅱ 북방의 모래바람

만주, 몽골, 중앙아시아를 아우르는 유라시아 대륙 북부의 초원 지대는 고대부터 유목민의 활동 무대였다. 흉노, 돌궐 등 유목 국가는 중원, 한반도 등에 자리 잡은 농경 정착민 왕조와 때로는 교류하고 때로는 충돌했다. 그러나 그들은 기본적으로 자신들의 영역에서 유목민 고유의 생활 방식을 영위했다. 그와 달리 농경 지대를 침략해 정복하고 정착민을 지배하면서 정착민 문화를 받아들인 유목 국가를 '정복 왕조'라 한다. 10세기 들어 발해를 멸망시키고 송을 남쪽으로 밀어낸 뒤 북중국을 지배한 거란이 그 효시였다.

─ 고려의 전장을 찾아서

북막평사(北漠平沙) 만리장성의 서쪽 관문인 가욕관(자위관)의 성벽에 새겨진 대상(隊商)과 낙타의 부조. 「북막평사」는 중국 명의 시인 대변(戴弁)이 가욕관에서 고비사막을 바라보며 지은 시이다.

여진족이 세운 금(金)과 청, 몽골족이 세운 원이 그러한 정복 왕조의 계보를 이었다. 이 같은 정복 왕조들은 중원을 침략하고 정복하는 과정에서 어김없이 한반도의 왕조들과 갈등을 빚었고, 그 갈등은 대부분 침략 전쟁으로 이어졌다. 특히 고려는 거란과 몽골이 일으킨 북방의 모래바람을 여러 차례 감당해야 했다. 거란이 30년 가까운 세월 동안 세 차례, 몽골이 역시 약 30년에 걸쳐 여섯 차례의 대규모 침략군을 보냈다. 삼천리 방방곡곡에 메아리로 남아 있는 말발굽 소리와 구국의 함성을 찾아 길을 떠나자.

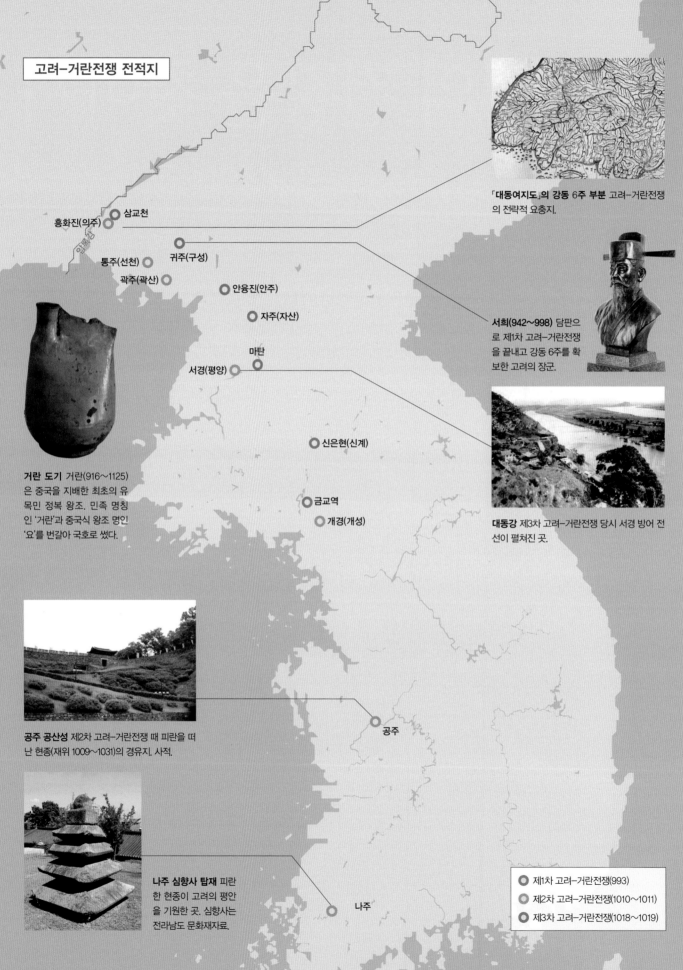

고려–거란전쟁 전적지

「대동여지도」의 강동 6주 부분 고려–거란전쟁의 전략적 요충지.

삼교천
흥화진(의주)
통주(선천)
귀주(구성)
곽주(곽산)
안융진(안주)
자주(자산)
마탄
서경(평양)

서희(942~998) 담판으로 제1차 고려–거란전쟁을 끝내고 강동 6주를 확보한 고려의 장군.

신은현(신계)

거란 도기 거란(916~1125)은 중국을 지배한 최초의 유목민 정복 왕조. 민족 명칭인 '거란'과 중국식 왕조 명인 '요'를 번갈아 국호로 썼다.

금교역
개경(개성)

대동강 제3차 고려–거란전쟁 당시 서경 방어 전선이 펼쳐진 곳.

공주 공산성 제2차 고려–거란전쟁 때 피란을 떠난 현종(재위 1009~1031)의 경유지. 사적.

공주

나주 심향사 탑재 피란한 현종이 고려의 평안을 기원한 곳. 심향사는 전라남도 문화재자료.

나주

- 제1차 고려–거란전쟁(993)
- 제2차 고려–거란전쟁(1010~1011)
- 제3차 고려–거란전쟁(1018~1019)

1

고려와 거란의 전장

유목민 정복 왕조가 한반도의 왕조를 침략하는 과정에는 일정한 순서가 있다. 유목민 왕조가 중원을 침범해 중국 왕조와 대결을 벌인다. 그때 중국 왕조와 친교를 맺고 있던 한반도 왕조는 유목민 왕조를 견제하거나 그들의 화친 요구를 거절한다. 결국, 유목민 왕조는 중국 왕조와 결전을 벌이기에 앞서 한반도의 왕조를 제압해 후방의 안전을 꾀하려 한다. 거란이 잇따라 고려를 침공한 것도 그러한 목적에서였다.

고려는 태조 왕건(재위 918~943) 때부터 거란과 사이가 좋지 않았다. 고려가 형제 국가로 여기던 발해를 거란이 멸망시켰기 때문이다. 또 고구려의 고토를 회복하려는 고려의 북진 정책은 필연적으로 거란과 충돌할 수밖에 없었다. 고려는 당에 이은 중국의 통일 왕조인 송과 사대 관계를 맺고 있었다. 반면 랴오허강 일대에서 굴기해 만주를 차지하고 북중국 진출을 꾀하던 거란은 송과 충돌할 수밖에 없었다. 고려에 대한 당근과 채찍이 먹히지 않자 거란은 993년(성종 12) 고려 침공을 결정했다. 유목 왕조는 한·당과 달리 서해로 수군을 보내지는 않았다. 그러나 기마 부대를 앞세워 압록강을 건너는 그들의 육군은 한층 더 빠르고 매서웠다.

◼ 제1차 전쟁과 강동 6주

고려의 역대 왕들은 거란에 적대적인 태조의 정책을 계승했다. 제4대 광종(재위 949~975)은 거란이 침입해 올 것에 대비해 압록강 연변의 국경 지대에 성을 쌓고 군사 시설을 갖추었다. 다만 발해를 멸망시킬 만큼 강한 군사력을 갖고 있던 거란과 직접 충돌하는 것은 피했다. 거란을 함께 공격하자는 송의 요청도 거절했다.

그러나 송과 대결하던 거란은 송과 친교를 맺고 자신을 멀리하는 고려를 어떻게든 제압해 배후를 안정시켜야 했다. 986년(성종 5) 발해 유민이 세운 정안국을 점령하고 압록강 유역까지 진출한 거란은 고려에 복속을 요구했으나 고려는 이를 거부했다.

7년 후 소손녕이 이끄는 거란군이 마침내 고려를 무력 침공했다. 고려는 상군사 박양유, 중군사 서희 등을 보내 거란군을 막게 했으나 역부족이었다. 성종은 예빈 소경 이몽전을 보내 거란이 전쟁을 일으킨 명분을 따졌으나, 소손녕은 닥치고 항복할 것을 종용했다. 긴급회의가 열린 고려 정부에서는 대동강 이북의 땅을 거란에게 내주고 전쟁을 끝내자는 의견이 많았다. 그러나 서희는 이에 반대하고 결연히 항전할 것을 주장했다. 성종도 서희의 손을 들어주었다.

소손녕은 청천강 남쪽의 안융진(평안남도 안주)을 공격했으나, 대도수가 이끄는 발해계 주민의 저항을 뚫지 못하고 물러났다. 고려에 귀부한 발해 유민은 주로 안융진 같은 새 개간지에 거주하고 있었다. 안융진의 승리는 고려와 발해 유민의 협력을 상징하는 사건이라고도 볼 수 있다.

전쟁이 소강상태에 들어가자 서희는 단신으로 적진에 들어가 소손녕과 담판을 벌였다. 소손녕은 고려가 신라 땅에서 일어났고 고구려 땅은 거란 소유이니 고려가 차지한 고구려 지역을 떼어

바치라고 요구했다. 서희는 고개를 가로저으며 고려는 국호부터 고구려를 계승한 나라임이 분명하다고 주장했다.

소손녕은 고려가 송과 친교를 맺고 거란을 적대하는 것도 문제 삼았다. 서희는 고려가 거란과 교류하려고 해도 중간에 있는 여진에 가로막혀 불가능하니 여진이 사는 압록강 동쪽 280리 땅을 고려가 차지하게 해 달라고 했다. 그렇게만 하면 송과 관계를 끊고 거란의 연호를 사용하겠다고 약속했다. 거란의 진짜 목적이 고려를 자기편으로 끌어들이려는 것임을 잘 알고 역제안을 한 것이다.

과연 소손녕은 서희의 말에 동의하고 철수했다. 덕분에 고려는 대동강 이북의 옛 고구려 땅을 잃기는커녕 거란의 묵인 아래 여진을 내몰고 압록강 연안으로 영토를 넓힐 수 있었다. 그렇게 개척한 땅이 지금의 함경북도에 속한 흥화진, 용주, 철주, 통주, 곽주. 압록강 동쪽에 있다고 해서 '강동 6주'라고 불린다.

적의 의도를 간파하고 세 치 짧은 혀로 거란의 대군을 제압한 서희의 담판은 한국사상 손꼽히는 외교적 승리로 기억되고 있다.

강동 6주

고려가 추진한 북진 정책의 큰 성과였다. 고려-거란전쟁이 끝난 뒤 1033년(덕종 2)부터는 거란과 여진의 침입을 막고자 압록강 하구부터 동해안의 도련포까지 천리장성을 쌓아 북방에 확보한 영토를 확고히 다졌다.

거란 문자가 새겨진 거울

거란 문자에는 대자(大字)와 소자 두 종류가 있었다. 이 거울에는 소자가 새겨져 있다. 고려와 거란 사이의 교류를 알려 주는 유물이다. 지름 15.7센티미터, 두께 0.6센티미터. 국립중앙박물관 소장.

② 제2차 전쟁과 나주 파천

고려와 화친을 맺은 거란은 배후를 걱정하지 않고 송과 싸워 우위를 차지할 수 있었다. 고려와 거란 간에 다시 긴장이 감돈 것은 거란이 뒤늦게 강동 6주의 필요성을 느끼면서였다. 여진을 공략할 때 강동 6주를 경유할 수 없어 북쪽으로 우회해야 했는데, 그 우회로가 멀고 험했다. 그렇다고 강동 6주를 무작정 달라고 할 수도 없었다.

거란에 명분을 주는 사건이 1009년(목종 12)에 일어났다. 목종의 모후인 천추 태후와 추문을 일으킨 김치양이 국정을 어지럽히자, 서북면 도순검사 강조가 김치양을 죽이고 목종을 폐위했다. 거란 성종은 이듬해 11월 강조의 죄를 묻겠다며 40만 대군을 이끌고 압록강을 건넜다. 강조는 그에 맞서 중앙군 30만 명을 거느리고 출진했다.

거란군은 먼저 흥화진을 공격했으나, 양규가 지키는 그곳은 난공불락이었다. 성종은 강조가 지키던 통주로 방향을 틀었다. 강조는 거란군을 맞아 서전에서 승리했으나 방심하다가 후속 전투에서 대패하고 목숨을 잃었다. 강조를 죽여 명분이 달성되었는데도 거란군은 계속 밀고 내려가 곽주를 점령했다. 양규는 700명의 정예 병력과 통주의 잔류병 1000명을 모아 곽주로 달려가 거란군을 제압하고 백성을 구했다.

거란군은 잠깐 숨을 돌렸다가 서경(평양)으로 진격했다. 예부 시랑 강감찬은 현종에게 잠시 개경을 떠나 사직을 보존할 것을 권유했다. 현종은 피란길에 온갖 수모를 겪었다. 왕을 시종하던 관리와 군인이 몰래 도망가는가 하면, 어떤 자는 왕에게 활을 쏘아 대고 어떤 자는 밤에 왕의 숙소를 침범했다. 고려는 지방 호족 세력이 연합해서 세운 나라로, 중앙 정부가 지방을 완전히 장악하지 못해서 일어난 일이었다. 오직 충청도 공주 절도사 김은부만이 교외까지 현종을 마중 나와 극진

한 대접을 했다. 현종은 공주에서 지친 심신을 회복한 뒤 전라도 전주를 거쳐 나주로 갔다. 나주는 태조의 왕비이자 제2대 혜종(재위 943~945)의 어머니인 장화왕후의 고향이었다. 나주 백성의 환영을 받은 현종은 심향사에서 기도를 올리고 읍성을 산책하며 거란의 철군 소식을 기다렸다.

거란군은 1011년 1월 개경을 함락했으나 통주, 서경 등을 지나쳐 남하하다가 보급선을 차단당했다. 그때 현종을 시종하던 하공진이 자진해 적진에 들어가 협상에 나섰다. 그는 현종이 직접 거란에 입조한다는 약속을 전하고 자신이 볼모가 되어 철수하는 적을 따라갔다. 귀주 방면에서 기다리던 양규는 적의 배후를 공격해 큰 피해를 안겼으나 혈투 끝에 자신도 목숨을 잃었다.

현종은 귀경길에 공주를 다시 방문해 시를 지어 남겼다. 그것은 공주에 관한 가장 오래된 시로 알려졌다. 이처럼 김은부의 환대를 잊지 않은 현종은 그의 세 딸을 왕비로 맞이했고, 그들이 낳은 왕자들 중 세 명이나 왕이 되었다.

❸ 제3차 전쟁과 귀주

삼교천 수공

현종은 거란에 친조하겠다는 약속을 이행하지 않았다. 거란에 볼모로 간 하공진은 탈출을 시도하다 잡혀 거란의 신하가 되라는 회유를 당했으나 거절하고 살해당했다. 고려는 1013년(현종 4) 거란과 국교를 단절했다.

그 이듬해 거란은 압록강에 가교를 설치하고 강을 건너와 보주성을 쌓았다. 그곳을 전진 기지로 삼아 강동 6주를 여러 차례 공격하는가 하면 수시로 사신을 보내 강동 6주의 할양을 요구했다. 그 모든 시도가 수포로 돌아간 1018년, 거란은 다시 대규모 병력으로 고려를 공격할 태세를 취했다.

고려는 20만 8300명의 병력을 소집하고 강감찬을 상원수, 강민첨을 부원수에 임명했다. 강감찬은 서북 지역에 방어선을 구축하고 전투 태세를 갖추었다. 거란은 10만 명의 원정군을 본군과 별군으로 편성하고 소배압에게 지휘를 맡겼다. 침략의 목적은 현종의 약속 파기를 응징하고 강동 6주를 탈취하는 것이었다.

그해 12월 10일 소배압이 이끄는 10만 대군이 압록강을 건넜다. 강감찬은 제2차 전쟁 때 최초의 공격 대상이 되었던 흥화진과 통주에 주력군을 이동 배치했다. 거란 별군이 흥화진을 우회해 통주로 진격해 오자 강감찬은 흥화진과 통주 사이를 흐르는 삼교천에서 적을 섬멸하기로 했다. 그는 병력을 좌군, 우군, 중군 셋으로 나눈 다음 삼교천의 서쪽 상류 지점인 석교리 일대에 좌군을 배치해 흙을 채운 소가죽 부대로 하천을 막았다. 우군은 삼교천 동쪽 당후동에 매복하고, 강감찬이 몸소 이끈 중군은 삼교천 서쪽 하류 지점 고개에 매복했다.

거란군은 해가 질 무렵 삼교천에 도착해 물을

파주 용상사 대웅전 용두 1018년 현종이 거란군을 피해 월롱산의 용상사에 숨었다는 이야기가 야사에 전한다. 경기도 파주시 월롱면 용상골길 403.

건너기 시작했다. 그들이 삼교천 한가운데에 이르렀을 때 고려군은 일제히 북을 울리고 함성을 질렀다. 그와 동시에 좌군은 강물을 막았던 소가죽 부대 제방을 무너뜨렸다. 갑자기 쏟아진 세찬 물결이 소용돌이치면서 밀려오자 거란군은 혼비백산했다.

그때 삼교천 동쪽에 매복하고 있던 우군이 물가로 몰려들어 물을 건너고 있던 거란군 대열의 선두를 공격했다. 서쪽 하류에 매복하고 있던 중군은 거란군 후미를 타격했다. 제방을 무너뜨린 좌군도 곧바로 하류로 달려가 중군과 합세했다. 급류에 휩쓸리고 세 방향에서 공격을 당한 거란군은 다수의 사상자를 내고 보주 방면으로 정신없이 퇴각했다.

흔히 강감찬 하면 귀주대첩이 떠오르고 귀주대첩 하면 수공(水攻)이 떠오른다. 그러나 그 수공은 삼교천에서 벌어진 전초전에 불과했고, 귀주대첩의 불지옥은 아직 침략군을 기다리고 있었다.

낙성대 안국사와 삼층석탑 강감찬의 사당과 그를 기리는 화강암 석탑(사진 왼쪽, 서울특별시 유형문화재). 낙성대(落星垈)는 강감찬이 태어날 때 별이 떨어졌다고 해서 붙인 이름이다. 서울특별시 관악구 낙성대로 77.

거란군의 무덤 귀주

거란 별군이 삼교천에서 퇴각하는 동안 소배압이 지휘하는 본군은 청천강 상류를 건너 남진하고 있었다. 삼교천에서 격퇴당한 거란군이 별군이라는 것을 고려군이 알게 된 것은 한참 뒤였다. 거란군 본군이 개경을 향하고 있다는 보고를 받은 강감찬은 영주(평안북도 안주)에서 대기하던 부원수 강민첨에게 그들의 남하를 저지하라고 지시했다. 아울러 시랑 조원에게는 대동강에서 적을 요격하라고 전했다.

강민첨은 거란군을 추격하면서 그들의 진격 상황을 조원에게 알렸다. 조원은 대동강 지류가 흐르는 서경 동쪽의 마탄에 병력을 매복시키고 적을 기다렸다. 지금의 평양시 승호구역 봉도리에 있는 마탄은 평양 8경 중 하나로 꼽히는 곳이다. 거란군이 그곳에 도착한 것은 12월 23일. 모든 준비를 마치고 기다리던 조원의 군대는 마탄을 피로 물들인 격전에서 1만 명이 넘는 거란군을 살상하거나 포로로 잡았다.

거란군은 마탄전투의 손실을 무릅쓰고 계속 남하해 이듬해인 1019년 1월에는 황해도 산악 지대를 넘어 개경 북방 신은현(황해북도 신계)에 도착했다. 고려 정부는 개경의 1차 방어선을 금교역(황해북도 금천)에 구축하고, 영주 주둔 병력

귀주성 전경 제1차 고려–거란전쟁의 영웅 서희가 994년(성종 13) 거란의 재침에 대비하기 위해 축조했다. 북한 국보 문화유물 제60호. 평안북도 구성시 구성읍.

의 일부를 개경으로 불러들여 전력을 보강했다. 개경 방어군은 왕도 인근의 백성을 성안으로 대피시킨 뒤 반경 100리(40킬로미터) 안팎을 불태우고 우물과 하천을 독극물로 오염시켰다. 이처럼 침략군에게 활용될 수 있는 성 밖의 자원을 없애고 농성하는 것을 청야 작전이라 한다.

고려의 끈질긴 저항에 지친 거란군은 한편으로 화의를 압박하면서 한편으로 은밀히 금교역에 정찰대를 보내 고려군의 방어 태세를 살폈다. 그러나 이 정찰대는 금교역 수비대의 기습 공격을 받아 전멸했다. 전의를 상실한 소배압은 철군을 시작했지만, 강감찬은 그들을 곱게 보내 줄 생각이 없었다. 그는 귀주에 병력을 모아 놓고 철수하는 적을 기다렸다.

2월 1일 고려와 거란의 정예군은 귀주 벌판에서 맞붙었다. 전투가 한창일 때 병마판관 김종현이 이끄는 기마 부대가 거란군의 배후를 기습 공격해 적의 전열을 흐트러뜨렸다. 전세는 순식간에 고려군 편으로 기울고, 거란군은 예상치 못한 공격에 속수무책으로 당했다. 압록강을 건너온 10만 대군 가운데 겨우 수천 명만이 다시 압록강을 건너 돌아갈 수 있었다. 패전 소식을 들은 거란 성종은 펄쩍 뛰며 소배압에게 전령을 보냈다. "그대의 낯가죽을 벗겨 죽이고야 말리라!"

본국으로 돌아간 소배압은 죽임을 당하지는 않았지만 바로 파면되었다. 그는 제1차 고려–거란전쟁 당시 총사령관이던 소손녕의 형이었다. 형제가 잇달아 고려의 용사들을 빛내 주는 반(反)영웅 역할을 맡은 셈이다.

이후 고려와 거란은 강화를 맺게 된다. 고려는 그동안 써 오던 송의 연호 대신 거란의 연호를 쓰기로 했으나 강동 6주는 굳건히 지켰다. 이로써 동북아시아에 평화가 도래했으나, 전쟁의 참화를 절감한 고려는 개경 주위에 나성을 쌓고 북방에 천리장성을 쌓아 대비 태세를 갖추었다.

몽골제국이 지배하던 세계가 묘사된 「혼일강리역대국도지도」 1402년(태종 2) 조선에서 만든 세계 지도. 몽골제국의 중심 국가인 원에서 제작된 지도들을 원본으로 삼아 편집했다. 이 지도가 조선과 중국 왕조에서 편찬된 다른 세계 지도와 구별되는 특징은 중국 중심의 아시아뿐 아니라 아프리카와 유럽까지 포괄하고 있다는 것이다. 고려가 맞서야 했던 몽골 제국 이전에 동아시아를 지배한 나라들과는 차원이 다른 세계 제국임을 느끼게 하는 대목이다. 한반도가 다른 지역에 비해 상대적으로 크게 묘사된 것은 이 지도를 편집한 조선 왕조의 문화적 자부심을 보여 준다. 원본은 전해지지 않고 모사본이 일본 류코쿠대학 도서관에 소장되어 있다. 국내에는 이를 다시 필사한 규장각 소장본이 있다.

2

—

고려와 몽골의 전장

「혼일강리역대국도지도」는 조선 초기에 원의 세계 지도인 「성교광피도」와 중국 지도인 「혼일강리도」를 들여와 한반도와 일본 부분을 덧붙여 만든 편집 지도이다. 「성교광피도」가 전하지 않으므로 이 지도는 오늘날 전 세계에서 가장 오래된 세계 지도로 꼽힌다. 원본이 세계 제국인 몽골제국의 중심 국가에서 만들어졌으므로 몽골제국이 지배하던 시절 세계의 모습이 잘 나타나 있다. 중국만큼 자세하지는 않지만 인도와 아프리카, 유럽까지 비교적 정확히 묘사하고 있으므로 몽골제국 시기 세계관의 범위가 어느 정도였는지 한눈에 알 수 있는 지도이다.

몽골고원에서 일어난 군대가 유라시아 대륙 곳곳을 향해 부챗살처럼 퍼져 나갈 때 고려도 무풍지대일 수는 없었다. 당시 북중국의 지배자이던 금과 일전을 앞두고 있던 몽골은 금과 친교를 맺고 있던 고려를 내버려 둘 수 없었다. 1231년(고종 18) 세계 지도에서 국경을 지워 나가던 몽골에 맞서 강토를 지키기 위한 고려의 투쟁이 시작되었다.

■1 국토를 뒤흔든 항몽의 함성

세계사에서 칭기즈칸은 비교할 상대가 없는 위대한 정복자로 칭송받는다. 유라시아 대륙을 아우르는 제국을 건설하고 서로 떨어져 있던 문명들을 촘촘한 도로망으로 연결해 동서 교류사에서 유례없는 발전을 가져왔다. 그러나 한국사로 초점을 옮기면 그는 사실상 고려에 대한 침략을 시작한 적의 괴수에 불과했다. 중국에서는 역대 최고의 황제로 숭앙받으나 한국에서는 침략자에 불과한 당 태종과 도긴개긴이라고 할 것이다.

고려와 몽골이 처음으로 접촉한 것은 칭기즈칸이 한창 정복 전쟁에 열을 올리던 1216년(고종 3) 강동성(평양 강동군)에서였다. 몽골이 굴기하고 금이 위축되는 정세를 틈타 반란을 일으킨 거란인이 고려 땅으로 쫓겨와 강동성을 점령했다. 그러자 칭기즈칸은 거란 반란군을 제거한다는 명분으로 장수 카치운이 이끄는 군대를 고려에 파견했다.

카치운은 거란인을 강동성에서 몰아내는 것을 도울 테니 몽골과 고려가 형제의 맹약을 맺자고 제의했다. 군량미를 보급해 줄 것도 요구했다. 고려는 몽골의 저의를 의심하면서도 거란인을 퇴치하기 위해 그들의 요구를 들어주었다. 고려와 몽골의 여몽연합군은 강동성을 함락하고 거란 반란군을 진압하는 데 성공했다. 그러나 이를 계기로 고려가 몽골을 형님으로 모셔야 하는 굴욕적인 관계가 시작되었다.

칭기즈칸 본명은 테무진. 몽골고원의 모든 부족을 통일하고 1206년 각 부족 대표들이 참여하는 회의(쿠릴타이)에서 전체 몽골의 지배자로 추대되었다. 칭기즈칸은 몽골의 부족장들이 그에게 바친 존호였다.

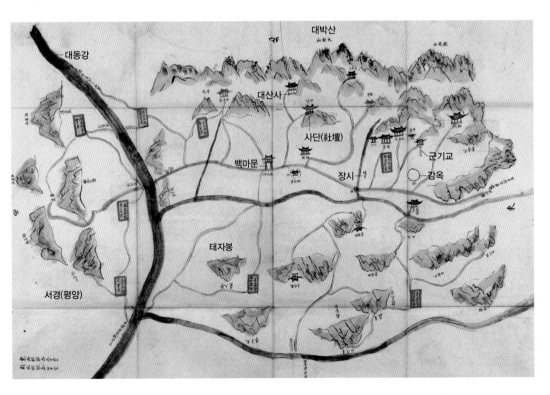

강동 1872년(조선 고종 9)에 편찬된 지방 지도의 강동현 부분. 여기서 '강동'은 대동강 동쪽을 뜻한다. 북한은 지도 윗부분에 자리 잡은 대박산에 단군릉을 조성했다. 서울대학교 규장각 소장.

양국 관계가 전쟁으로 치닫는 계기가 된 사건은 이전의 전쟁에서도 자주 등장하던 압록강에서 일어났다. 1224년(고종 11) 몽골 사신 저고여가 고려를 방문해 과중한 공물을 요구하고 이듬해 돌아가다가 압록강변에서 정체 모를 괴한들의 습격을 받아 목숨을 잃었다. 고려가 몽골의 지나친 요구에 불만을 품고 있기는 했지만 이 사건이 고려의 소행이라는 증거는 없었다. 고려는 금의 도적들 소행이라고 주장했으나, 칭기즈칸은 이를 받아들이지 않고 고려와 국교를 단절했다.

칭기즈칸은 3년 후 서하(西夏) 원정 도중 죽는 바람에 직접 고려에 침략군을 보내지는 않았다. 몽골에서는 칸이 죽으면 후계자를 뽑는 쿠릴타이를 개최하므로 그의 사후 바로 전쟁이 시작되지도 않았다. 그러나 금과 싸우기 위해서도 먼저 고려를 제압해야 한다는 판단 아래 칭기즈칸 생전에 고려 침공은 이미 일정에 올라 있었다.

당시 고려의 실질적인 권력자는 최우였다. 고려는 1170년(의종 24) 이래 무인 정권 천하였고, 최우는 아버지 최충헌의 대를 이어 최씨 세습 정권을 공고히 한 무인 집권자였다. 그는 왕도를 강화도로 옮겨 그곳을 고려-몽골전쟁의 기지로 삼았다. 몽골군이 내륙을 휩쓸며 살상과 파괴를 자행하는 와중에도 고려 정부가 30년 가까운 세월을 버틸 수 있었던 데는 섬이라는 강화도의 지리적 특징도 한몫했다.

약 30년 동안 여섯 차례나 쳐들어온 몽골의 말발굽에 고려의 온 강토가 짓밟히고 온 백성이 맞서 싸웠다. 고려-거란전쟁 때 마지막 전장이었던 귀주는 고려-몽골전쟁의 첫 번째 전장이 되었다. 승장 김윤후가 화살로 적장 살리타이를 거꾸러뜨린 것으로 유명한 경기도 용인의 처인성, 귀주의 영웅 송문주의 지략으로 적의 공성전을 버텨 낸 경기도 안성의 죽주산성도 청사에 길이 남을 항쟁의 성지이다. 충청북도 충주는 고려-몽골전쟁 기간에 가장 치열한 전투가 가장 많이 일어난 곳이었다. 노비와 하층민이 지킨 충주성에서, 철을 생산하는 백성이 지킨 다인철소에서, 처인성의 영웅 김윤후가 버틴 충주산성에서 몽골군은 번번이 패하고 물러났다.

불타 버린 경주 황룡사 구층목탑은 고려-몽골전쟁의 가장 큰 상처 가운데 하나였다. 반면, 국난 극복의 일념 아래 새롭게 창조된 문화재도 있었다. 루마니아 작가 게오르규가 "가장 숭고한 인간 정신의 발현"이라고 찬탄한 팔만대장경은 불심으로 외적을 물리치려는 고려인의 비원(悲願)을 간직한 채 경상남도 합천 해인사의 장경각에서 천고의 숨결을 내쉬고 있다.

고려-몽골전쟁 주요 전적지

- 1225 몽골 사신 저고여 피살
- 1231 귀주성전투
- 1219 강동성전투
- 1253 동주산성전투
- 1253 봉의산성전투
- 1232~1270 전시 임시 왕도
- 1232 처인성전투
- 1236 죽주산성전투
- 1231~1254 충주전투
- 1238 황룡사 전소
- 1232 부인사 초조대장경 소실
- 1270~1271 삼별초 근거지
- 1270~1273 삼별초 최후 근거지

압록강 / 구성 / 강동 / 철원 / 강화 / 개경 / 춘천 / 선원사지 / 광주산성 / 용인 / 안성 / 충주 / 대구 / 경주 / 남해(전 선원사지) / 진도 / 제주

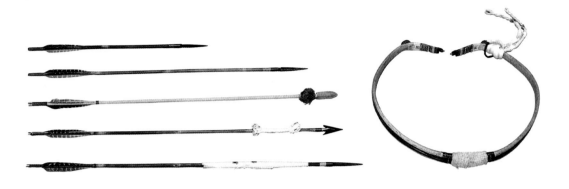

고려의 활과 화살 각궁(오른쪽)은 뿔로 만든 고려의 활로로, 외국의 어느 활보다도 탄력이 뛰어났다. 화살은 위로부터 편전(애기살), 동개살(말 위에서 쏘는 화살), 호시(화살대를 싸리대로 만든 훈련용 화살), 주살(훈련용 화살), 세전(편지 전달용).

처인성의 화살

1231년 8월 살리타이가 이끄는 몽골군이 압록강을 건넜다(제1차 고려-몽골전쟁). 그들은 의주, 철주 등을 함락하고 9월에는 강감찬의 투혼이 어린 귀주성을 공격했다. 몽골군은 말고기를 질겅질겅 씹으며 사람 고기를 먹는다는 거짓 소문을 퍼뜨려 성안의 백성을 공포에 빠트렸다. 그들의 대규모 투석기는 가공할 위력을 과시했다. 그러나 박서, 송문주 등이 지휘하는 고려군은 물러서지 않고 성을 지켰다. 살리타이는 "이렇게 작은 성에서 대군을 막아 내는 것은 사람의 힘이 아니다."라며 귀주를 포기했다. 그는 바로 남하해 개경을 포위했다. 고종은 급한 불을 끄기 위해 이듬해 1월 살리타이와 강화를 맺었다.

그러나 고려는 고개를 숙일 생각이 없었다. 최우는 그해 6월 왕도를 강화로 옮기고 장기전 채비를 갖췄다. 살리타이는 다시 대군을 이끌고 쳐들어왔다(제2차 고려-몽골전쟁). 10월 개경에 진입한 몽골군은 강화 정부의 투항을 압박하기 위해 내륙을 짓밟기로 했다. 11월 경기도 광주성 공략에 실패한 살리타이는 용인으로 이동했다. 용인의 주된 방위성은 보개산성이었으나, 고려군의 수성 능력을 잘 알고 있던 살리타이는 둘레 약 400미터의 작은 토성인 처인성을 공격했다. 천민 거주지인 처인부곡에 자리 잡은 처인성에는 주변 지역 수령이 보낸 약간의 병력과 백현원의 승려 김윤후가 이끄는 의승군 100여 명이 있었다.

적군이 성을 포위하자 성안의 백성은 김윤후를 대장으로 추대했다. 김윤후는 적의 침입 경로로 예상되는 동문 밖에 병력을 매복시켰다. 적의 공격으로 공방전이 벌어지고 있을 때 성 위에서 적군을 살피던 김윤후는 동문을 정찰하러 온 살리타이에게 활을 쏘았다. 살리타이는 즉사하고 몽골군은 혼란에 빠졌다. 그때를 놓칠세라 고려군과 백성은 성문을 열고 일제히 돌격해 우왕좌왕하는 몽골군을 사정없이 공격했다.

총사령관이 전투 중에 사망하는 것은 드문 일이었다. 몽골군 부사령관 데쿠는 서둘러 고려와 강화를 체결하고 군대를 물렸다. 조선 시대에 안정복이 쓴 『동사강목』은 다급히 철수하는 몽골군을 이렇게 묘사했다. "혹은 먼저 가기도 하고 뒤에 가기도 하고, 동으로 갈까 서로 갈까 망설이며 그 향할 곳을 알지 못했다."

처인성 승전은 몽골군의 남진을 막은 쾌거였다. 정부는 승장 김윤후에게 상장군의 지위를 하사했지만, 그는 보잘것없는 공이라며 이를 거절했다. 처인부곡은 처인현으로 승격되었다.

하늘에서 본 처인성 교통의 요지로 고려 시대에는 군량 창고로 사용되었을 것으로 추정된다. 경기도 기념물. 경기도 용인시 처인구 남사읍 아곡리 산43. 용인시청 제공.

하늘에서 본 죽주산성 6세기 중반 한강 유역으로 진출하던 신라가 쌓은 성. 고려·조선 시대에 여러 차례 보수했다. 경기도 기념물. 경기도 안성시 죽산면 죽양대로 111-46. 안성시청 제공.

충의사 언제 세워졌는지 정확히는 알 수 없으나, 『번암집』의 송문주 묘비명으로 볼 때 송문주 사후인 13세기 후반으로 추정된다. 매년 9월 9일(음력) 송문주의 충절을 기리는 제향을 올린다. 경기도 안성시 죽산면. 안성시청 제공.

죽주산성 포격전

1234년 몽골은 금을 멸망시켰다. 그러나 고려를 내버려 두지 않고 완전히 무릎 꿇리기 위해 이듬해 탕고에게 지휘를 맡겨 다시 쳐들어왔다(제3차 고려-몽골전쟁). 1239년까지 이어진 전쟁에서 고려군이 거둔 대표적인 승전은 죽주산성전투를 꼽을 수 있다. 죽주(경기도 안성)는 남쪽에서 청주와 충주를 거쳐 북상하는 두 갈래 길이 만나는 중부 내륙 교통의 요지이다. 매성으로도 불리던 죽주산성에는 귀주전투의 영웅 송문주가 방호별감으로 파견되어 있었다. 송문주와 더불어 귀주전투를 승리로 이끈 박서도 송문주를 적극적으로 도왔다. 박서는 귀주전투 후 죽주에서 조용히 지내고 있다가 몽골군이 쳐들어오자 지원에 나섰던 것이다.

몽골군은 1236년 9월 온수(충청남도 온양)전투에서 승리하고 북상해 죽주산성을 포위했다. 역전의 용사 송문주는 적군이 어떤 공격을 할 것인지를 예측하고 그에 맞춰 전투를 준비했다. 과연 그의 예측대로 적의 공격이 이루어지고 이를 준비한 대로 막아 내자 사람들은 송문주를 신이 내린 사람이라고 칭송했다.

조선 후기 문신인 채제공의 문집 『번암집』에 실린 송문주 묘비명에는 심리전에도 능했던 지장의 면모를 엿보게 하는 이야기가 있다.

"몽골군이 산성을 둘러싸고 물이 떨어지기를 기다리는 전술을 쓰자 장군은 연못의 잉어를 잡아 몽골군에게 군량으로 쓰라며 보냈다."

몽골군은 강력한 대포를 보유하고 있었다. 조선 시대의 『선조실록』에 따르면 1232년 몽골군이 금의 변경(汴京, 허난성 카이펑)을 공격한 전투에서 그 대포가 절정의 위력을 발휘했다. 몽골군이 성 주위에 토산을 쌓고 그 위에서 대나무를 묶은 찬죽포(攢竹炮)와 녹독(碌礭, 돌)을 발사하니 성이 무너지고 망루의 아름드리 기둥이 모조리 부서졌다고 한다.

몽골군은 죽주산성에도 그 위력적인 포격 전술을 사용했다. 죽주산성은 평지성인 중국의 변경과 달리 사면이 깎아지른 듯하고 성벽이 높은 산성이었다. 그런데도 몽골군의 포격에 성문이 부서질 정도였다. 그러나 송문주는 위축되지 않고 성안에서 포를 맞받아 쏘고, 항복을 권하는 적군을 향해 성문을 열고 나가 백병전을 벌였다.

"몽골군은 온갖 방법으로 죽주산성을 공격했으나, 무릇 15일 동안 끝내 함락시키지 못하고 공격에 사용하던 병기들을 불태워 버린 뒤 물러갔다."(『고려사절요』)

지형을 적절히 이용한 송문주의 지략이 빛난 전투였다. 그는 승전의 공을 인정받아 좌우위장군으로 승진했다.

불타는 황룡사

전쟁의 비극은 인명과 재산의 피해에 그치지 않는다. 몽골군의 말발굽은 누백 년의 삶과 혼이 서린 문화재도 그냥 지나치지 않았다. 제3차 고려-몽골전쟁이 계속되던 1238년(고종 25) 4월, 천년의 고도 경주에 우뚝 서 있던 황룡사 구층목탑이 불타 없어졌다. 제3차 전쟁은 고려를 완전히 굴복시키는 데 목적이 있었으므로 고려 전역에 대한 초토화 작전이 진행되었고, 그 참화가 황룡사에도 미쳤던 것이다.

황룡사는 93년에 걸친 공정 끝에 645년(선덕여왕 14) 완공된 대사찰이고, 구층목탑은 그 대공사의 대미를 장식한 황룡사의 상징이었다. 주변국의 침입을 부처의 힘으로 막겠다는 간절한 마음을 담아 완성한 황룡사 구층목탑은 황룡사 장륙상, 진평왕 옥대와 더불어 신라 삼보(三寶)의 하나로 꼽혔다. 오늘날 황량한 황룡사 터를 찾으면 600년 가까이 경주의 이정표로 군림했을 목탑은 간데없고, 64개에 이르는 초석만이 엄청난 탑의 규모를 짐작하게 해 준다.

불타 버린 것은 오랜 옛날의 문화재만이 아니었다. 고려인이 거란의 침입을 불심으로 극복하기 위해 만든 대장경도 침략자의 마수를 피하지 못했다. 11세기 현종 때 완성해 경상도 팔공산 기슭의 부인사에 보관하던 6000여 권의 대장경은 1232년 제2차 고려-몽골전쟁 때 절과 함께 산화하고 말았다.

황룡사 구층목탑 터 약 80미터 높이의 탑으로 벼락과 지진 때문에 기울어져 다섯 차례 수축했으나, 몽골군에 의해 소실되었다.

을 아낌없이 내놓았다. 승려와 장인은 물론 일반 백성도 대장경 제작에 적극적으로 참여했다. 불심 깊은 고려인에게 부처의 가르침을 수만 장의 경판에 새겨 내는 일은 그 자체가 침략자를 물리치는 또 하나의 전쟁이었다.

현종 때 만든 대장경을 '초조대장경'이라 하고 새로 만든 대장경을 '재조대장경'이라 한다. 재조대장경을 판각한 장소에 관해서는 크게 두 가지 설이 있다. 대장도감을 설치한 강화도에서 판각했다는 설과 경상도 남해에 설치한 분사 대장도감에서 판각한 뒤 강화도의 선원사로 옮겨 보관했다는 설이다. 선원사는 최우의 원찰(願刹)인데 남해에서도 선원사로 전하는 절터가 발굴되었다. 일설에 따르면 강화도에서는 최우가, 남해에서는 최우의 처남인 정안이 주도해 대장경 판각을 분담했다고 한다.

대장경은 불경을 집대성한 경전을 일컫는다. 이 대형 프로젝트의 편찬 책임자는 당대 화엄 학승으로 명망이 높은 논산 개태사의 수기 대사였

초조대장경 인쇄본 송, 거란, 여진 등이 모두 대장경을 만들던 시대의 작품이다. 사진은 초조본 『신찬일체경원품차록』 권 제20. 국보. 국립중앙박물관 소장.

선원사의 기적

국난을 극복하기 위해 만든 대장경이 또 다른 국난을 만나 소실된 것은 고려인에게 큰 타격이었다. 최우는 대장경을 새로 만들기 위해 발 빠르게 움직였다. 1236년 강화도에 대장도감을 설치하고 판각 준비에 들어갔다. 거국적인 사업에 드는 재정의 확보를 위해 왕실과 재상, 관료들이 재산

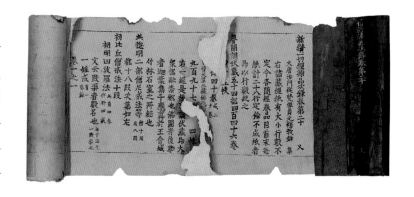

다. 수기 대사는 30여 명의 학승과 함께 초조대장경과 이웃 나라 대장경들의 인쇄본을 엄격히 대조해 내용을 고증하고 오자와 탈자를 잡아냈다. 그런 다음에야 불경의 내용을 종이에 가지런한 구양순체 글씨로 옮겨 적었다.

다음 단계인 판각은 경전을 판목에 옮겨 글자를 새기는 작업을 말한다. 종이에 쓴 글씨를 판목에 새기는 전문가를 각수라고 한다. 전국에서 선발된 최고의 각수들이 원고를 판목에 붙이고 마지막 교정까지 본 다음, 글자를 새길 때마다 부처에게 절을 올렸다. 대장경 경판의 구석에는 해당 경판의 판각을 맡은 각수의 이름을 새겨 넣기도 했다. 오류를 최소화하기 위한 장치였다. 그 결과 5200만 자가 넘는 글자 중에 오탈자가 150자 남짓에 불과하다는 기적의 대장경이 탄생했다.

대장경이 완성되자 수기 대사와 학승, 각수 등은 성대한 축하연을 열고 부처에게 감사의 기도를 올렸다. 대장경은 우선 강화 서문 밖에 판당을 짓고 잠시 보관했다. 1251년 9월 고종이 판당에 행차해 판각의 완료를 축하하고 부처님의 가호를 빌었다. 15년에 걸친 각고 끝에 8만 1000여

장의 경판으로 이루어진 대장경이 세상에 선을 보인 것이다. 경판의 숫자를 따라 '팔만대장경'으로 불리게 된 이 걸작은 강화도 선원사에 보관되어 이후로도 140여 년 더 계속된 고려 왕조의 부침을 지켜보았다.

고려가 조선으로 교체된 뒤인 1398년(조선 태조 7), 팔만대장경은 지금의 서울 시청 부근에 있던 지천사로 옮겨졌다. 당시 태조 이성계는 한강으로 직접 나가 강화 선원사에서 옮겨 오는 대장경판을 지켜보았다고 한다. 팔만대장경은 지천사에서 잠시 머물다 그해 말 지금의 경상남도 합천군에 있는 해인사 장경판전에 봉안되어 오늘에 이른다.

연전연승 충주

고려-몽골전쟁의 최대 격전지는 충청도 충주였다. 충주가 개경과 지방을 잇는 교통의 요지인 데다 고려의 대표적인 철 산지였기 때문이다. 각종 생활 용구와 무기류의 주요 재료인 철을 장악하는 것은 전쟁을 수행하는 데 유리한 고지를 점령하는 것이나 마찬가지였다. 바로 그런 이유에서 충주는 침략의 대상이 되었고, 또 바로 그런 이유에서 난공불락의 면모를 발휘했다.

제1차 전쟁 때인 1231년 12월, 몽골군은 충주를 공격했으나 강력한 저항에 부딪혀 물러났다. 그러나 충주는 그때 전쟁의 추악한 이면을 노출하기도 했다. 당시 충주의 주력 부대는 부사 우종주가 이끄는 양반별초였다. 그러나 그들은 몽골군이 쳐들어오자 지레 겁을 먹고 모두 도망쳤다. 성에 남아 몽골군을 격퇴한 것은 노비와 천민으로 구성된 노군과 잡류별초였다.

몽골군이 물러간 뒤에야 돌아온 양반들은 파렴치하게도 공을 세운 백성을 재물 약탈범으로 몰아 처벌하려고 했다. 목숨을 걸고 고향을 지키고도 도적으로 몰린 노군과 잡류별초는 분노해 반란을 일으켰다. 당황한 정부는 안무별감 박문수와 김공정을 보내 그들의 공을 인정하고 사태를 진정시켰다.

충주는 20여 년이 지난 1253년 10월에도 고려-몽골전쟁의 격전장이 되었다. 네 차례의 침공에도 불구하고 고려가 무릎을 꿇지 않자 몽골은 그해 7월 야쿠를 총사령관으로 삼아 제5차 전쟁을 일으켰다. 앞선 제3차 전쟁(1235~1239)은 고종이 몽골에 친조할 것을 약속함에 따라 끝난 바 있었다. 그러나 고려가 약속 이행을 차일피일 미루자 1247년 다시 침공했는데(제4차 고려-몽골전쟁), 그때는 귀위크칸의 사망으로 부득이 철수했다가 다시 쳐들어온 것이다.

야쿠는 동쪽 노선을 택해 춘주(강원도 춘천)를 함락하고 원주를 거쳐 충주로 진격했다. 그러나 야쿠도 적장 운은 없었다. 충주 외곽을 방어하는 충주산성의 지휘관은 처인성전투에서 살리타이를 쏘아 죽인 김윤후였다. 몽골군을 막아 내는 방법을 알고 있던 김윤후는 70여 일에 걸친 장기전을 펼치면서도 끈질기게 버텼다.

식량이 바닥난 극한 상황에서 그는 노비와 천민으로 구성된 군사들에게 노비 문서를 찢어 보이며 말했다. "만약 힘을 다해 싸워 준다면 귀천을 불문하고 모두 관작을 줄 것이니 나를 믿으라." 용장 밑에 약졸 없다는 말처럼 고려군은 충주산성을 철옹성으로 만들며 싸웠다. 야쿠는 전사하지는 않았지만 전투 도중에 본국으로 송환되는 불명예를 당해야 했다.

충주산성의 승전을 보고받은 고종은 월악산신에게 감사하는 제사를 올리고 이렇게 말했다. "만약 충주의 주민이 몽골군을 물리치지 못했다면 삼남의 인민이 몽골군에 의해 어육(魚肉)이 되었을 것이다." 김윤후는 이번에는 상장군 승진을 받아들이고, 그의 약속대로 군사들은 관노와 백정에 이르기까지 공에 따라 관직을 받았다. 또 충주는 국원경으로 승격되어 서경, 동경(경주), 남경(서울)과 지위를 나란히 했다.

충주 – 몽골군의 무덤

몽골군의 공격을 거듭 막아낸 대표적 고려–몽골전쟁 유적지. 당시 몽골군이 이 정도로 고전한 사례는 세계적으로도 흔치 않다.

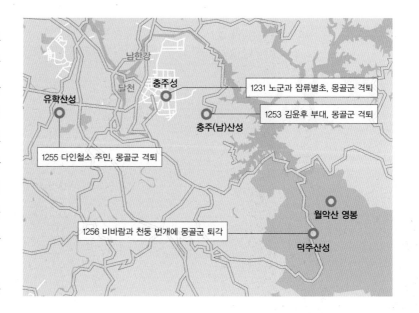

- 1231 노군과 잡류별초, 몽골군 격퇴
- 1253 김윤후 부대, 몽골군 격퇴
- 1255 다인철소 주민, 몽골군 격퇴
- 1256 비바람과 천둥 번개에 몽골군 퇴각

남한강 / 달천 / 충주성 / 유학산성 / 충주(남)산성 / 월악산 영봉 / 덕주산성

충주산성(남산성) 충주시 동남쪽 금봉산에 자리한 산성. 삼국 시대에 축조된 것으로 추정된다. 충청북도 기념물. 충청북도 충주시 직동 산24-1.

1253년 12월 고종의 둘째 왕자 안경공이 몽골에 입조하자, 몽골군은 이듬해 1월 철수했다. 그러나 그것은 임시방편이었을 뿐 몽골은 고종이 친조하지 않는 한 침략을 멈출 뜻이 없었다. 1254년 7월 22일 자랄타이를 총사령관으로 하는 침략군이 다시 국경을 넘었다(제6차 고려-몽골전쟁). 몽골군이 화주(함경남도 영흥군)에 침입하자 의주 병마사 이안사는 백성을 이끌고 투항했다. 이안사는 몽골 관리인 다루가치가 되어 함경도 지역의 토호로 군림한다. 그의 4대손이 바로 훗날 고려를 무너뜨리고 새 왕조를 개창하는 이성계였다.

자랄타이 부대는 1255년 9월 초 충주 서쪽에 있는 다인철소를 공격했다. 고려 각지에는 양민이면서도 천민과 비슷한 대우를 받는 특수 계층이 사는 향, 소, 부곡이라는 촌락이 있었다. 향과 부곡은 농산물을, 소는 공산물과 차·생강 따위 특수 작물을 주로 생산했다. 다인철소는 철광석과 제련 도구, 철제 무기 등을 생산하는 특수 촌락이었다.

다인철소 주민은 몽골군에게 쉽게 생활 터전을 내 줄 생각이 없었다. 그들은 철광석, 철, 제련 도구 등을 인근 유학산성으로 옮겨 놓고 그곳에서 항전 태세를 갖추었다. 자랄타이는 5000명의 병력으로 유학산성을 공격했으나, 철소 주민의 완강한 저항에 퇴각할 수밖에 없었다. 9월 14일 자랄타이는 분풀이라도 하듯이 주력군을 이끌고

월악산 신령을 모신 제천 신륵사 일제 강점기에 월악산 신사를 폐한 뒤 흉년이 들고 홍수가 나자 이곳에 국사당을 짓고 월악산 신령을 모셨다. 사진은 극락전. 충청북도 유형문화재. 충청북도 제천시 월악산로4길 180.

충주산성을 포위 공격했다. 그러나 때마침 불어온 폭풍우로 인해 다시 한번 분루를 삼키며 물러나고 말았다.

충주가 마지막으로 몽골군의 표적이 된 것은 이듬해인 1256년 4월 29일이었다. 몽골군은 이번에야말로 충주를 쓸어버리겠다는 기세로 몰려들었다. 고려군은 평지성인 충주성에서 몽골군과 싸우기는 어렵다고 판단해 노약자 중심으로 백성을 인근의 월악산성에 피신시켰다.

적군이 충주성을 무자비하게 점령하고 월악산성으로 진격해 오자 이번에는 더 높은 곳에 있는 덕주산성으로 피했다. 몽골군은 끝장을 보려 했지만, 하늘이 도왔는지 비바람이 불고 요란한 천둥 번개가 적진을 엄습했다. 몽골군은 월악산의 신령이 고려를 돕는 것이라 여기고 혼비백산해 물러났다.

1258년 최씨 정권이 무너지고 이듬해 고려 태자와 쿠빌라이 사이에 강화가 맺어지면서 고려-몽골전쟁은 일단락되었다. 몽골제국의 군대는 당대 세계 최강이었을 뿐 아니라 세계사를 통틀어도 손꼽히는 군사력을 보유하고 있었다. 그런 군대의 침략을 여섯 번이나 받고도 고려는 끝내 영토와 주권을 보전했다. 고려가 그렇게 버틸 수 있었던 요인을 꼽을 때 노군과 잡류별초, 다인철소 주민 등 충주 지역 군민(軍民)의 집요한 항전은 결코 빼놓을 수 없을 것이다.

2 삼별초와 항전의 섬

6차에 걸친 고려-몽골전쟁은 전투도 전투지만 고려 왕실의 개경 복귀와 몽골 입조를 둘러싼 지루한 외교전의 연속이었다. 그것은 1259년의 강화로 일단락되는 듯했다. 그러나 이후에도 무인 정권은 10년이 넘도록 왕실을 압박해 개경 환도를 막고 강화도에서 버티다가 1270년(원종 11) 붕괴했다.

이로써 고려 정부는 40년 강화도 칩거를 마감하고 개경으로 돌아갔다. 그러나 대몽항쟁은 끝나지 않았다. 무인 정권의 호위 부대였던 삼별초가 환도를 거부하고 반란을 일으켰다. 그들은 이후 진도, 제주도로 거점을 옮겨 가며 1273년까지 항거를 계속했다. 제주도는 한반도 주변에서 가장 큰 섬이고 진도와 강화도가 각각 3, 4위이다. 두 번째로 큰 거제도도 남해안을 장악한 삼별초의 세력권에서 벗어나지 않았다. 가장 큰 섬 네 곳이 항몽의 마지막 불꽃으로 타오른 셈이다.

강화도와 삼별초의 딸

삼별초는 무인 정권이 방범 순찰 등을 위해 설치한 야별초의 좌·우별초와 몽골군에 포로로 잡혔다가 탈출한 군사들로 구성된 신의군을 아울러 일컫는다. 그들은 1270년 6월 1일 장군 배중손, 지유(단위 부대 지휘관) 노영희 등의 주도로 강화도에서 봉기했다. 몽골에 굴복해 개경으로 돌아간 정부는 가짜라면서 제8대 현종의 8대손인 승화후 왕온을 왕으로 추대하고 자신들이 진짜 고려 정부라고 주장했다. 삼별초 군사들은 바닷가를 순찰하면서 섬을 떠나려고 배에 탄 사람들을 끌어내렸다. 응하지 않고 도망가는 사람들에게는 화살을 날렸다. 성안의 백성은 숲속에 숨거나 거리를 배회하며 울부짖었다.

강화도 – 항전의 섬

고려와 조선의 왕도에서 가까운 강화도는 외적의 침입 때는 왕의 피란처로, 개항기에는 외적의 침략 거점으로 사용되었다.

송악산

강화평화전망대에서 바라본 개성 강화도 건너편 황해도 개풍군 삼달리에서 고려 궁궐 터인 만월대까지는 20여 킬로미터에 불과하다.

삼별초군호국항몽유허비 옆의 진돗개 강화군은 '구포'로 기록된 삼별초의 출항지를 외포항으로 추정한다. 사진의 진돗개상은 삼별초의 기착지였던 전라남도 진도군에서 기증했다.

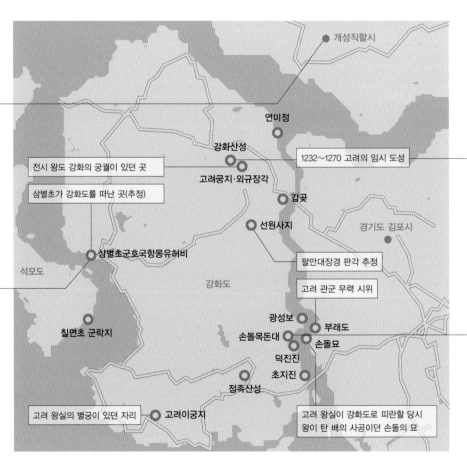

개성직할시

연미정

강화산성

전시 왕도 강화의 궁궐이 있던 곳

1232~1270 고려의 임시 도성

고려궁지·외규장각

삼별초가 강화도를 떠난 곳(추정)

갑곶

선원사지

경기도 김포시

삼별초군호국항몽유허비

석모도

팔만대장경 판각 추정

강화도

고려 관군 무력 시위

칠면초 군락지

광성보

부래도

손돌목돈대

손돌묘

덕진진

초지진

정족산성

고려 왕실의 별궁이 있던 자리

고려이궁지

고려 왕실이 강화도로 피란할 당시 왕이 탄 배의 사공이던 손돌의 묘

6월 3일 관군이 '구포'까지 추격해 와 '부락산'에 이르러 바닷가에서 무력시위를 하자 삼별초는 백성과 재물을 배에 싣고 강화도를 떠났다. 삼별초가 섬을 떠난 구포는 어디일까? 강화군은 섬의 서쪽에서 석모도를 마주 보는 외포리를 구포로 보고 그곳에 삼별초항몽유허비를 세웠다.

섬의 동쪽과 김포 사이를 흐르는 손돌목에 구포가 있었다는 설도 있다. 손돌목에는 고려 왕실이 강화도로 피란할 당시 왕이 탄 배의 사공이던 손돌과 관련된 설화가 어려 있다. 손돌은 안전한 물길로 배를 몰았으나, 왕은 그가 자신을 해칠 생각으로 엉뚱한 방향으로 간다고 의심해 그의 목을 베었다. 죽기 전 손돌은 배에 있는 박을 물에 띄우고 그것을 따라가면 안전하다는 말을 남겼다. 적군이 추격해 오자 손돌의 말대로 했더니 험한 물길을 벗어나 왕과 일행은 강화도에 무사히 당도할 수 있었다. 왕은 미안하고 고마운 마음에 손돌의 묘를 만들고 제사를 지내 주었다.

'손돌목'은 손돌을 기려 생긴 이름이고, 그가 죽은 10월 20일(음력)이면 불어오는 매서운 바람을 '손돌바람'이라 한다. 구포가 손돌목에 있었다면 삼별초가 강화도를 빠져나가는 데도 손돌의 가호가 있었던 셈이다.

강화도를 떠나 남쪽으로 내려가는 1000척의 삼별초 함대에는 젊은 장교 조자비와 그의 어린

강화산성 고려가 강화로 천도하면서 쌓은 성. 내성, 중성, 외성으로 이루어져 있었다. 사적. 인천 강화군 강화읍 국화리 879-3.

손돌목 강화도 손돌목돈대와 김포 손돌묘 사이를 흐르는 좁은 바닷길.

딸도 타고 있었다(이곡, 「열부조씨전」, 『동문선』). 부녀는 목숨을 건졌다는 안도감과 앞으로 닥칠 일에 대한 불안감이 교차하며 망망한 서해를 바라보고 있었다. 삼별초의 항쟁이 계속되는 동안 부녀에게 어떤 일이 일어날 것인지, 특히 전란의 한복판에 내던져진 소녀의 운명은 어떻게 될 것인지 지켜보도록 하자.

삼별초가 사흘간 통치하다가 떠난 강화도는 철저한 약탈과 파괴의 대상이 되었다. 6월 5일 도라다이가 이끄는 몽골군 2000명이 강화도에 들어갔다. 고종은 그들이 강화도에 남아 있는 백성을 반역자로 간주하고 살육과 약탈을 저지르지 않을까 우려해 만류했다. 그러나 도라다이는 듣지 않았다. 삼별초가 떠난 섬에서 몽골군은 닥치는 대로 재물을 약탈하고, 백성은 두려움에 떨어야 했다. 몽골군을 막기 위해 해안에 축조했던 외성도 허물어졌다.

개경 정부는 삼별초가 떠난 지 열흘이나 지난 6월 13일에야 김방경 장군을 역적추토사로 임명해 삼별초 함대를 추격하게 했다. 고려군 60명과 몽골군 1000명으로 추격대를 편성했으나, 삼별초는 이미 남쪽 멀리 종적을 감춘 뒤였다. 1269년부터 고려 정부의 개경 환도를 촉구하기 위해 몽골에서 파견된 튀링게는 8월에 다시 군사를 보내 강화도의 도성과 민가를 불태웠다. 불에 탄 미곡과 재화가 헤아릴 수 없었다고 한다.

40년 가까이 고려-몽골전쟁의 중심이었던 궁궐은 흔적도 남지 않고 파괴되었다. 강화도를 떠난 삼별초 함대는 400여 킬로미터에 이르는 바닷길을 두 달여에 걸쳐 항해한 끝에 전라도 해남 건너편에 있는 진도에 들어갔다. 그들은 진도에 이르는 기나긴 항해의 여정에서 서해안의 여러 포구에 기항해 세력권 형성의 기반을 다졌다. 삼별초가 이끄는 또 하나의 고려, 몽골에 굴복하지 않은 고려는 이제 시작이었다.

빗기내 격전 당시 삼별초의 피로 물들었다는 이야기가 전해지는 곳.
전라남도 진도군 의신면 사천리 450.

진도 항몽 유적지

명량(울돌목)
삼별초 항쟁 근거지
벽파진
용장성
삼별초 항쟁 격전지였던
돈지리 마을 앞 들판의 무덤들
왕무덤재
빗기내(핏기내)
전(傳)왕온묘
삼별초 정부의 궁녀들이
몽골군을 피해 몸을 던진 웅덩이
돈지리 떼무덤(대분통)
삼별초 궁녀둠벙
금갑진
배중손 사당
남도진성

개경의 고려, 진도의 고려

삼별초가 진도에 당도한 것은 1270년 8월 19일
이었다. 그들은 위조한 쿠빌라이칸의 명령서를
전라도 안찰사에게 내밀어 추수를 마친 농민들
을 섬으로 이주시킬 것을 독촉했다. 진도에는 둘
레 약 13킬로미터에 이르는 용장성을 쌓고 그 안
에 궁궐과 관청을 지었다. 진도 주변의 30여 개
섬을 세력권으로 편입하고 전라도 남부의 곡창
지대를 장악해 일국의 면모를 갖추었다. 아니, 전
라도만이 아니었다. 경상도 김주(김해), 밀성(밀
양), 남해, 창선(남해의 현), 거제, 합포(창원) 등
에도 수시로 삼별초가 출몰했다.

삼별초가 진도에 머문 9개월간의 행적을 간략
하게만 살펴도 한반도 남부가 그들의 손아귀에
들어 있었다는 것을 잘 알 수 있다. 그들이 진도
에 들어간 지 얼마 안 된 1270년 9월 4일, 고려 정
부는 장군 양동무, 고여림 등에게 수군을 거느리
고 진도를 토벌하게 했다. 그러자 삼별초는 내륙
의 장흥을 선제공격해 개경에서 온 군사 20여 명
을 죽이고 재물과 곡식을 약탈했다. 고려 정부는
토벌을 포기하고 사신을 보내 삼별초를 달래는
쪽으로 방침을 바꿨다.

그해 12월 원외랑 박천주가 쿠빌라이칸의 조
서를 가지고 진도를 방문했다. 그 조서의 수신자
는 고려 정부로, 삼별초가 반란을 접고 돌아오면

용서해 주라는 내용이 담겨 있었다. 삼별초는 명
량해협을 두고 해남과 마주 보고 있는 벽파정에
서 박천주를 맞이해 연회를 베풀었다. 그러는 사
이에 몰래 전선 20척을 보내 박천주를 호송한 관
군을 기습하고 90여 명을 죽였다. 삼별초는 쿠빌
라이칸의 조서가 자신들에게 보낸 것이 아니라
며 받지 않고 박천주를 목숨만 살려서 돌려보냈
다. 힘없는 고려 정부가 할 수 있는 것은 쿠빌라
이에게 "명령대로 따르겠습니다."라는 답신을 보
내는 일뿐이었다.

이듬해에도 삼별초의 남해안 공략은 계속되
었다. 2월 9일에는 조양현(고흥)을 공격해 전함
을 불사르고 재물을 약탈했다. 3월 9일에는 합포,
21일에는 동래가 약탈 대상이 되었다. 삼별초는
이 같은 세력을 바탕으로 일본에 사절을 보내 자
신들이 진짜 고려 정부라고 주장하며 협력을 요
청하기도 했다. 1271년 삼별초의 외교 문서를 접
수한 일본 가마쿠라 막부는 교토의 천황에게 이
를 보고하면서 3년 전 개경 정부로부터 받은 문
서와 대조해 미심쩍은 부분을 정리하기도 했다.
지금도 남아 있는 그 보고서에 따르면 삼별초는
몽골과 맞서 싸우는 자신들에게 식량과 군사를

용장성 성내의 용장사지와 행궁지가 보존되고 성터가 부분적으로 남아 있으나, 성의 대부분은 원형이 사라졌다. 사적. 목포대학교 박물관 제공.

남도진성 삼별초가 쌓았다는 설과 삼국 시대부터 있었다는 설이 있다 사적. 전라남도 진도군 임회면 남동리 149.

지원해 달라고 요청하고 있다. 일본은 그때 삼별초가 제공한 정보를 참고해 훗날 몽골의 침공에 대비할 수 있었다고 한다.

삼별초와 일본이 서로에게 전략적 가치가 있었던 것은 쿠빌라이가 일본 원정을 준비하고 있었기 때문이다. 몽골은 이를 위해 고려에서 전선을 건조하도록 하고 고려 정부에 과중한 공물의 부담을 강요했다. 원종은 1271년 3월 쿠빌라이에게 편지를 보내 경상도와 전라도를 약탈당해 물자가 모자랄 뿐 아니라 그나마 서해의 해운로를 삼별초가 장악해 공물을 운송할 수 없다고 하소연했다. 그해 4월에는 고려에 와 있던 몽골 장수 힌두가 삼별초를 무력 진압하게 해 달라고 쿠빌라이에게 요청했다.

쿠빌라이가 그 요청을 수락함에 따라 5월에는 김방경이 이끄는 고려군과 힌두, 홍차구가 이끄는 몽골군이 연합 함대를 편성했다. 개경을 지키는 경군을 추가로 징발하고 충청도와 경상도에

서도 군사를 선발하는 총력전 태세였다. 4품 이상 관리들은 노비 한 명씩을 수수(水手, 노 젓는 사람)로 바쳐야 했다.

여몽연합군이 진도에 총공세를 펼친 것은 5월 15일이었다. 그들은 좌군·중군·우군으로 나뉘어 세 방향에서 진도를 공격했다. 삼별초가 용장성의 관문인 벽파진에서 중군을 막는 동안 좌군과 우군이 배후와 측면에서 기습 공격을 펼쳤다. 삼별초 정부의 왕인 왕온은 용장성을 빠져나가 남쪽으로 도망치다가 오늘날의 왕무덤재에서 붙잡혀 살해당했다. 여기급창을 비롯한 궁녀들은 좀 더 남쪽에 있는 만길재를 넘다가 몽골군에게 따라잡히게 되었다. 그들은 몽골군에게 몸을 더럽히느니 죽겠다면서 부근의 웅덩이에 몸을 던졌다. 그 뒤로 비만 오면 그 웅덩이에서 슬피 우는 여인네의 울음소리가 들렸다고 한다. 백제 의자왕의 삼천 궁녀 설화를 연상시키는 비극을 기려 오늘날 그 웅덩이는 '여기급창둠벙', '삼별초 궁녀둠벙'으로 기억되고 있다. 둠벙은 웅덩이의 방언이다.

삼별초의 총사령관인 배중손은 진도 남쪽 끝에 있는 남도진성에서 최후의 항전을 벌이다가 전사했다. 살아남은 군사들은 김통정의 지휘 아래 이미 삼별초가 장악하고 있던 탐라(제주도)로 도주했다. 진압군에 사로잡힌 사람은 1만여 명을 헤아렸다. 그중에는 대위 조자비와 딸도 있었다. 삼별초에 가담한 자와 그 가족은 몽골군에게 잡혀 중국으로 끌려가 노비가 된 사람이 많았다. 원종은 쿠빌라이에게 편지를 보내 포로 중에는 어쩔 수 없이 삼별초의 지배를 받게 된 백성도 많으니 그런 이들은 고려로 돌려보내 달라고 청원했다. 조자비가 관군에 배속되었기 때문인지 그 부녀는 처음부터 몽골로 끌려가는 대신 개경으로 송환되었다. 그러나 그것으로 그들 부녀의 비극이 끝난 것은 아니었다.

항파두리의 눈물

고려의 지방 행정 구역상 제주도는 전라도 탐라현이었다. 진도에서 추자도를 거쳐 100킬로미터쯤 항해하면 닿는다. 개경의 고려 정부는 삼별초가 진도에 진지를 구축할 때부터 그들이 제주도를 노릴 것으로 보고 영암 부사 김수와 장군 고여림을 보내 방어용 성을 쌓게 했다. 애월, 삼양, 서귀포 등 10여 군데 해안 지역에 자취가 남아 있는 환해장성이 그것이다. 아니나 다를까 1270년 11월 3일 이문경이 이끄는 삼별초군이 섬 북동부의 명월포(한림항)에 상륙했다. 그들은 동제원에 진을 치고 송담천(삼수천)에서 정부군과 맞닥뜨렸다. 이 전투에서 승리한 이문경은 북쪽 조천포에 주둔하면서 제주도를 장악해 나갔다.

1271년 5월 15일 진도가 함락되자 김통정이 이끄는 삼별초의 잔존 병력은 이문경 부대와 합류해 본격적인 제주 시대를 열었다. 남해에 있던 삼별초 부대도 유존혁의 지휘 아래 80척의 함선을 이끌고 제주도로 들어갔다. 그들은 애월포에서 가까운 항파두리에 성을 쌓고 궁궐을 세워 용장성의 위엄을 재현하고자 했다. 제주도는 진도보다 내륙에서 조금 더 떨어져 있지만, 여전히 전라도를 중심으로 한 남해안에는 쉽게 닿을 수 있는 섬이었다. 항파두리의 삼별초는 남해안의 전라도와 경상도뿐 아니라 때로는 서해안을 따라 개경 부근까지 진출하는 위력을 보였다.

1271년 말 쿠빌라이는 중국식 왕조인 원을 세우고 황제 자리에 올랐다. 그가 삼별초를 회유하고자 하자 고려 정부는 그 뜻을 전하기 위해 이듬해 4월 15일 합문부사 금훈과 산원 이정을 제주도로 보냈다. 그러나 금훈과 이정은 도중에 삼별초에 나포되어 추자도까지 끌려갔다가 겨우 목숨만 건져 개경으로 돌아갔다.

전라도의 회령(보성), 해제(무안), 해남, 탐진(강진), 대포(정읍) 등지에 삼별초의 침입과 약탈이 이어졌다. 6월 2일에는 오늘날 충청남도 태안의 안흥반도와 신진도 사이의 좁은 물길인 안행량에 6척의 삼별초 함선이 나타났다. 이처럼 개경과 가까운 곳까지 삼별초가 나타나자 왕도에는 한동안 비상이 걸렸다.

명월진성 한림항에 있는 조선 시대 성곽. 1374년(공민왕 23) 원의 목장을 관리하던 목호(牧胡)의 난을 진압하러 온 최영의 군대도 명월포에 상륙했다. 제주시 한림읍 동명리 2256.

화북포구의 환해장성 화북포구는 조천포구와 함께 본토와 제주를 이어 주던 2대 포구 중 하나였다. 제주시 화북1동.

당시 전주와 나주에 설치된 조선소에서는 일본 원정을 위한 전선이 건조되고 있었다. 삼별초의 공격이 계속되자 원종은 쿠빌라이에게 표문을 올려 김주에 주둔한 몽골군을 분산 배치해 조선소를 지켜 달라고 부탁했다. 쿠빌라이는 홍차구에게 삼별초를 다시 한번 설득해 보라고 지시했다. 홍차구는 개경에 사는 김통정의 조카 김찬 등을 제주도에 보내 회유를 시도했다. 그러나 김통정은 김찬을 억류하고 그와 함께 갔던 사람들은 죽여 버렸다. 남해안 지역에 대한 삼별초의 공격도 계속되었다. 그들은 지금의 경기도 안산 앞바다에 있는 영흥도까지 진출해 다시 한번 개경을 위협하기도 했다.

1273년 2월 13일 쿠빌라이는 힌두를 총사령관으로 삼아 탐라를 토벌하라는 조서를 내렸다. 고려는 김방경에게 정예 기병 800명을 주어 힌두를 따르도록 했다. 경상도의 2년 치 조세가 몽골군의 경비로, 전주와 나주의 1년 치 녹전이 고려군의 경비로 충당되었다. 원종은 5교와 양종의 승려를 모아 개경 남산궁에서 삼별초를 토벌하게 해 달라는 호국 법회를 열었다.

여원연합군은 4월 28일 명월포(한림항)에 상륙했다. 160척의 함선과 1만여 명의 병력이 동원되었다. 그들은 항파두리의 전초 기지라고 할 수 있는 바굼지오름에서 삼별초군과 싸워 대승을 거두었다. 삼별초는 항파두리에서 최후의 항전을 벌였으나 대패했다. 진압군은 항복한 삼별초군 1300여 명을 육지로 호송하고, 제주도에 살던 사람들은 예전처럼 살도록 방면했다. 그러나 제주도는 더는 고려의 땅이 아니었다. 원은 이 섬에 탐라총관부를 설치하고 직할지로 다스렸다. 1277년(충렬왕 3)에는 목마장을 두어 자신들의 수요를 위한 말을 길러 냈다.

진도에서 항복한 조자비 부녀는 어떻게 되었을까? 조자비는 여원연합군 소속으로 제주도 토벌전에 투입되었다가 딸을 남겨 둔 채 전사했다. 소녀는 주위의 보살핌을 받으며 자라나 열세 살 되던 해 대위 한보와 혼인해 딸을 낳았다. 조 씨의 시아버지는 얼마 후 여원연합군의 일본 원정에 참전했다가 전사했다. 1290년(충렬왕 16) 원의 반군이 두만강을 건너 충주까지 쳐들어오자 이번에는 남편 한보가 징집되어 갔다가 전사했다. 졸지에 과부가 된 조 씨는 사촌 언니에게 의지하며 딸을 키웠고, 딸이 출가한 뒤에는 딸 부부에게 의지하며 오순도순 살았다. 그러나 그 딸도 아들 하나, 딸 하나를 두고 먼저 저세상으로 떠났다. 조 씨는 손주들을 돌보며 여든이 넘도록 모진 세월을 꿋꿋이 살았다.

항파두리 궁궐 터 항파두리는 남쪽이 높고 북쪽이 낮은 해발 약 190~215미터 대지에 자리 잡고 있다. 토성이 부분적으로 남아 있고 돌쩌귀, 기와, 자기 등이 발굴되었다. 사적. 제주시 애월읍 항파두리로 50.

잠들지 않는 남도 – 제주 항몽 유적지

제주 4.3사건의 비극을 일깨우는 노래 중 하나로 「잠들지 않는 남도」가 있다. 800년 전에도 제주도는 잠들지 못하는 섬이었다. 삼별초가 진도에 웅거하자 고려 정부는 그들의 준동을 막기 위해 제주의 해안선을 따라 환해장성을 쌓았다. 그러나 삼별초의 일부 부대는 정부군의 방어선을 무너뜨리고 제주도에 세력을 구축했다. 이후 삼별초가 진도를 여몽연합군에 내주면서 제주도는 삼별초 항쟁의 중심지이자 마지막 거점으로 떠올랐다. 이번에는 삼별초가 정부군과 몽골군의 공격에 대비하기 위해 제주도 주민을 동원해 환해장성을 추가로 쌓았다. 당시 제주도민의 수난을 말해 주는 이야기가 있다. 흉년에 삼별초의 지휘를 받으며 성을 쌓던 역군이 쭈그려 앉아 변을 본 뒤 배가 너무 고픈 나머지 그 변을 먹으려고 돌아앉았다. 그러나 옆에 있던 다른 역군이 먼저 주워 먹는 바람에 허기를 삼켜야 했다. 이처럼 제주도가 삼별초와 개경 정부의 각축장이 되면서 제주도민은 양쪽에서 압박을 받으며 고통을 겪어야 했다. 1273년 삼별초 항쟁이 막을 내린 후에도 고난은 그치지 않았다. 개경의 고려 정부와 몽골, 양쪽으로부터 간섭을 받는 시기가 100년 가까이 이어졌기 때문이다.

바굼지오름 바구니를 엎어 놓은 모양에서 '바굼지'란 이름이 유래했다. 적군을 격파한 봉우리란 뜻에서 '파군봉'이라고도 불린다. 해발 85미터.

명월포
여원연합군이 상륙한 곳. 주변에 주요 전장이던 붉은오름, 새별오름 등이 자리 잡고 있다.

「명월조점(명월포의 아침 점호)」 제주 목사 겸 병마수군절제사 이형상이 1702년(숙종 28) 각 고을을 순시하며 거행한 행사를 기록한 『탐라순력도』의 명월포 부분.

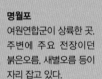

「애월조점」 애월진성의 군기를 점검하는 『탐라순력도』 부분. 삼별초가 만든 목성(木城)은 애월포에서 좀 더 떨어져 있었다.

애월포 애월읍 애월리에 있는 포구. 제주 서안의 군사적 요충지 중 하나. 『탐라순력도』에는 초승달 모양으로 묘사되어 있다.

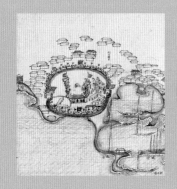

별도연대

「화북성조」(왼쪽) 화북포구는 조천포구와 함께 제주의 대표적 관문이었다. '별도'란 북쪽에서 벼를 실어오는 포구라는 뜻.

조천포

「조천조점」(왼쪽) 조천포구는 관리와 조공선의 출입 관문. 육지를 드나드는 관리들이 조천포구에서 풍향을 관측했다고 한다.

화북포구
별도포구　별도연대
별도포구　　　조천포구　　북촌환해장성　　　한동환해장성
　　　　　　　삼수천(송담천)
동제원 터

우도

한라산

성산일출봉

섭지코지

붉은오름

성산환해장성

항파두리
'항(항아리)에 죽 둘린 가장자리'를 뜻하는 지명 항바두리에서 유래했다. 사적.

항파두리 궁성의 주춧돌

서귀포

붉은오름 흙의 빛깔이 붉은 데서 유래했으나, 삼별초와 여몽연합군이 흘린 피가 오름을 붉게 물들였다는 전설이 내려온다.

새별오름 삼별초 항쟁과 고려 말 목호의 난의 무대. 새별은 새벽 하늘의 샛별처럼 외롭게 서 있다는 뜻이라고 한다.

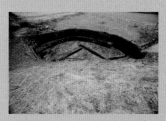

구시물 항파두리의 병사와 시녀가 이용하던 우물. 구시는 '구유'의 제주 말이다. 고위층은 부근의 옹성물을 먹었다.

애월진성 1581년(선조 14) 제주 목사 김태정이 왜구를 막기 위해 애월포 가까이 석성을 쌓고 삼별초의 목성을 대체했다.

동제원 터 삼별초 이문경 부대는 이곳에 진을 치고 관군과 싸웠다. 제주시 일주동로 오현고등학교 앞 사거리.

삼수천(송담천) 이문경 부대가 관군을 격파한 곳. 삼수천은 제주시 용강동에서 발원해 삼양동 해안으로 흐르는 하천.

환해장성 애월·곤을·별도·삼양·북촌·동복·행원·한동, 서귀포시의 온평·신산 등 10여 개소에 남아 있다.

여원연합군이 상륙한 쓰시마의 고모다하마

1273년(원종 14) 여원연합군이 제주 항파두리에서 삼별초의 항쟁을 진압하자 원 세조 쿠빌라이는 일본 원정을 서둘렀다. 그는 고려에 압력을 넣어 대함선 300척을 비롯한 900척의 전함을 건조하게 했다. 이듬해 10월 합포(경상남도 창원)를 출발한 약 4만 명의 여원연합군은 쓰시마를 거쳐 일본열도에 상륙했다. 그들은 승전을 거듭했으나 갑자기 불어닥친 태풍에 휩쓸려 수많은 군사와 전함을 잃고 귀환했다. 원은 1281년(충렬왕 7)에도 고려와 남송의 군대를 동원해 제2차 일본 원정에 나섰으나, 그때에도 태풍의 내습으로 퇴각해야 했다.

여원연합군을 물러나게 만든 두 차례의 태풍을 일본에서는 가미카제(神風)라고 부른다. 신의 바람이라는 뜻이다. 실패로 돌아간 여원연합군의 일본 원정은 원뿐 아니라 고려에 대한 일본인의 감정을 악화시키고 두 나라와 일본의 외교 관계를 단절시켰다. 쓰시마와 일본 남서부에서 왜구가 일어나 수시로 한반도와 중국의 해안을 휩쓸게 된 것도 일본 원정의 심각한 후유증이었다. 잦은 왜구의 출몰은 고려의 군사력과 재정에 부담을 주어 고려 왕조가 무너지는 원인 가운데 하나로 작용하고, 그 뒤를 이은 조선 왕조에도 커다란 골칫거리를 안겨 주었다.

III 북로남왜 – 조선의 ㅈ

북로남왜(北虜南倭)는 북쪽의 오랑캐와 남쪽의 왜구를 일컫는 말이다. 몽골족이 세운 원을 북쪽의 초원으로 몰아내고 중원을 장악한 명은 몽골족을 방어하는 문제로 늘 골머리를 썩여야 했다. 중국 동남해안과 일부 내륙 지방을 휩쓸곤 하는 왜구의 방어도 국가적 과제였다. 원의 부마국이던 고려를 무너뜨리고 한반도의 주인이 된 조선도 명과 비슷한 북로남왜의 문제를 안고 있었다. 남왜는 명과 같았으나, 조선의 북로는 몽골족이 아니라 명의 장악력이 느슨한 만주 일대의 여진족이었다. 16세기 말 17세기 초, 갑자기 세력을 키운 남왜와 북로는 잇달아 조선에 전면전을 도발해 왔다. 양란, 즉 임진왜란과 병자호란은 조선 왕조의 존립 여부를 가름할 시험대였다.

장을 찾아서

임진왜란과 병자호란의 주요 전투가 벌어진 광교산 경기도 수원과 용인의 경계를 이루는 산. 임진왜란 때인 1592년(선조 25) 6월, 8만 명에 이르는 조선의 남도근왕군은 이곳에서 1600명의 일본군에게 참패했다. 병자호란 때인 1637년(인조 15) 1월에는 전라 병사 김준룡의 부대가 이곳에서 청군을 격파했다. 사진은 광교산 남쪽 기슭의 하광교수류지. 정면에 보이는 비로봉(해발 490미터)으로 올라가다 보면 김준룡 장군 전승지 및 비가 나온다.

김준룡 장군 전승지 및 비(오른쪽) 광교산전투는 병자호란 때 조선군이 거둔 최대의 승전이었다. 그때 사살된 청군 장수 중 한 명이 청 태조 누르하치의 사위인 슈무루 양구리. 경기도 기념물. 경기도 수원시 장안구 하광교동 산1-1.

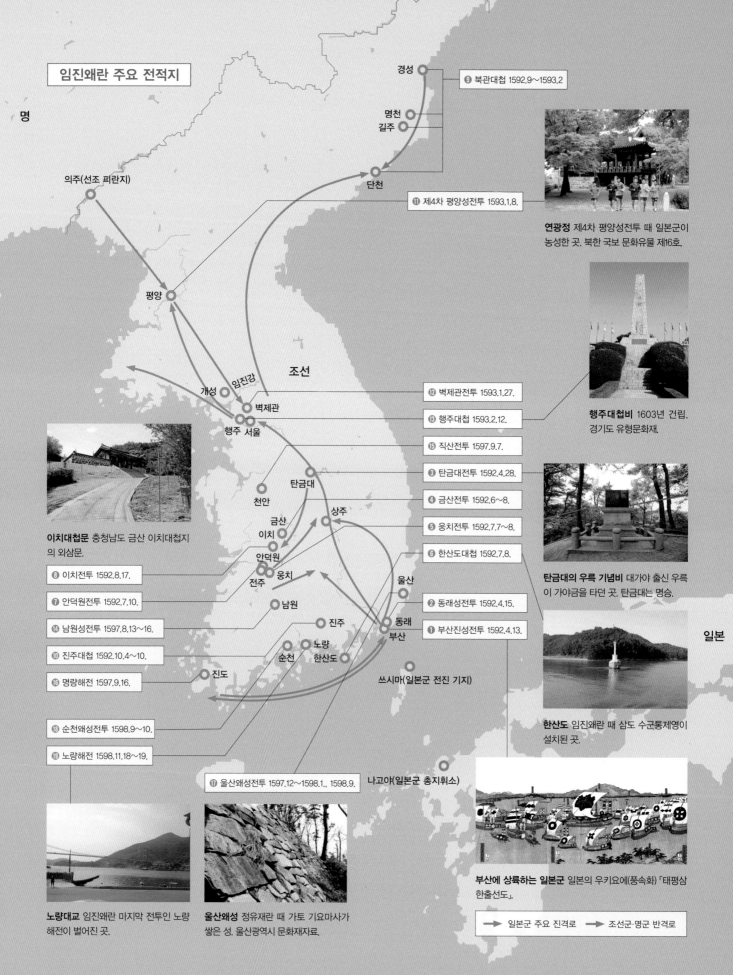

임진왜란 주요 전적지

명

의주(선조 피란지)

경성

❾ 북관대첩 1592.9~1593.2

명천
길주

단천

❶❶ 제4차 평양성전투 1593.1.8.

평양

연광정 제4차 평양성전투 때 일본군이
농성한 곳. 북한 국보 문화유물 제16호.

개성   임진강   조선

벽제관

❶❷ 벽제관전투 1593.1.27.

행주 서울

❶❸ 행주대첩 1593.2.12.

행주대첩비 1603년 건립.
경기도 유형문화재.

❶❺ 직산전투 1597.9.7.

탄금대

❸ 탄금대전투 1592.4.28.

천안

금산   상주

❹ 금산전투 1592.6~8.

이치

❺ 웅치전투 1592.7.7~8.

안덕원

❻ 한산도대첩 1592.7.8.

전주   웅치

울산

❷ 동래성전투 1592.4.15.

이치대첩문 충청남도 금산 이치대첩지
의 외삼문.

남원

동래

❶ 부산진성전투 1592.4.13.

탄금대의 우륵 기념비 대가야 출신 우륵
이 가야금을 타던 곳. 탄금대는 명승.

❽ 이치전투 1592.8.17.

진주

부산

❼ 안덕원전투 1592.7.10.

노량

쓰시마(일본군 전진 기지)

❶❹ 남원성전투 1597.8.13~16.

순천   한산도

❶❶ 진주대첩 1592.10.4~10.

진도

한산도 임진왜란 때 삼도 수군통제영이
설치된 곳.

일본

❶❻ 명량해전 1597.9.16.

❶❽ 순천왜성전투 1598.9~10.

❶❾ 노량해전 1598.11.18~19.

나고야(일본군 총지휘소)

❶❼ 울산왜성전투 1597.12~1598.1., 1598.9.

부산에 상륙하는 일본군 일본의 우키요에(풍속화)「태평삼
한출선도」.

노량대교 임진왜란 마지막 전투인 노량
해전이 벌어진 곳.

울산왜성 정유재란 때 가토 기요마사가
쌓은 성. 울산광역시 문화재자료.

➡ 일본군 주요 진격로	➡ 조선군·명군 반격로

1

임진왜란의 전장

임진왜란은 조선 시대에 한반도에서 벌어진 전쟁이었다. 그러나 한국사뿐 아니라 세계사에서도 큰 의미가 있다. 오늘날 동아시아의 주요 3국인 한·중·일이 모두 참전한 데다 화약 무기가 승패를 좌우한 세계 최초의 국제적 전면전이었기 때문이다. 화약은 나침반, 종이와 함께 중국의 3대 발명품으로 꼽힌다. 그것이 서양으로 흘러 들어가는 통로가 된 것은 몽골제국이 유라시아 대륙을 관통해 구축한 교통망이었다. 서유럽은 동아시아의 선진 문물을 흡수하고 르네상스와 종교개혁을 통해 근대의 문으로 들어섰다. 대항해 시대에 그들이 개척한 항로를 따라 예수회 선교사들이 동아시아에 도달했을 때, 그곳에서는 명을 중심으로 200년간 이어져 오던 평화의 시대가 끝나 가고 있었다. 먼저 움직인 것은 일본이었다. 지방 영주들이 할거하는 전국 시대를 끝내고 일본을 통일한 도요토미 히데요시는 세계 지배의 망상을 품고 그 첫 단계로 조선을 침략했다. 화약 무기를 개인용 화기로 개량한 조총이 일본에 유입되어 조선 침공의 무기로 활용되었다. 건국 이래 큰 전쟁을 치른 적이 없던 조선에게 일본의 침략은 청천벽력이었다.

1 일본의 침공과 호남 사수

경상북도에서 전라북도로 넘어가는 곳에 '무진장'이라고 알려진 산악 명승의 고장 무주, 진안, 장수가 있다. 무진장을 넘어 조선 시대 전라도의 중심지였던 전주로 가는 길에는 웅치(熊峙)라는 고갯길이 나온다. 우리말로 곰티라고 불려 온 곳이다. 그 고개에서 운장산, 대둔산 등 높은 산줄기를 따라 북쪽으로 60킬로미터쯤 올라가면 전라북도와 충청남도의 분기점을 이루는 이치(梨峙)라는 고갯길을 만난다. 우리말로는 배티, 배티재라고 한다. 웅치와 이치 두 고갯길은 지리적으로나 역사적으로나 세상에 널리 알려지지는 않았지만, 임진왜란 당시 조선의 운명이 걸린 전투가 벌어진 곳이다.

웅치·이치전투라 불리는 두 차례의 전투는 이순신의 한산도대첩과 거의 같은 시기에 일어났다. 당시 전격 침공을 단행한 일본군은 부산에서 경상도, 충청도를 거쳐 서울로 진격했다. 전라도를 제외한 거의 모든 지역이 그들의 손에 들어갔다. 일본군은 북진을 계속하는 한편, 전라도마저 손에 넣고 서해안을 따라 평안도까지 올라가는 보급로를 확보하려 했다. 그렇게만 된다면 지구상에서 조선이라는 나라가 지워질 날은 머지않았을 것이다.

웅치·이치전투와 한산도대첩은 그처럼 조선의 숨통을 끊어 놓기 위해 전라도와 서해로 달려드는 일본군을 육지와 바다에서 격퇴한 쾌거였다. 그렇게 호남과 서해를 지켜 낸 덕분에 조선은 일본의 기세를 꺾고 재정비에 나서 끝내는 침략군을 몰아낼 수 있었다.

역사적 의의가 큰 세 전투 가운데 한산도대첩은 잘 알려졌으나, 웅치·이치전투는 덜 알려졌다. 그 이유는 무엇일까? '성웅'으로까지 일컬어지는 이순신의 명성과 그를 중심으로 구축된 임진왜란의 서사 구조에 가린 탓도 있을 것이다. 한산도대첩에서 노량해전에 이르는 이순신의 영웅적 행적을 모르는 한국인이 어디 있겠는가? 또 이치전투의 공신 가운데 한 명인 권율이 훗날 세운 행주대첩의 위업에 밀린 탓도 있을 것이다. 행주대첩은 지원군을 보낸 명에서도 임진왜란의 3대첩 중 하나로 꼽을 만큼 명성이 자자하다.

그 밖에도 여러 가지 이유가 있겠지만, 여기서 하나하나 따질 여유는 없다. 대신 그동안 소홀히 다루어진 웅치·이치전투에 더 많은 관심을 기울이고 잘 알려지지 않았던 역사의 현장에 초점을 맞춰 보고자 한다. 따라서 이제부터 웅치와 이치를 중심에 놓고 임진왜란 초기의 전적지들을 살펴보겠다. 그렇게 하지 않으면 웅치와 이치에서 목숨을 바쳐 싸운 수많은 용사에게 죄를 짓는 것이라 믿기 때문이다.

충청남도 진산에서 대둔산 도립공원으로 고갯길을 따라 올라가다 보면 풍치 좋은 곳에 이름도 여유로운 대둔산숲속웰빙휴게소가 자리 잡고 있다. 그 휴게소 주변을 주의 깊게 살펴보면 이치전투에서 순국한 의병들을 기리는 임란순국무명사백의병비를 발견할 수 있다. 숙연한 마음으로 이 고갯길에 그들의 함성이 울려 퍼지게 된 내력을 살펴보도록 하자.

임란순국무명사백의병비
이치전투에서 전사한 이름 없는 400여 명의 의병을 추모하는 비. 충청남도 금산군 진산면 대둔산로 2.

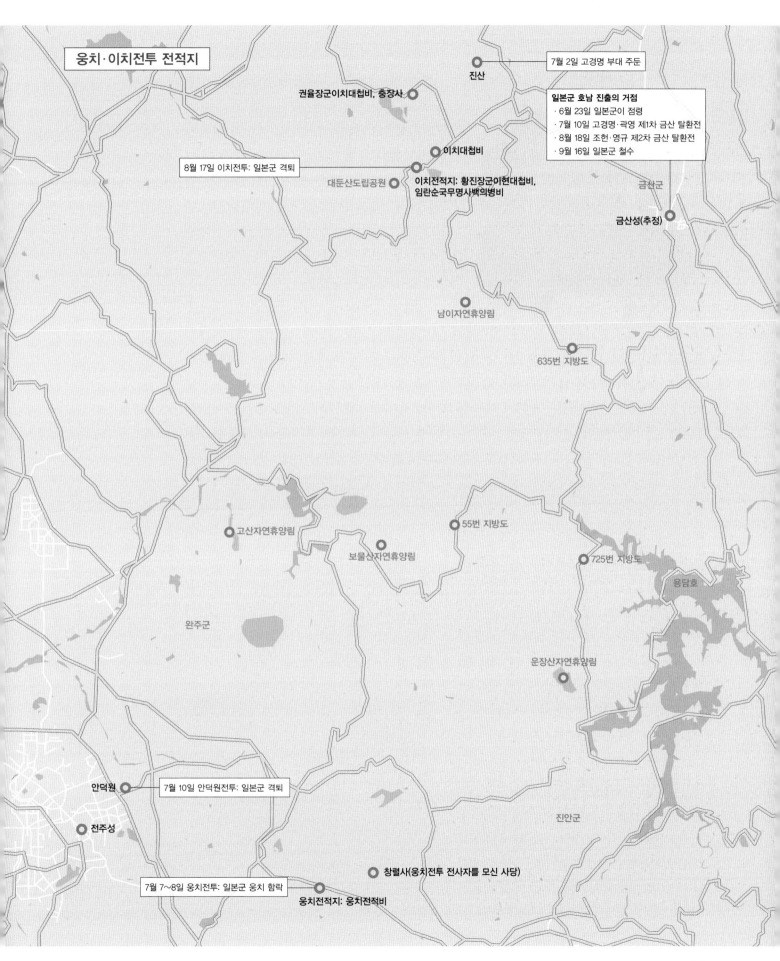

웅치·이치전투 전적지

7월 2일 고경명 부대 주둔

진산

권율장군이치대첩비, 충장사

일본군 호남 진출의 거점
· 6월 23일 일본군이 점령
· 7월 10일 고경명·곽영 제1차 금산 탈환전
· 8월 18일 조헌·영규 제2차 금산 탈환전
· 9월 16일 일본군 철수

이치대첩비

8월 17일 이치전투: 일본군 격퇴

대둔산도립공원

금산군

이치전적지: 황진장군이현대첩비,
임란순국무명사백의병비

금산성(추정)

남이자연휴양림

635번 지방도

고산자연휴양림

55번 지방도

보물산자연휴양림

725번 지방도

용담호

완주군

운장산자연휴양림

안덕원

7월 10일 안덕원전투: 일본군 격퇴

진안군

전주성

창렬사(웅치전투 전사자를 모신 사당)

7월 7~8일 웅치전투: 일본군 웅치 함락

웅치전적지: 웅치전적비

순절의 땅 부산

오늘날 동래는 부산광역시의 일부이다. 그러나 임진왜란 때는 거꾸로 부산이 동래도호부의 일부였다. 당시 부산진은 지금의 부산 앞바다를 지키는 방어 기지였다. 도요토미 히데요시가 파견한 일본 침략군이 가장 먼저 들이닥친 곳이 바로 이곳, 부산진이었다.

당시 일본인은 세계가 일본, 중국, 천축(인도)의 세 중심으로 이루어져 있다는 '삼세계관'을 가지고 있었다. 오랫동안 분열되었던 일본을 통일한 도요토미는 중국과 인도를 정복해 세계를 통일하겠다는 망상을 품었다. 그는 먼저 중국을 정벌하기에 앞서 조선을 침공한다는 계획을 세웠다. 그때 조선 침략의 명분으로 내세운 것이 '정명가도(征明假道)', 즉 명을 정벌하러 갈 테니 조선은 길을 내 달라는 요구였다.

1589년(선조 22), 쓰시마 도주 소 요시토시는 도요토미의 명을 받들고 조선을 방문해 정명가도의 요구를 전했다. 조선의 정부는 들끓었다. 선조(재위 1567~1608)는 사신을 파견해 도요토미가 어떤 인물인지 알아보기로 했다. 이듬해 황윤길을 정사로 하고 김성일을 부사로 하는 조선 사절단이 일본을 방문했다가 1591년 귀국했다.

서인인 황윤길은 도요토미가 금방이라도 군대를 일으킬 것으로 보았지만, 동인인 김성일은 반대 의견을 내놓았다. 정부는 갑론을박을 벌이다가 김성일의 의견 쪽으로 기울어 일본의 침략 의지를 과소평가했다. 오늘날 많은 이가 김성일의 반대를 당쟁의 소산으로 보고, 그의 견해를 수용한 조선 정부의 안일함을 통탄한다. 그러나 200년 동안 태평성대를 누려 온 조선이 긴박한 전면전을 예상하고 전쟁 준비 태세로 전환하는 것은 그리 쉬운 일이 아니었다.

도요토미는 전국의 지방 영주인 다이묘들을 교토로 불러 모아 전쟁 계획을 선포했다. 조선 정벌군을 실어 나를 수백 척의 전함이 건조되고, 전쟁을 총지휘할 성이 규슈 북쪽의 나고야에 축조되었다. 나고야성을 중심으로 반경 3킬로미터 안에 120 다이묘의 병영이 늘어서고, 이키와 쓰시마 두 섬에는 정벌군의 기지로 사용될 산성이 들어섰다. 총 9군으로 편성된 일본군 가운데 선발대의 임무를 맡은 제1군은 쓰시마의 오우라에 전진 기지를 세웠다. 제1군 사령관은 소 요시토시의 장인인 고니시 유키나가.

1592년 4월 12일, 고니시와 소가 이끄는 제1군은 마침내 오우라를 떠나 부산을 향해 발진했다. 조선 500년 역사상 최대의 비극인 임진왜란은 그렇게 시작되었다.

부산진성

「동래부순절도」 1709년(숙종 35) 작품을 51년 후 변박이 고쳐 그렸다. 육군박물관 소장. 보물.
❶ 방어하는 조선군.
❷ 공격하는 일본군.
❸ '길을 비키라(假我道)'는 일본군 팻말.
❹ '길을 비키기 어렵다(假道難)'는 조선군 팻말.
❺ 기와를 던지는 동래부민 김상과 두 여성.
❻ 성벽을 넘는 일본군.
❼ 성을 버리고 달아나는 경상 좌병사 이각 무리.
❽ 임금이 있는 북북을 향해 마지막 인사를 올리는 동래 부사 송상현.
❾ 송상현을 지키는 양산 군수 조영규, 겸인 신여노.
❿ 일본군과 맞서는 비장 송봉수·김희수, 향리 송백.
⓫ 동래향교 교수 노개방과 유생 문덕겸·양조한.

700척의 전선에 나눠 탄 1만 8700여 명의 일본군 제1군은 만 하루의 항해 끝에 부산포 앞 영도에 다다랐다. 사냥을 나갔다가 이 사실을 안 부산진 첨사 정발은 전선 3척을 이끌고 포구를 나섰다. 그는 절영도 부근까지 들어온 일본군 함대와 일진일퇴를 거듭하다가 부산진성으로 들어갔다. 그리고 동문루 앞에서 성안의 군사와 백성을 소집해 일전 태세를 갖추었다.

이튿날 새벽, 부산에 상륙한 일본군은 세 방면에서 부산진성을 공격했다. 조총수들은 서문 밖 높은 지대에 올라가 성안을 향해 일제히 발포했다. 천지를 진동하는 조총 소리에 조선 수비군이 혼란에 빠진 사이 일본군은 성벽을 기어올라 성안에 침투했다. 부산진의 군사와 남녀노소 백성은 안간힘을 다해 저항했으나 중과부적이었다.

정발 첨사는 머리에 총탄을 맞아 전사하고, 군민 3000명이 모두 죽임을 당했다.

고니시 부대의 다음 목표는 10킬로미터가량 떨어진 동래성. 동래 부사 송상현은 언제든 들이닥칠 수 있는 왜구에 대비해 동래성 주변에 최대한 많은 나무를 심어 놓고 있었다. 성 밖에서 성안을 들여다보지 못하게 하려는 것이었다.

일본군이 부산에 상륙했다는 소식이 알려지자 경상좌도 병마절도사 이각이 군대를 이끌고 동래성에 들어왔다. 그러나 막상 부산진성을 함락한 일본군의 기세를 본 이각은 기가 질려 싸움에서 발을 빼려 했다. 그는 함께 싸워 달라는 송상현 부사의 요청을 뿌리치고 군사들과 함께 밀양으로 떠나 버렸다. 양산 군수 조영규는 이 싸움에서 죽을 것을 직감하고 어머님께 마지막 인사를 드리기 위해 양산으로 달려갔다.

고니시 부대는 4월 15일 새벽 부산진성을 출발해 오전 10시 동래성에 도착했다. 고니시는 부대를 셋으로 나눠 황령산 기슭, 동래성 서쪽 대로, 남문 쪽 취병장에 각각 포진시켜 성을 포위했다. 그리고 "싸우려면 싸우되, 싸우지 않으려면 길을 비켜라(戰則戰矣 不戰則假道)."라고 쓴 팻말을 성 앞에 세웠다. 송상현은 바로 대답을 주었다. "싸우다 죽기는 쉬우나, 길을 비키기는 어렵다(戰死易 假道難)."

동래성 군민은 부산진성 군민 못지않게 용감했다. 그들의 필사적인 저항으로 일본군은 한동안 고전했다. 그러나 성벽이 낮고 방어가 소홀했던 인생문(人生門)이 뚫리자 전세는 일본군 쪽으로 기울기 시작했다.

양산에서 모친을 뵙고 돌아온 조영규는 동문으로 쏟아져 들어오는 일본군과 용감하게 맞서 싸우다 전사했다. 송상현 부사는 조복으로 갈아입고 부모님께 보내는 시를 쓴 뒤 달려드는 일본군의 칼을 받았다.

탄금대의 배수진

고니시 부대에 이어 일본에서 후속 부대들이 속속 조선으로 들어왔다. 일본군의 기본 작전은 육군이 세 갈래 길로 북진하고 수군이 남해와 서해 연안을 따라 육군에 물자를 조달하는 것이었다. 고니시가 이끄는 제1군은 부산, 상주, 문경 등을 거쳐 충주 쪽으로 북진했다. 가토 기요마사가 이끄는 제2군은 울산, 영천 등을 거쳐 충주에서 제1군과 합세해 서울로 진격할 계획이었다. 한편, 구로다 나가마사가 이끄는 제3군은 김해를 지나 추풍령을 넘어 북상했다.

조선 정부는 순변사 이일을 경상도 상주로, 도순변사 신립을 충청도 충주로 보내 일본군의 진격을 막게 했다. 당시 조선은 '제승방략'이라는 일종의 지역 거점 방어 체제를 운영하고 있었다. 유사시 각 고을의 수령이 그 지방에 소속된 군사를 이끌고 사전에 정해진 방어 지역으로 가는 제도였다. 따라서 이일과 신립은 현지에 도착해서 그 지역에 모인 수비군을 지휘해야 했다. 그러나 상주 남쪽 대구에 집결한 경상도의 조선군은 이일이 도착하기 전에 뿔뿔이 흩어졌다. 또 다른 조선군이 울산의 경상 좌병영에 집결해 일본군과 전투를 벌이기도 했지만, 이일과 연계하기에는 멀었다. 이일은 결국 일본군과 제대로 전투도 치르지 못한 채 4월 24일 북쪽으로 도망쳐 충주에 도착해 있던 신립의 부대에 합류했다.

4월 28일 신립은 8000명의 병력을 모아 충주

탄금대전투 전적지 일본군 본진은 충주성을 점령한 다음 성 밖에서 조선군과 교전하고, 좌군과 우군은 달천과 동쪽 산기슭을 따라 우회한 뒤 조선군의 양옆을 쳤다.

탄금대 앞에 진영을 꾸렸다. 충주는 경상도에서 서울로 올라가는 관문에 해당하는 곳으로, 신립의 정예 부대는 서울에 있는 정부의 마지막 희망이었다. 작은 부대로 대군을 막으려면 탄금대보다는 충주에 이르는 길목인 조령에서 매복하는 게 더 좋은 방법처럼 보인다. 신립의 종사관이던 김여물도 그 방법을 건의했다고 한다.

그러나 신립은 탄금대 앞에 배수진을 치고 정면 대결하는 길을 택했다. 그 이유에 대해서는 몇 가지 설이 있다. 막 끌어모은 군사들을 추슬러 조령까지 가기에는 시간이 없었다는 설, 당시 조령에는 매복에 적합한 곳이 없었다는 설, 일본군보다 우수한 조선 기병의 기동력에 승부를 걸려면 험준한 조령보다는 탄금대 앞 벌판이 나았다는 설. 실제로 신립 부대는 처음 두 차례의 전투에서 승리했다. 그러나 전투가 거듭되면서 조선의 군사와 말은 지쳐 가고, 결국 중과부적으로 패배했다. 신립은 김여물과 함께 화살을 쏘며 분전하다가 달천에 몸을 던져 전사한 것으로 알려졌다. 여기서도 살아남은 이일은 적의 포위망을 뚫고 서울로 올라가 패전의 급보를 전했다.

탄금대 열두대 탄금대 북쪽 강변의 절벽에 있는 바위. 신립이 강물에 몸을 던진 장소로 알려져 있다. 열두대의 유래에 관해서는 신립이 열두 번 오르내렸다는 설, 남한강이 열두 번 돌아 흐른다는 설, 우륵이 12줄 가야금으로 12곡을 연주했다는 설 등이 있다. 탄금대는 대한민국 명승. 충청북도 충주시 칠금동 탄금대안길 31.

화석정 임진강을 건너던 선조 일행의 앞길을 밝히기 위해 불태운 정자. 주변 율곡리는 이이의 고향으로, 이이는 이곳에서 제자들과 학문을 논하며 여생을 보냈다. 이이가 여덟 살에 지었다는 시가 걸려 있다. 경기도 유형문화재. 경기도 파주시 파평면 화석정로 152-72.

불타는 임진강

탄금대의 비보를 접한 선조는 대간(사헌부와 사간원)을 불러 파천(播遷)을 상의했다. 왕이 왕도를 버릴 생각을 한 것이다. 곧 중신 회의를 소집해 그 문제를 제기하자 대신들은 모두 반대했다. 그러나 영의정 이산해는 회의가 끝난 뒤 과거에도 전란을 맞아 왕이 피란한 사례가 있다고 알려주었다. 선조는 중신의 반대를 무릅쓰고 파천을 결정했다. 4월 30일 그는 궁인을 소집해 궐문을 나섰다. 왕이 서울을 빠져나갔다는 것을 안 백성은 좌절했다. 일본군이 서울에 진주한 뒤 경복궁이 불타고, 노비 문서가 보관된 장예원과 형조에도 누군가 불을 질렀다. 선조는 임해군과 순화군을 함경도와 강원도에 보내 근왕병을 모집하게 하고, 명에 구원병을 요청했다.

왕이 떠난 서울의 수비는 도원수 김명원이 맡았다. 그러나 파죽지세로 북상한 일본군은 5월 3일 손쉽게 서울을 함락했다. 선조가 떠난 지 사흘 만이었다. 선조와 백관 일행은 임진강을 건넌 뒤 일본군의 추격을 늦추기 위해 나루터를 파괴하고 배들을 침몰시켰다. 서울을 빼앗긴 김명원이 임진강에 남아 일본군을 막았으나 5월 17일 끝내 적의 도하를 허용했다. 선조는 개성을 거쳐 평양에 도착한 뒤 광해군을 왕세자로 책봉했다.

일본군은 처음에 세운 계획에 따라 고니시의 제1군은 평안도, 가토의 제2군은 함경도로 진격했다. 평양은 6월 13일 함락되고 선조는 의주까지 피란했다. 그때 광해군은 선조와 정부를 반으로 나눠 책임지기로 했다(分朝). 그는 강원도 이천으로 가서 군사를 모집하고 남쪽의 관군과 연락하는 등 전세를 뒤집기 위해 동분서주했다. 그 사이 선조는 명에 망명하려고 했으나 대신들의 반대로 눌러앉았다.

무너진 광교산

왕이 떠나 버린 서울을 수복하는 임무는 일본군이 빠르게 북상하면서 지나친 서남부의 조선군에게 맡겨졌다. 전라도 관찰사 이광이 이끄는 4만 명과 전라도 방어사 곽영이 이끄는 2만 명, 충청도 순찰사 윤선각 휘하의 1만 5000명이 경기도 용인에 집결했다. 경상우도 관찰사 김수와 광주 목사 권율도 합세하고, 일설에는 의승군도 참여했다고 한다. 모두 8만 명에 이르는 그들은 스스로 '남도근왕군'이라 칭하고 이광을 총지휘관으로 삼았다.

당시 용인 일대를 지키던 일본군은 제8군 산하의 와키사카 야스하루가 이끄는 수군 1600명뿐이었다. 남도근왕군은 6월 4일 그들을 공격해 승리를 거두었다. 그러나 이튿날 전투에서 몇몇 장수를 잃은 뒤 6일에는 적의 기습 공격을 받아 크게 패했다. 총지휘관 이광은 도주했다. 정부의 명에 따르면서 신중하게 임하자는 권율의 의견을 무시하고 적을 얕본 결과였다. 이로써 당분간 서울을 수복할 희망은 사라지고 말았다.

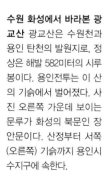

수원 화성에서 바라본 광교산 광교산은 수원천과 용인 탄천의 발원지로, 정상은 해발 582미터의 시루봉이다. 용인전투는 이 산의 기슭에서 벌어졌다. 사진 오른쪽 가운데 보이는 문루가 화성의 북문인 장안문이다. 산정부터 서쪽(오른쪽) 기슭까지 용인시 수지구에 속한다.

'충간의담'의 고개 웅치

정부가 압록강 변까지 내몰리자 일본군에게 점령되지 않은 곳은 사실상 전라도뿐이었다. 금강 이남 지역인 전라도를 호남이라 일컫는 것은 금강이 예전에는 '호강(湖江)'으로 불렸기 때문이라고 한다. 일본군은 그 호남을 장악하고 전쟁을 끝내기 위해 움직였다. 임진강전투에 참전했던 고바야카와 다카카게의 제6군은 경상도 선산으로 남하해 그곳에 있던 모리 데루모토의 제7군과 합쳤다. 그들은 선산을 떠나 호남 진출의 교두보라 할 수 있는 금산으로 진군했다.

금산이 지금은 충청남도에 있지만 임진왜란 때는 전라도에 속한 군(郡)이었다. 따라서 6월 23일 벌어진 금산전투는 그 자체가 호남 공방전의 시작이었다. 금산 군수 권종은 전투 중에 순절했다. 용인전투에 참전했던 전라도 방어사 곽영은 적을 감당하지 못하고 북쪽으로 퇴각했다. 일본군은 그날 중으로 금산을 손에 넣고 본격적인 호남 공략 채비를 갖추었다.

금산에서 호남의 중심인 전주로 가는 길은 두 가지가 있었다. 하나는 가까운 이치를 넘는 길이고, 다른 하나는 남쪽으로 금강을 건너 웅치를 넘는 길이었다. 이치는 금산에서 가까우나 전주까지는 약 60킬로미터를 더 내려가야 했다. 반면 웅치는 금산에서는 멀리 떨어져 있지만, 그곳만 넘으면 전주가 눈앞에 들어온다. 일본군은 우선 공격 대상으로 웅치를 선택했다.

한편, 금산이 무너졌다는 소식이 전해지자 전주성은 위기감에 휩싸였다. 두 차례에 걸친 근왕병의 출격과 용인전투 참패로 인한 관군의 병력 손실이 가장 큰 문제였다. 엎친 데 덮친 격이랄까, 전라도 병마절도사 최원은 2만 명의 군사와 함께 다시 경기도로 출병하고 없었다.

용인에서 패주해 온 전라도 관찰사 이광은 일본군이 전주를 공격해 올 예상 경로를 세 곳으로 보고 방어 전략을 짰다. 첫째, 금산에서 남쪽으로 전라도 진안을 돌아 공격해 올 때를 대비해 웅치를 지킨다. 둘째, 경상도 지역으로부터 공격해 올 때를 대비해 그 경로에 있는 전라도 장수와 남원을 지킨다. 셋째, 외곽 방어선이 뚫릴 때를 대비해 전주성 자체 방어에도 만전을 기한다.

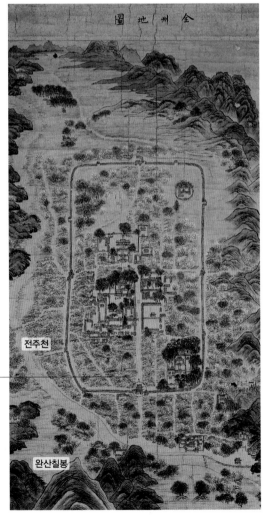

전주천

완산칠봉

전주성 조선 후기 전주부성 안팎의 경관과 지형을 그린 회화식 지도. 1771년 이전으로 추정된다. 서울대학교 규장각 한국학연구원 소장. 보물.

풍남문(왼쪽) 전주부성의 남쪽 문. 1597년 정유재란 때 파괴된 것을 영조(재위 1724~1776) 때 다시 세웠다. 보물. 전라북도 전주시 완산구 풍남문3길 1.

그때 웅치는 동복(전라남도 화순) 현감 황진, 나주 판관 이복남, 김제 군수 정담 등이 이끄는 관군이 지키고 있었다. 충청도의 황박, 전라도의 김제민 등이 이끄는 의병도 속속 웅치로 모여들었다. 황진은 정담과 함께 웅치에서 적정을 살피고 내부를 단속하던 중 금산 월옹사의 승려가 일본군을 돕고 있던 정황을 적발하고 그를 처형했다. 그리고 지세를 살펴 목책을 세우고 진지를 구축하는 등 방어 태세를 갖추었다.

그때 전라도 장흥에서 일어난 고경명의 의병 부대는 경기도 쪽으로 북진하고 있었다. 용인전투에서 관군이 패배했다는 소식을 듣고 격문을 돌려 모은 6000명이었다. 그들은 경기도로 가는 도중 일본군이 금산을 공격했다는 소식을 듣고 금산으로 진로를 변경했다.

고경명 부대는 7월 2일 무렵 금산과 이치 사이

웅치전적비

의 진산에 도착해 일본군이 이치로 향하는 길을 차단했다. 당시 금산성에서 일본군에 밀려 퇴각한 전라도 방어사 곽영은 이치 북서쪽으로 30여 킬로미터 떨어진 충청도 연산에 진을 치고 있었다. 고경명은 곽영에게 달려가 금산에 남아 있는 일본군을 공격해 화근을 뽑아 버리자고 제의했다. 곽영은 동의하고 고경명 부대와 함께 금산으로 진군했다. 그 소식을 들은 이광은 두 장수에게 전령을 보내 병력이 부족하니 전주성에 합류하라고 요청했다. 그러나 고경명과 곽영은 듣지 않고 금산으로 내친걸음을 재촉했다.

바로 그때, 일본군의 대부대가 금산을 나와 남쪽으로 내려가고 있었다. 그들이 웅치를 지나쳐 전라도 장수 방면으로 진격하자 남원 판관 노종령과 남원 부사 윤안성은 자리를 지키지 않고 도망쳤다. 장수를 지키던 이유의의 군사도 무너졌다. 그 소식이 웅치에 전해지자 황진은 이복남과 정담에게 웅치의 방어를 맡기고 일부 군사와 함께 급히 남원을 지원하러 떠났다. 그러나 남원으로 향하던 일본군은 7월 5일 진로를 틀어 웅치로 북진했다.

그 사실을 보고받은 이광은 급히 황진에게 전령을 보내 웅치로 돌아가라고 지시했지만, 이미 때는 늦었다. 황진이 웅치로 미처 복귀하기 전인 7월 7일, 일본군은 웅치에 전면 공격을 가했다.

황진 없이 적군을 맞은 웅치의 조선군은 3단계 방어선을 쳤다. 고개 초입에는 황박의 의병과 오정달의 관군, 산 중턱에는 이복남의 관군, 정상에는 정담과 변응정의 부대가 배치되었다. 정담은 김제 군수, 변응정은 해남 현감으로 있다가 의병을 모집해 웅치로 달려온 참이었다.

일본군 선봉대는 조총을 쏘며 맹렬히 진격해 왔다. 그러나 조선군은 웅치를 넘겨줄 수 없다는 결의 아래 필사적으로 저항했다. 첫날 전투는 승부를 가리지 못하고 일본군은 일단 후퇴했다.

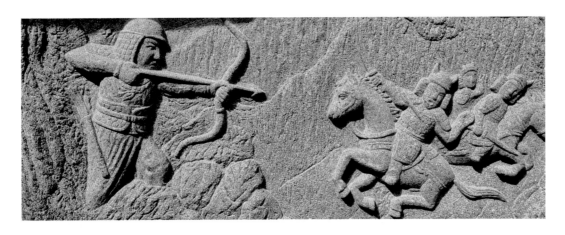

다음 날인 7월 8일 일본군은 총공세를 퍼부었다. 고개 초입에서 관군을 지휘하던 오정달이 쓰러졌다. 기세가 오른 일본군의 공격에 방어선이 뚫리자 산 중턱을 지키고 있던 이복남의 관군도 후퇴하기 시작했다. 고개 정상에서 전투 현황을 파악하던 정담과 변응정이 지원에 나서고야 가까스로 적군을 저지할 수 있었다.

날이 저물자 전투는 잠시 소강상태에 접어들었다. 전투가 다시 시작된 것은 조선군의 화살이 떨어졌다는 사실을 일본군이 간파한 뒤였다. 관군과 의병은 창과 낫을 들고 적군에 맞섰다. 하지만 정담을 필두로 장졸들이 잇따라 쓰러지고 웅치는 끝내 함락되었다.

일본군은 조선군의 시신을 수습하고 '조선의 충간의담(충성스럽고 의로운 용기)에 조의를 표함(弔朝鮮國忠肝義膽)'이라는 푯말을 세웠다. 웅치의 조선군이 보여 준 결기와 담력은 이처럼 적조차 감복시킬 정도였다.

전주의 길목 안덕원

호남의 총수 이광은 웅치에서 전주로 가는 길목인 안덕원에 1차 방어선을 쳤다. 전주성은 노병 이정란에게 맡기고, 이광 자신은 남쪽의 남고산성을 최후 방어선으로 삼아 진을 쳤다. 안덕원에는 웅치가 함락될 때 구사일생으로 살아나 후퇴한 이복남이 군사를 이끌고 매복했다. 이광은 웅치로 돌아가던 황진에게도 연락해 안덕원으로 가서 이복남을 지원하라고 했다.

일본군은 웅치를 점령하자마자 곧바로 전주성 부근까지 진군했으나, 웅치의 혈투로 전력 손실이 컸기 때문에 바로 전주성을 치기는 어려웠다. 7월 10일 그들은 잠시 전열을 정비하고자 물러나는 길에 안덕원을 지나게 되었다.

그때 매복했던 이복남 부대가 기다렸다는 듯이 기습 공격에 나서면서 안덕원전투가 시작되었다. 마침 황진 부대도 안덕원에 도착해 힘을 보탰다. 지금의 완주군 소양면 일대에서 거주하던 의병들도 힘을 더했다. 황진은 1591년 통신사의

일원으로 일본에 갔을 때 구입한 일본도를 휘두르며 적을 베었다.

안덕원전투가 조선군의 승리로 끝나면서 일본군의 웅치 점령은 의미를 잃었다. 만약 황진이 일본군의 움직임에 속아 남원으로 가지 않고 웅치를 지켰다면 웅치도 함락당하지 않았을지 모른다. 그러나 황진이 없는 불리한 상황에서도 목숨을 걸고 웅치를 지키려 한 관군과 의병의 투혼이 있었기에 조선군은 끝내 안덕원전투를 승리로 이끌고 전주를 지킬 수 있었다.

안덕원 일대의 벌판을 '소양평'이라 한다. 안덕원전투에서 활약한 의병장 이정란이 쓴 『수성유적(守城遺蹟)』에는 "소양평 불당 앞에서 적을 만나 싸워 선봉을 쓰러뜨렸다."라는 기록이 있다. 소양면 죽절리에 있는 단암사가 그 불당으로 추정되곤 하는데, 이와 관련된 흥미로운 설화가 전한다. 임진왜란 때 일본군의 말들이 단암사 앞에서 더 나아가지 않았다. 그러자 모든 군사가 말에서 내려 단암사에 모신 석불에 꼬박 하루 동안 기도를 드렸다. 그런 정성을 보인 뒤에야 말들이 움직였다고 한다.

일본군은 웅치를 넘어 진안으로 물러났다가

7월 17일 금산으로 완전히 철수했다. 유성룡은 『징비록』에서 웅치와 안덕원의 싸움으로 전라도가 보존되었다고 했다. 훗날 조선을 방문한 일본 승려 가스야스는 일본군이 임진왜란 때 가장 크게 패한 세 곳 중 첫째로 웅치를 꼽았다. 그만큼 웅치전투와 안덕원전투는 온갖 희생을 무릅쓰고 파죽지세의 일본군을 저지한 장거였다.

호남의 보루 이치

일본군은 안덕원 패전으로 전주성 코앞에서 물러났지만, 호남 공략을 포기할 수 없었다. 그들은 이번에는 금산에서 가까운 이치를 돌파해 전주로 남하하는 계획을 세웠다. 그들이 이치를 공격한 날에 대해서는 논란이 있다. 『선조수정실록』에는 이치전투와 웅치전투가 같은 날인 7월 8일에 일어났다고 기록되어 있다. 그렇다면 일본군이 두 개의 부대로 나뉘어 두 고개를 동시에 공격했다는 이야기가 된다.

그러나 앞서 본 것처럼 당시 금산과 이치 사이의 진산에는 고경명 부대가 버티고 서서 일본군의 이치 진격을 저지하고 있었다. 또 7월 10일 안덕원전투를 승리로 이끈 황진은 이치전투에서도 영웅으로 등장한다. 남원으로 향하던 황진이 7월 8일 이치로 올라가 싸우고, 이틀 후에는 다시 안덕원으로 내려가 싸울 수 있었을까? 50킬로미터 이상 떨어져 있는 이치와 안덕원을 이틀 만에 오가는 것은 맨몸으로도 쉬운 일이 아니다. 하물며 중무장한 군사들을 이끌고 그렇게 이동하는 것이 가능했을까? 『선조수정실록』을 편찬한 편수관들이 지난날의 임진왜란을 정리할 때 지리적으로 근접한 두 전투를 같이 서술하면서 시기를 착각한 게 아닌가 여겨진다.

황진과 더불어 이치전투의 승장 중 한 명인 권율은 훗날 사위인 이항복에게 이렇게 회고했다. "임진왜란 초기에는 여러 상황이 열악해서 전투

내용과 전공이 잘 전해지지 않았다네."(『백사집』) 이치전투 역시 충분한 기록이 남아 있지 않아 그런 혼란이 일어날 수 있었던 셈이다.

선비 오희문의 일기 『쇄미록』을 비롯한 몇몇 문헌은 이치전투를 8월 중하순으로 기록하고 있다. 여기서는 이 기록이 합리적이라는 가정 아래 전쟁 초기의 중대한 고비였던 이치전투의 전말을 정리해 보겠다.

이치전투에 앞서 금산을 선제공격해 일본군을 축출하려는 조선군의 시도가 있었다. 앞서 고경명의 의병 부대와 곽영의 관군이 이광의 만류에도 불구하고 금산으로 진격했다고 했는데, 그것이 첫 번째였다. 그들은 7월 10일 적의 대병력이 안덕원전투에 투입된 틈을 타 금산을 점령하려 했다. 그러나 많은 병력이 빠졌다고 해도 금산의 일본군 정예 병력은 강했다. 의병 부대가 쉽게 제압할 수 있는 수준이 아니었다.

몇 차례 공성전이 실패로 돌아가자 고경명의 참모들은 일단 후퇴해서 전열을 가다듬고 후일을 기약하자고 건의했다. 곽영도 철수하자고 주장했다. 그러나 고경명은 "패장에게는 죽음만이 있을 뿐"이라고 일갈하며 적진을 향해 진격했다. 곽영의 진영이 먼저 무너지고, 고경명은 아들 고인후와 함께 순절했다.

그러는 동안 이치에는 속속 조선군이 모여들었다. 황진은 안덕원에서 승리하자마자 이치로 달려갔다. 이광은 남원에 주둔하고 있던 광주 목

사 권율을 이치로 보냈다. 남해 전장에서 이순신의 조전장(助戰將)으로 혁혁한 공을 세운 위대기를 비롯해 공시억, 황박 등의 장수도 이치에 집결해 전열을 갖추었다.

권율은 앉아서 기다리기보다는 금산성을 선제공격해 고경명의 원수를 갚기로 하고 준비에 들어갔다. 금산의 일본군이 안덕원 패전의 분풀이라도 하듯이 사방으로 흩어져 약탈과 살육을 자행하고 있는 것이 그의 결심을 재촉했다.

고경명과 함께 금산을 공격하다 실패하고 전주로 물러나 있던 곽영은 권율을 만류하고 나섰다. 그는 권율에게 전령을 보내 금산성의 일본군 전력이 막강하므로 섣불리 공격하는 것보다 이치에서 수비에 집중하는 쪽이 낫다고 충고했다. 권율은 이를 무시하고 8월 9일 여러 장수와 함께 금산 공격을 감행했다. 그러나 일본군 복병을 만나 크게 패하고 남평 현감 한순과 군사 500여 명의 아까운 목숨을 잃었다.

뒤늦게 곽영의 충고가 옳았음을 깨달은 권율은 이치로 물러나 적의 공격에 대비했다. 지형에 따라 곳곳에 복병을 배치하고, 방어용 목책을 쌓고, 적군의 이동을 저지하기 위한 쇠가시 모양의

마름쇠를 바닥에 뿌렸다. 적군을 향해 화살을 쏘기 쉽도록 주위의 나무들을 사람 키에 맞춰 자르고 나뭇잎을 제거했다.

8월 17일 금산의 일본군 2000여 명이 마침내 진산을 거쳐 이치로 쳐들어왔다. 이에 맞서는 조선군 병력은 1500여 명이었다. 그들은 전주로 가는 길을 내주지 않겠다는 일념 아래 결연한 전투 태세를 가다듬고 있었다.

일본군이 조총을 쏘며 달려들자 황진은 부하 장수 공시억 등과 함께 나아가 정면으로 맞서 싸웠다. 그는 적의 사격에 총상을 입었지만 싸움을 멈추지 않았다. 엄지손가락의 뼈가 비어져 나올 때까지 칼을 휘두르며 적을 베고 또 베었다. 위대기는 고개 깊숙한 곳에 숨어 있다가 일본군을 급습했다. 권율은 후방에서 군사들의 후퇴를 막으며 싸움을 독려했다.

전투는 온종일 계속되었다. 이치에는 아군과 적군의 시체가 쌓이고 피가 흘러 초목에서도 피비린내가 날 정도였다. 조선군의 결기를 확인한 일본군은 결국 이치를 포기하고 물러났다. 이날의 승리는 웅치와 안덕원의 싸움에 이어 호남을 지키고 조선을 구한 쾌거였다.

이치전적지 우리말로는 '배티재'라고 한다. 전라남도 여수에서 경기도 광주에 이르는 17번 국도가 지난다. 전라북도 기념물. 전라북도 완주군 운주면 산북리 산12-15. 한국학중앙연구원 제공.

대둔산숲속웰빙휴게소
황진장군 이치대첩비
임란순국무명 사백의병비
전라북도 완주
충청남도 금산

금산전투 전적지

칠백 의병과 금산

안덕원에 이어 이치에서도 전주로 가는 길을 열지 못한 일본군은 다시 한번 금산성으로 물러날 수밖에 없었다. 금산성은 고경명의 의병 부대에 이어 권율의 관군이 공격했으나 함락하지 못한 일본군의 보루였다. 조선군이 그곳을 탈환하지 못하는 한 일본군은 언제든 다시 전주와 호남을 노릴 수 있었다.

일본군이 이치에서 퇴각할 무렵 다시 금산성을 공략할 조선군 부대가 그 철옹성을 향해 진군하고 있었다. 조헌의 의병 부대였다. 강직한 선비 조헌은 1591년 일본 사신 겐소가 정명가도를 요청하러 왔을 때 도끼를 들고 대궐 문 앞에 나가 겐소를 죽이라는 상소를 올렸다. 상소가 받아들여지지 않자 충청도 옥천으로 내려가 후학을 양성하던 중 임진왜란을 맞았다. 그는 옥천에서 1600여 명을 모아 의병을 조직한 뒤 승병장 영규와 힘을 합쳐 청주성을 탈환했다. 청주는 충주와 더불어 서울로 올라가는 주요한 길목이었다. 따라서 청주 탈환은 적의 연락과 보급을 차단하는 효과를 낳았다. 조헌 부대는 거기서 멈추지 않고 일본군 호남 진출의 거점이 되어 있던 금산을 탈

환하기 위해 남하했다.

조헌은 충청도 순찰사 윤선각에게 금산성을 탈환하기 위한 지원을 요청했다. 그러나 윤선각은 금산을 공격해 봐야 군사만 잃을 뿐이라며 거절했다. 조헌은 이치를 지키던 권율에게도 도움을 요청했지만, 권율은 금산이 예전만큼 중요하지 않다는 이유로 역시 거절했다. 권율은 서두르지 말고 기일을 정해 협공하자고 제안했으나, 조헌은 생각을 바꾸지 않았다.

윤선각은 조헌이 청주성에서 올린 전공을 시기하고 있었다. 그는 조헌의 금산성 탈환을 단지 지원하지 않는 데서 그치지 않고 금산 공격 자체를 방해하고 나섰다. 충청도 순찰사의 지위를 내세워 조헌 부대 의병들의 부모와 처자를 잡아 가두는 등 온갖 수단을 동원해 조헌의 병력을 약화시키려 했다. 그 바람에 조헌 부대의 병력은 700명까지 줄어들었다.

그러나 어떤 방해와 비협조도 조헌의 결기를 꺾을 수는 없었다. 700명의 의병은 끝까지 조헌과 함께할 것을 다짐하고 금산으로 내려가는 발걸음을 재촉했다.

승병장 영규 계룡산 갑사에서 출가하고, 그 후 휴정(서산 대사)의 제자가 된 인물. 임진왜란 발발 후 전국 최초로 승병을 일으켰다. 국립중앙박물관.

8월 16일 조헌은 700명의 의병을 이끌고 금산으로 떠났다. 영규 대사도 조헌을 혼자 죽게 할 수 없다며 600여 명의 승병을 이끌고 뒤를 따랐다. 1300여 명의 의병과 승병이 합세해 금산성 밖 연곤평에 진을 친 것은 8월 18일 새벽이었다. 오희문의 『쇄미록』에 따르면 그날은 일본군이 이치전투에서 패퇴한 다음 날이었다.

일본군은 금산성에서 나와 조헌과 영규의 부대를 선제공격했다. 그들은 조헌이 관군의 지원을 받지 못했다는 사실을 알고 있었기 때문에 아무 거리낌없이 조헌 부대의 퇴로를 막고 쳐들어왔다. 조헌은 절체절명의 위기 앞에서도 의를 앞세우는 인물이었다. 그는 의병들 앞에서 사자후를 토했다. "한 번의 죽음이 있을 뿐, 의에 부끄럼이 없게 하라!"

대장의 결기에 죽을 각오를 한 의병과 승병은 똘똘 뭉쳐 적의 세 차례 공격을 물리쳤다. 화살이 떨어지면 맨몸으로 적에게 돌진했다. 그러나 1300여 명으로 금산성의 일본군 본진을 상대하기는 무리였다. 최후의 순간이 다가오자 조헌은 영규에게 몸을 살려 후일을 도모하라고 당부했다. 하지만 영규는 조헌만 남겨 두고 전장을 떠날 생각이 없었다. 조헌은 아들 조극관, 영규 대사와 함께 장렬하게 전사했다. 그들이 이끈 의병

과 승병도 전멸했다. 상대를 얕잡아 보고 총공세를 펼친 일본군 역시 큰 타격을 당했다. 전투가 끝난 뒤 전사한 양군 시체를 거두어 불태우는 데만 사흘이나 걸렸다고 한다.

조헌과 영규의 순절이 끝이 아니었다. 웅치전투에서 최후방을 지키던 변응정과 정담도 본래 조헌의 금산 탈환전에 힘을 합치기로 했었다. 그러나 행군에 차질이 생기는 바람에 제시간에 도착할 수 없었다. 그들은 조헌과 영규의 복수를 다짐하고 8월 27일 금산의 횡당촌에서 일본군을 공격했다. 처음에는 백병전을 벌여 전과를 올렸지만, 적의 심야 습격을 견뎌 내지 못해 둘 다 전사하고 말았다.

금산전투는 비록 조선군의 패배로 끝났지만, 고바야카와가 지휘하는 일본군에게도 막대한 손실을 끼쳤다. 그들은 웅치·이치전투와 두 차례의 금산전투에서 커다란 병력 손실을 보고 보급에도 큰 타격을 받았다.

일본군은 결국 호남 공략 작전을 중단하는 뼈아픈 결정을 내렸다. 금산에 더 이상 주둔할 이유가 없어진 일본군은 9월 16일 북쪽의 충청도 옥천으로 철수했다. 조헌과 영규, 변응정과 정담의 죽음은 결코 헛되지 않았다.

불멸의 섬 한산도

평양에 입성한 고니시는 선조에게 항복을 촉구하는 협박성 편지를 보냈다. "일본 수군이 대동강을 따라 평양에 들어오면 의주를 향해 총공격을 개시할 것이다."

그러나 그런 일은 일어나지 않았다. 육지에 웅치·이치전투가 있었다면 바다에는 한산도대첩이 있었다. 이순신이 이끄는 조선 수군은 일본 수군이 대동강은커녕 서해에 진입하는 것조차 허락하지 않았다.

정읍 현감이던 이순신은 1591년 2월 전라좌도 수군절도사(전라 좌수사)에 부임했다. 임진왜란이 일어나자 그는 적이 서해안으로 진출하려 들 것을 예견하고 전라도 여수에 군영을 설치했다. 1592년 5월, 거제도에 진을 치고 있던 경상 우수사 원균은 일본 수군이 진격해 오자 전라도 수군에 지원을 요청했다.

이순신은 휘하 함대를 이끌고 경상도 옥포에서 처음으로 일본군과 교전했다. 이 전투에서 적선 26척을 침몰시키는 대승을 거두고, 경상도 합포(창원)와 적진포(통영) 등에서 잇따라 적군을 격파했다. 이것이 이순신 함대의 제1차 출동이었다. 잠시 쉬었다가 제2차 출동에 나선 이순신은 경상도 하동에서 원균 함대와 합류한 뒤 5월 29일부터 6월 10일까지 사천, 당포(통영), 당항포(고성), 율포(거제)에서 연전연승했다. 그 네 차례의 해전에서 이순신 함대가 침몰시킨 적선은 모두 72척에 이르렀다.

이순신 함대는 조선 수군의 장점을 활용해 적의 약점을 공략하는 법을 알고 있었다. 조선 수군의 화포 역량은 고려 말 개발된 화약 무기 기술을 이어받아 일본 수군을 압도했다. 배 바닥이 넓고 평평한 조선의 판옥선은 각종 총통을 탑재하기에 적합했다. 반면 아다케후네를 비롯한 일본 전선은 바닥이 뾰족해 속력과 원양 항해는 뛰어나

천자총통(아래)과 대장군전 임진왜란 때 사용된 가장 크고 위력적인 화포인 천자총통과 그 화포로 발사된 초대형 화살(길이 약 1.8미터, 무게 30킬로그램 남짓). 국립중앙박물관.

지만 육중한 화포를 적재하는 데는 한계가 있었다. 이순신 함대는 이 같은 양국 전선의 차이를 이용해 포구에 머무는 적 함대를 넓은 바다로 유인해 일제 포격으로 타격을 입히곤 했다.

조선 수군이 가진 또 다른 비장의 무기는 거북선이었다. 판옥선에 덮개를 씌우고 그 위에 수많은 철침을 박은 거북선은 적 함대 가운데로 돌진해 닥치는 대로 화포를 쏘고 적선에 부딪쳤다. 일본군이 거북선 위에 올라가 공격하려 해도 철침에 찔려 다치거나 죽기 십상이었다.

이처럼 영리한 전술 운영으로 인해 이순신 함대는 일본 수군과 싸울 때마다 승리했을 뿐 아니라 아군의 희생도 최소화할 수 있었다. 일본 수군이 서해로 진출해 평양의 육군과 합류할 방법은 하나뿐이었다. 이처럼 강력한 이순신 함대를 넘어서는 것이었다.

임진왜란 초기 해전 전적지

첫 승리를 거둔 옥포해전부터 일본 수군의 근거지를 공격한 부산포해전까지 조선 수군은 승승장구했다(괄호 안의 숫자는 전투가 벌어진 날).

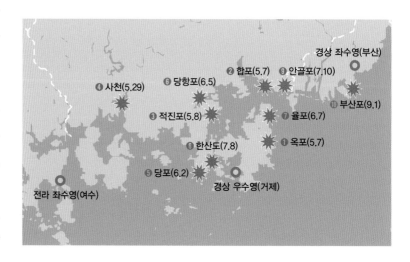

한산도 수루 "한산섬 달 밝은 밤에 수루에 혼자 앉아"로 시작되는 이순신의 시조 「한산도가」의 무대이다. 수루는 적군의 움직임을 살피기 위해 만든 누각을 말한다.

그해 7월, 조선 수군은 이억기가 이끄는 전라 우수군까지 합세해 당포에 진을 치고 있었다. 연합 수군의 지휘자는 이순신이었다. 7일 저녁, 목자(牧子) 김천손이 약 20킬로미터를 달려와 일본군 함대가 견내량(거제대교 부근)에 집결하고 있다고 알렸다. 정탐꾼을 보내 알아본 결과 적장은 용인전투에서 남도근왕군을 격파한 와키사카 야스하루였다.

이순신은 대장선에서 연합 작전 회의를 소집했다. 장수들의 의견은 둘로 갈라졌다. 방답 첨사 이순신(李純信)은 견내량이 좁고 암초가 많아 판옥선이 회전하기 어려우니 한산도 앞바다로 유인해 화포 공격을 퍼붓자고 제안했다. 반면, 원균은 적 함대가 좁은 견내량에 밀집해 있으니 함대를 몰고 가 그대로 밀어 버리자고 주장했다. 이순신은 방답 첨사의 의견에 동의했다. 적을 해안에서 공격하면 궁지에 몰린 적이 육지로 올라가 백성에게 해를 입힐 것이나, 넓은 바다에서 공격하면 도망갈 곳은 기껏해야 무인도

삼도 수군통제영 충청도, 경상도, 전라도 3도의 수군을 통솔한 총사령부. 초대 통제사는 이순신이었다. 가운데 전각이 수군통제영의 중심 건물인 세병관(국보)이다. '통영'이라는 지명은 바로 이곳 통제영에서 유래했다. 사적. 경상남도 통영시 세병로 27.

라는 점도 고려되었다. 견내량에서 적군을 유인하는 작전은 전라 좌수군이 맡기로 했다.

이튿날 아침 이순신 함대는 제3차 출동에 나서 견내량에서 한산도 앞바다로 나오는 입구에 일자진을 쳤다. 일부 전선은 한산도와 견내량 사이에 있는 섬들 뒤에 숨겨 두었다. 일본군의 반응이 없자 광양 현감 어영담과 사도 첨사 김완이 전위 함대를 이끌고 유인 작전에 나섰다. 약 30분간 치열한 전투를 벌이다가 뱃머리를 돌리니 일본 함대가 추격해 왔다. 대장선인 아다케부네를 중심으로 양쪽에 세키부네를 두고 돌격선을 앞세운 전형이었다. 복귀한 전위 함대와 함께 후퇴하던 조선의 연합 함대는 한산도 앞바다에서 둥둥 울리는 북소리에 맞춰 뱃머리를 돌렸다. 그들은 섬 뒤에 숨어 있던 전선들과 함께 학익진을 펼쳤다. 추격하던 일본 함대는 갑자기 학의 날개 속으로 들어간 꼴이 되고 말았다.

천자총통, 지자총통이 일제히 불을 뿜고 화살이 하늘을 까맣게 뒤덮었다. 세 척의 거북선이 돌진해 양옆으로 포를 쏘고, 닥치는 대로 적선에 부딪쳐 부수고 가라앉혔다. 판옥선들도 뒤따라 진격했다. 전투가 끝났을 때 침몰하고 파괴된 적선은 59척에 이르렀다. 와키사카는 갑옷에 화살을 맞은 채 인근 섬에 올라가 미역으로 연명하다가 뗏목을 타고 도주했다. 이것이 바로 일본의 수륙 병진 전략을 사실상 좌절시킨 저 유명한 한산도대첩이다.

남강의 요새 진주성

웅치, 이치와 한산도의 승전 이후 임진왜란은 교착 상태에 들어갔다. 일본군은 평양까지 거침없이 진격했지만, 전라도와 서해안으로 진출하는 데 실패하는 바람에 의주를 향한 총공세는 지연되었다. 그러는 동안 조선은 근왕병을 모집하러 다닌 광해군의 활약과 곳곳에서 일어난 의병의 분전 덕분에 조금씩 수세에서 벗어나고 있었다. 개전 초기 충격을 안겨 준 조총을 제작해 사용하고 그 밖의 무기 체계도 개선해 나갔다.

조선의 지원 요청을 받은 명은 고민에 빠졌다. 영하(닝샤후이족자치구)에서 일어난 몽골족 출신 보바이의 반란을 진압하는 데 많은 병력이 투입되어 있었다. 게다가 요동 지역에는 조선이 일본군을 끌어들여 요동을 치려 한다는 유언비어가 떠돌고 있었다. 명의 병부 상서 석성은 의주로 피란한 선조가 진짜인지 확인하려고 조선에 화가를 들여보내 그의 얼굴을 그려오게 했다. 이 같은 우여곡절 끝에 마침내 파병이 결정되었으나, 일단은 조승훈이 이끄는 기병 중심의 3000여 병력만 먼저 보냈다. 그들은 한산도대첩 직후인 7월 17일 평양성을 공격했다. 그러나 2만 명에 이르는 일본군을 당해 내지 못하고 퇴각해야 했다.

명은 아연 긴장했다. 생각보다 강한 일본군이 압록강을 넘어 명의 영토에 진입할 가능성이 있었기 때문이다. 그해 8월 석성은 책사 심유경을 조선에 파견해 일본군을 평양에 잡아 두기 위한 휴전 협상을 벌였다. 심유경은 고니시와 만나 이듬해 1월 15일까지 임시 휴전한다는 합의를 끌어냈다. 이로써 명은 대규모 증원군을 모집하기 위한 시간을 벌 수 있었다.

그러나 이치전투에서 패한 뒤 영남 지역에 머물고 있던 일본군은 기어코 호남에 진출하려는 시도를 포기하지 않았다. 그들은 이순신 함대에

진주성 본래 토성이었으나 고려 우왕(재위 1374~1388) 때 돌로 다시 쌓았다. 1591년 기존의 내성 밖에 외성을 쌓았으나, 지금은 내성만 남아 있다. 사적. 경상남도 진주시 성지동 남강로 626.

막혀 해로를 통한 전쟁 물자의 보급에 애로를 겪고 있었다. 전라도의 곡창 지대를 차지하면 보급에 의존하지 않고도 이 문제를 해결할 수 있었다. 어디를 공략해야 전라도로 가는 길을 뚫을 수 있을 것인가? 일본군은 웅치, 이치가 있는 지금의 전라북도 지역 대신 지리산 남쪽의 전라남도 지역으로 진출할 계획을 세웠다. 그러자면 넘어서야 하는 곳이 경상남도 서부 지역의 관문인 진주성이었다.

전국의 주요 의병·의승군
지도의 지점은 거병한 곳, 이름 옆은 참전한 주요 전투명이다.

정문부: 북관대첩 — 길주

휴정: 평양성전투 — 묘향산

유정: 평양성전투 — 금강산

이정암: 연안전투 — 연안

영규: 청주성·제2금산전투 — 공주 옥천 — 조헌: 청주성·제2금산전투

고경명: 제1금산전투 — 담양 — 고령 — 김면: 거창 우척현전투
합천
김천일: 제2진주성전투 — 나주 — 의령 — 정인홍: 성주전투

곽재우: 제1진주성전투

● 의병 ● 의승군

96

충무공김시민장군상 진주성 안에 있는 동상. 김시민은 고려 때 삼별초 항쟁을 진압한 김방경의 12대손. 임진왜란 중 병사한 이경의 뒤를 이어 진주 목사로 진주성전투를 지휘했다. 전투 중 전사했으나 비밀로 하다가 싸움이 끝난 뒤 상을 치렀다. 상여가 함양에 이를 때 그를 경상우도 병마절도사에 제수하는 어명이 당도했다고 한다.

일본군은 개전 후 6개월이 지나도록 진주성을 공략하지 못하고 있었다. 진주성이 워낙 천혜의 요새였기 때문이다. 성 앞에는 남강이 흐르고 후방 삼면에는 넓고 깊은 해자가 있었다. 또 서쪽에는 깎아 세운 듯한 절벽이 솟아 있었다. 게다가 성곽은 외성과 내성으로 이루어져 이중의 방어막을 치고 있었다. 도요토미 히데요시는 진주성이야말로 전라도로 진격할 최후의 교두보라 판단하고, 일본군에게 어떤 어려움을 무릅쓰고라도 진주성을 점령하라고 명령했다.

1592년 10월 4일 하세가와 히데카즈, 나가오카 다다오키, 기무라 시게코레 등이 이끄는 3만 명의 대군이 진주성을 포위했다. 성안에서는 진주 목사 김시민이 지휘하는 관군 3800여 명이 백성과 함께 결전을 준비하고 있었다. 성 밖에서는 곽재우가 이끄는 경상도 의병이 일본군의 뒤에서 그들을 견제했다. 곽재우는 조식의 제자로, 문과에 급제했다가 선조를 비판한 답안지 때문에 선조에 의해 합격이 취소되었다. 그 후 벼슬을 포기하고 마흔이 되도록 고향인 경상도 의령에서 낚시로 소일하고 있었다. 그러던 중 임진왜란이 일어나자 고향에서 분연히 의병을 일으켰다. 붉은 비단으로 짠 갑옷을 입어 '홍의장군'으로 불린 곽재우. 그는 의령과 창녕에서 일본군과 일전을 벌인 뒤 진주성 싸움에 합세했다.

일본군은 진주성 주변의 민가를 모조리 불 지른 뒤 수천 개의 대나무 사다리를 앞세워 공격해 왔다. 조선군은 현자총통을 비롯한 각종 화포를 발사해 사다리를 부수고, 화살을 날려 일본군을 쓰러뜨렸다. 성안의 백성도 마른 갈대에 화약을 싸서 던지거나 끓는 물을 붓고 큰 돌을 굴리며 관군을 도왔다. 성 밖에서는 곽재우 부대가 피리를 불며 달려들어 일본군의 배후를 타격했다. 임계영과 최경회가 이끄는 전라도 의병 2000여 명도 일본군의 후방을 기습 공격하는 데 가담했다.

싸움이 시작된 지 이레째인 10월 10일, 일본군은 적지 않은 피해를 보고 퇴각했다. 진주성의 군민과 의병은 웅치·이치전투에 이어 다시 한 번 일본군의 호남 진출을 막는 대승을 거두었다. 그러나 조선군은 승리를 만끽할 수만은 없었다. 김시민 목사가 교전 중에 일본군의 총탄에 맞아 쓰러졌기 때문이다. 그는 집중 치료를 받았지만 10월 18일 향년 39세로 순국하고 말았다.

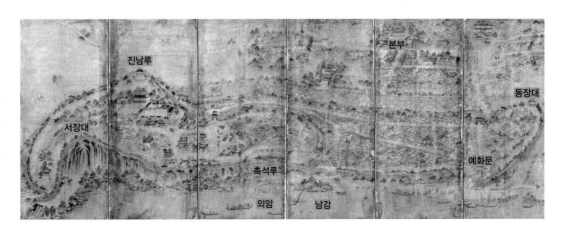

「진주성도」 진주성과 그 주변의 경관을 10폭의 병풍에 담은 19세기의 회화식 지도. 10폭의 병풍으로 각 폭의 크기는 가로 34센티미터, 세로 143센티미터이다. 부산광역시 유형문화재. 동아대학교 석당박물관 소장.

2 전세의 역전과 서울 수복

진주대첩이 있던 1592년 10월을 전후해 조선의 관군은 재정비를 마쳤다. 그들은 휴정이 이끄는 의승병과 힘을 합쳐 평양성 탈환을 준비했다. 그러나 명과 조선 정부는 그들을 만류했다. 책사 심유경이 임시 휴전을 성사시키기 위해 적진에 있었기 때문이다. 임시 휴전으로 일본군의 발을 묶어 놓았다가 명의 증원군이 들어오면 그때 한꺼번에 공격하는 쪽으로 방향이 잡혔다.

따라서 의주에서 평양에 이르는 평안도 지역은 명의 증원군이 파견될 때까지 비교적 조용했다. 그러나 함경도에서는 정문부를 중심으로 하는 의병과 가토 기요마사가 이끄는 일본군 사이에 치열한 전투가 계속되었다. 함경도 의병은 혼란을 틈타 두만강을 침범한 여진족까지 상대하는 이중 전선에 맞닥뜨렸다. 정문부는 이 난관을 이겨 내고 함경도에서 일본군과 여진족을 축출했다. 1593년 2월까지 함경도에서 계속된 일련의 전투를 통칭해 '북관대첩'이라 한다.

그러는 동안 명의 장수 이여송이 영하의 반란을 진압하고 복귀했다. 만력제는 그를 동정제독(東征提督)에 임명해 4만 3000명의 병력을 이끌고 조선으로 갈 것을 명령했다. 1592년 12월 25일 이여송은 아우인 부총병 이여백과 양원, 장세작을 부장으로 삼아 압록강을 건넜다. 그들과 조선의 관군이 합세해 평양성을 공격한 1593년 1월 6일부터 행주대첩이 일어난 2월 12일까지의 한 달 남짓은 임진왜란의 운명을 결정한 시간이었다.

평양성전투의 승리로 전세는 결정적으로 역전되어 1월 하순에는 개성을 탈환하고 평안도, 황해도, 강원도, 경기도 등 4개 도를 회복했다. 이여송은 여세를 몰아 서울을 탈환하기 위해 일본군을 몰아붙였다. 그러나 1월 27일 서울의 관문인 벽제관전투에서 뜻밖의 패배를 당한 이여송은 더 이상 서울 탈환의 의지를 보이지 않았다. 조선의 처지에서 그것은 위기였다. 명이 지원군을 보낸 근본 목적은 일본군의 요동 침탈을 저지하는 것이었다. 따라서 명은 서울을 되찾지 않고도 일본군과 휴전을 모색할 수 있었다. 바로 그때 조선군의 힘으로 서울 수복의 결정적 계기를 마련하고 임진왜란의 운명을 바꿔 놓은 것이 권율의 행주대첩이었다.

고양밥할머니공원 고양시 창릉천 일대에는 임진왜란 때 이곳에서 아군에게 밥을 먹여 기운을 북돋고 일본군에게는 석회 뿌린 물을 먹였다는 '밥할머니' 이야기가 전한다. 할머니는 행주대첩에서도 활약한 것으로 알려졌다. 사진은 공원 한쪽에 자리 잡고 있는 밥할머니 석상. 머리 부분은 일제 강점기를 지나면서 훼손되었다고 한다. 고양시 향토문화재. 경기도 고양시 덕양구 고양대로 2202 일원.

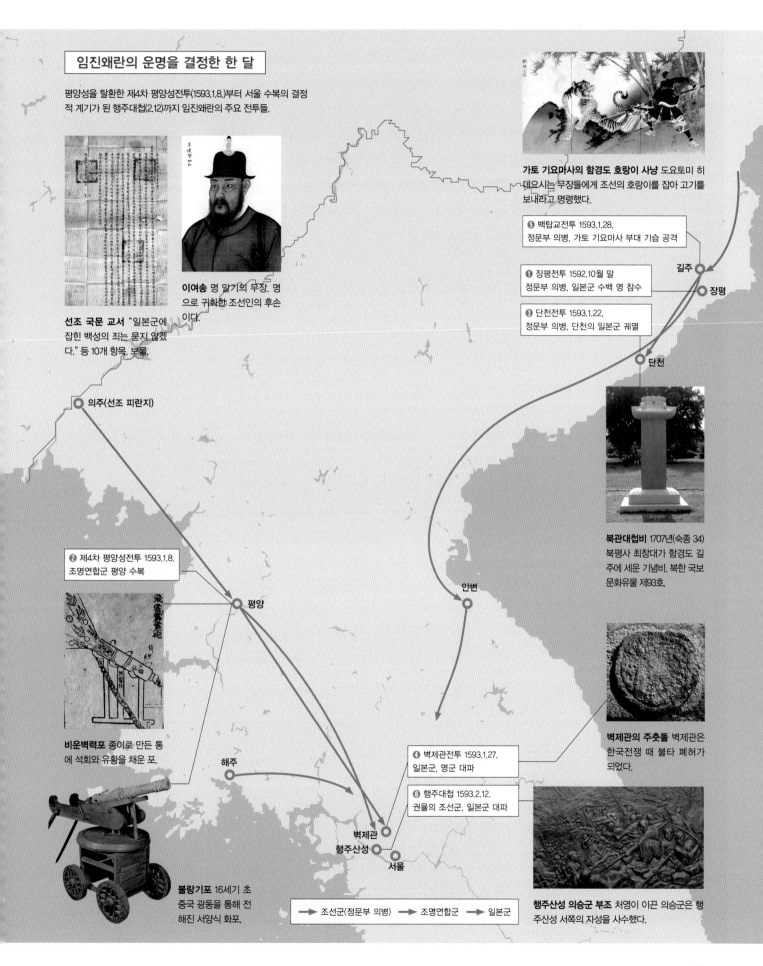

임진왜란의 운명을 결정한 한 달

평양성을 탈환한 제4차 평양성전투(1593.1.8.)부터 서울 수복의 결정적 계기가 된 행주대첩(2.12)까지 임진왜란의 주요 전투들.

가토 기요마사의 함경도 호랑이 사냥 도요토미 히데요시는 무장들에게 조선의 호랑이를 잡아 고기를 보내라고 명령했다.

선조 국문 교서 "일본군에 잡힌 백성의 죄는 묻지 않겠다." 등 10개 항목. 보물.

이여송 명 말기의 무장. 명으로 귀화한 조선인의 후손이다.

⑤ 백탑교전투 1593.1.28.
정문부 의병, 가토 기요마사 부대 기습 공격

● 장평전투 1592.10월 말
정문부 의병, 일본군 수백 명 참수

③ 단천전투 1593.1.22.
정문부 의병, 단천의 일본군 궤멸

길주

장평

단천

의주(선조 피란지)

북관대첩비 1707년(숙종 34) 북평사 최창대가 함경도 길주에 세운 기념비. 북한 국보 문화유물 제193호.

② 제4차 평양성전투 1593.1.8.
조명연합군 평양 수복

안변

평양

비운벽력포 종이로 만든 통에 석회와 유황을 채운 포.

해주

④ 벽제관전투 1593.1.27.
일본군, 명군 대파

⑥ 행주대첩 1593.2.12.
권율의 조선군, 일본군 대파

벽제관의 주춧돌 벽제관은 한국전쟁 때 불타 폐허가 되었다.

벽제관
행주산성
서울

불랑기포 16세기 초 중국 광동을 통해 전해진 서양식 화포.

→ 조선군(정문부 의병) → 조명연합군 → 일본군

행주산성 의승군 부조 처영이 이끈 의승군은 행주산성 서쪽의 자성을 사수했다.

반격의 기점 평양

서울 이북 최대의 도시인 평양에서는 임진왜란 중에 모두 네 차례의 전투가 벌어졌다. 제1차 전투는 고니시 유키나가 부대가 평양성을 점령한 1592년 6월 13일에 있었다. 제2차 전투는 조승훈의 제1차 지원군이 평양성 탈환에 나섰다가 물러난 그해 7월 17일의 전투를 말한다. 제3차 전투는 8월 1일 이원익이 이끄는 조선군의 단독 공격으로 일어났으나, 일본군의 거센 반격으로 실패했다. 이처럼 제3차 평양성전투까지는 모두 일본군에게 승리가 돌아갔다.

1593년 1월 6일 제4차 평양성전투에 나선 조명연합군은 우선 이틀간 적진을 탐색했다. 그리고 1월 8일 총공격에 나섰다. 명군은 남쪽 절강성 출신의 남병과 광녕·요동 지역에서 온 북병으로 구성되어 있었다. 남병은 왜구의 침입을 격퇴한 경험이 많아 북병보다 더 효율적으로 일본군을 공격했다. 이 전투에서는 특히 남병의 포병 부대가 가져온 불랑기포, 대장군포 등 신식 화포가 위력을 발휘했다. 이들 화포로 성벽을 향해 집중 포격을 퍼부으면 기병과 보병이 모란봉, 칠성문, 보통문, 함구문의 네 방향으로 진격했다. 영의정 유성룡의 회고록인 『징비록』은 그날의 전투를 실감 나게 전하고 있다.

대포 소리가 땅을 울려 수십 리 안의 산이 모두 흔들

렸다. … 낙상지(駱尚志), 오유충(吳惟忠) 등이 친히 군대를 이끌고 개미처럼 성에 붙어 오르는데 앞사람이 떨어지면 뒷사람이 올라가니 후퇴하는 군사가 없었다. 적의 칼과 창이 성벽 위에서 아래를 향해 나온 모습이 마치 고슴도치의 가시 같았다.

고니시 부대는 조명연합군의 거센 공격을 견디지 못하고 연광정의 토굴에 들어가 저항했다. 이여송은 그들에게 애꿎은 희생자를 만들지 말고 퇴각할 것을 종용했다. 고니시는 이를 받아들여 평양성을 내주고 서울로 철수했다. 바로 그때 조선군과 명군 사이에 이견이 발생했다. 조선군은 일본군을 끝까지 공격하려 했으나, 이여송은 고니시 부대의 퇴로를 보장하라는 통첩을 조선군에 보냈다. 그때 조선군의 안타까운 심정 역시 『징비록』에 생생하게 기록되어 있다.

유키나가, 요시토시, 겐소 등을 잡았다면 한양의 적은 스스로 무너졌을 것이고, 기요마사는 돌아오는 길을 차단당했을 것이다. 두려움에 빠진 적군은 바닷길을 따라 달아나겠지만 빠져나가지 못했을 것이고, 한강 이남의 적진이 차례로 무너졌을 것이다. 그렇게만 되었다면 명군은 북을 치며 천천히 나아가 곧장 부산에 도착해 실컷 술만 마실 수 있었을 것이다. 나라가 순식간에 깨끗해졌을 것이니, 어찌 몇 년 동안의 어지러움이 있었겠는가?

「평양성탈환도」 제4차 평양성전투의 흐름을 화폭에 옮긴 8폭 병풍. 한남대학교 중앙박물관 소장.
❶ 김명원 도원수와 김응서, 이일을 주축으로 한 조선군
❷ 을밀대
❸ 칠성문
❹ 화포로 성문을 공격하는 명군
❺ 일본군의 최후 저항선
❻ 명군의 기마 선회 동작
❼ 대동문
❽ 명군의 주공격 대상인 보통문
❾ 함구문
❿ 선봉으로 돌격하는 명군 부총병 낙상지
⓫ 명군 총병 이여송
⓬ 일본군을 짓밟는 명군 부총병 오유충

고군분투의 땅 함경도

함경도의 별칭은 북관(北關)으로, 관북(關北)이라고도 한다. 이곳은 선조의 피란길인 평안도에 비해 관심의 사각지대에 놓여 있었다. 당연히 명군의 지원으로부터도 소외될 수밖에 없었다. 따라서 전 북평사 정문부가 이끄는 북관의 의병부대는 독자적으로 일본군과 싸워야 했다.

가토 기요마사가 지휘하는 일본군은 1592년 6월 안변에 본진을 두고 북진해 곧 함경도 전역을 석권했다. 그때 회령에서 반란을 일으킨 조선인은 가토에 항복하고 임해군과 순화군을 넘겨주었다. 이처럼 일본군에 협력한 조선인을 '순왜(順倭)'라 한다.

그러나 함경도에는 정문부가 있었다. 그가 9월 초에 경성에서 의병을 일으키자 종성 부사 정현룡, 경원 부사 오응태 등이 합세했다. 북도 의병대장으로 추대된 정문부는 주변의 순왜부터 처단하고 군기를 세웠다. 10월 말에는 일본군과 교전이 시작되었다. 길주 주변을 약탈하던

북관대첩 전적지
경성과 명천에서는 정문부 의병이 직접 반역자를 처단하고, 회령에서는 현지 주민들이 반역자의 목을 베어 정문부에 호응했다.

일본군을 공격해 수백 명을 참수하자, 놀란 일본군은 길주성으로 들어가 방어에만 전념했다.

12월에는 고립된 길주의 일본군을 구원하러 올라온 적군을 요격해 물리쳤다. 길주성에 고립된 일본군은 이듬해 1월 결사대를 조직해 탈출을 시도했다. 그러나 남문에 매복하고 있던 정문부 부대가 그들을 다시 성안으로 밀어 넣었다. 사흘 뒤 정문부는 기병 200명을 이끌고 단천의 일본군을 공격해 궤멸시켰다.

조명연합군이 평양성을 탈환했다는 소식이 전해지자 안변에 있던 가토는 마음이 급해졌다. 그는 2만여 병력과 함께 길주성의 일본군 구출 작전에 나섰다. 1월 28일 정문부는 3000명의 군사를 길주 남쪽 백탑교에 매복시켰다가 가토 부대를 기습 공격했다. 가토 부대는 적지 않은 피해를 보고도 수의 우세로 밀어붙여 길주성까지 진격했다. 정문부는 명천에서 다음 전투를 벌렸으나, 가토는 재빨리 길주의 일본군을 구출해 안변으로 돌아갔다. 그 후 함경도의 일본군은 함흥에 집결했다가 안변의 본대와 함께 서울로 철수했다. 고군분투 끝에 북관을 지켜 낸 정문부 의병의 위업은 청사에 길이 빛날 것이다.

서울의 관문 벽제관

평양성에서 패한 일본군은 1월 17일 서울로 들어갔다. 그때 서울에 집결한 일본군은 5만 명을 헤아렸다. 거기에 더해 함경도에서 퇴각한 가토의 2만 병력이 서울을 향해 내려가고 있었다. 이여송의 명군도 서울을 향해 길을 떠나 본진은 1월 25일 개성에 도착했다. 바로 그날 부총병 사대수는 임진강을 건너 파주 부근까지 점령했다. 사대수는 일본군이 대부분 도주해서 쉽게 서울을 탈환할 수 있겠다고 보고했다. 자신만만해진 이여송은 이튿날 새벽 개성을 떠나 파주에 진을 쳤다. 그때 조명연합군의 병력은 수천 명에서 1만명 사이에 불과했다. 반면 절박해진 일본군은 무려 4만 명을 벽제관에 투입했다.

1월 27일 명군의 선봉을 맡은 사대수 부대가 진격하면서 전투는 시작되었다. 일대의 지형을 완벽히 파악한 일본군은 소수의 병력만 노출해 명군을 유인했다. 그 덫에 걸려 달려든 명군은 갑자기 나타난 일본군의 반격에 밀려 벽제역까지 후퇴했다. 전세가 불리하다는 급보를 접한 이여송은 혜음령을 넘어 벽제관을 향해 진격했다.

이여송군의 주력은 기병이었다. 공교롭게도 얼었던 흙이 녹아 일대가 진흙탕이 되는 바람에 기병의 이동이 늦어졌다. 일본군이 때를 놓칠세라 세 방향에서 포위 공격을 가하자 명군은 진퇴양난의 궁지에 몰렸다. 이여송조차 부장의 희생으로 겨우 목숨만 건져 전장을 빠져나갔다.

명군의 가장 큰 패인은 포병 중심으로 이루어진 남병이 도착하기도 전에 성급히 작전을 펼친 것이었다. 양원이 이끄는 남병은 평양성을 수복하는 데 결정적인 공을 세운 부대였다. 그들은 명군이 혜음령까지 밀릴 무렵에야 도착해 반격에 나섰다. 그러자 일본군은 추격을 멈추고, 양군은 더 이상의 교전 없이 전선에서 물러났다.

이여송은 일본군의 사나운 기세에 눌려 겁을 집어먹었다. 유성룡이 전열을 가다듬어 다시 공격할 것을 요청하자 이여송은 진흙탕이 된 전장에서 군사가 주둔하기 힘들다고 고개를 저었다. 김명원을 비롯한 조선의 대신들은 여기서 후퇴하면 일본군이 다시 승기를 잡게 된다면서 다시 공격할 것을 거듭 촉구했다. 이여송은 만력제에게 편지를 보내 서울에 20만 명 이상의 일본군이 있다는 거짓 정보를 고하고, 자신은 병이 심하니 다른 장군을 보내 줄 것을 주청했다. 이처럼 전의를 상실한 이여송은 결국 파주로 후퇴했다가 개성까지 물러났다.

벽제관 터 1625년(인조 3) 고양군 청사를 옮길 때 지은 객관의 터이다. 벽제관은 일제 강점기에 일부 헐렸고, 한국전쟁 때 모두 불탔다. 사적. 경기도 고양시 덕양구 벽제동 벽제관로 34-16.

한강의 요새 행주산성

벽제관전투 후 명군은 지원군에서 사실상 점령군으로 돌변했다. 그들은 서울을 포기하고 뒤로 물러나 힘없는 백성이나 약탈하고 있었다. 반면, 조선군은 한발 한발 서울에 다가가고 있었다. 그 중 하나가 이치전투를 승리로 이끈 권율의 전라도 관군이었다. 권율은 1592년 12월 중순 독성산성(경기도 오산)에 주둔하다가 일본군의 공격을 받았다. 그러나 이치전투를 승리로 이끈 용사들은 5일이나 이어진 일본군의 집요한 공격을 막아냈다. 일본군은 산성에 물이 없을 줄 알고 물 한 지게를 산 위로 올려 보내 조선군을 조롱했다. 그러자 권율은 물이 많은 것처럼 보이기 위해 산 위에서 백마에게 흰 쌀을 끼얹어 목욕을 시키는 시늉을 했다. 이를 보고 속아 넘어간 일본군은 사기가 떨어졌다고 한다. 훗날 그곳에는 '세마대(洗馬臺)'라는 이름이 붙었다.

권율은 성 밖으로 나가지 않고 농성하며 굳게 성을 지켰다. 일본군이 조총의 집중 연속 사격과 근접전에 뛰어나다는 것을 잘 알고 있었기 때문이다. 명군이 압록강을 건너 남하한다는 소식이 들리고 전라도 도사 최철견이 의병을 이끌고 오자 일본군은 포위를 풀고 서울로 퇴각했다. 권율은 그제야 성 밖으로 나가 퇴각하는 적군을 공격해 큰 전과를 올렸다.

권율과 군사들은 독성산성전투를 통해 산성에서 싸우는 법을 익혔다. 이후 권율은 서울을 탈환하기 위해 독성산성을 나가 부대를 둘로 나누어 북진했다. 먼저 전라도 병사 선거이에게 4000명의 병력을 주어 양천강 언덕에 진을 치게 했다. 그다음 권율 자신은 2300명의 군사를 이끌고 서울과 가까운 장소를 물색하다가 행주산성에 진지를 구축했다. 승장 처영이 의승군 1000명을 이끌고 행주산성에 합류했다.

그때 일본군은 우키타 히데이에를 선봉으로 하는 7개 부대 3만 명을 행주산성 앞에 집결시켰다. 권율이 지휘하는 병력은 의승군을 합쳐 3000명 남짓. 대략 10대 1의 전력을 앞세워 산성을 쓸어버릴 계획이었다. 일본군이 행주산성을 공격한 것은 무엇보다 서울을 지키기 위해서였지만, 군량을 확보할 목적도 있었던 것으로 보인다. 일본군이 점령하고 있던 서울은 사람이 사람을 먹는다는 소문이 돌 정도로 식량난이 심각했다. 당시 일본의 기록에는 서울에서 한강을 따라 내려가면 산에 군량 창고가 있다고 쓰여 있다. 그 산은 행주산성이 있는 덕양산을 가리킨 것으로 보인다. 극심한 식량난에 위기감을 느낀 일본군이 서울과 가까운 행주산성의 군량을 노렸으리라 짐작된다.

행주산성이 자리한 해발 125미터의 덕양산 정상에 올라 주변을 돌아보면 이곳이 얼마나 중요한 전략 요충지인지 한눈에 알 수 있다. 서울과 서해를 연결하는 한강 수로의 거점이고, 서울에서 북으로 가는 길목에 있는 교통 요지이다.

행주산성을 지키고 있던 조선군은 활과 창은 물론이고 변이중 화차, 비격진천뢰 등 각종 화포로 중무장하고 있었다. 적의 조총 공격에 대비해 목책을 이중으로 둘렀다. 무기가 떨어질 때를 대비해 군사들에게는 재를 담은 주머니를 허리에 차게 했다. 무엇보다 중요한 건 군사들의 사기와 자신감이었다. 권율은 이번 싸움에 조선의 운명이 달렸음을 강조하고 군사들을 독려했다.

행주산성 공략에는 서울에 모인 일본군 대장이 대부분 참여했다. 1593년 2월 12일 아침, 그들은 100여 명의 기병을 앞세워 공격을 개시했다. 고니시가 이끄는 제1군이 선봉으로 돌격했다. 조선군은 산성으로 올라오는 일본군을 향해 화포, 돌, 비격진천뢰, 총통 세례를 퍼부었다. 고니시군이 이를 견디지 못하고 후퇴하자 제2군과 제3군이 차례로 몰려왔다. 그들 역시 산세를 이용한 조선군의 집중포화를 이겨 내지 못하고 물러났다. 일본군 총대장 우키타 히데이에가 이끄는 제4군은 산성의 성책을 넘어 전진하는 데까지는 성공했다. 그러나 우키타가 전투 중에 화살을 맞고 쓰러져 수하의 부축을 받으며 물러나

자 제4군도 함께 퇴각했다.

제5군은 목책에 불을 지르고 달려들었다. 조선군은 물을 부어 불을 끄고 화살과 돌을 날려 그들을 격퇴했다. 제5군도 대장 깃카와 히로이에가 크게 다쳐 퇴각했다. 모리 히데모토가 이끄는 제6군은 서쪽의 자성(子城)을 지키던 의승군을 뚫고 성안에 진입했다. 그러나 처영이 이끄는 의승군이 허리에 차고 있던 재를 뿌리며 대항하자 밀려났다. 노장 고바야카와가 이끈 제7군은 의승군마저 제압하고 성안으로 육박했다. 그때 조선군은 화살이 떨어졌음을 알고 두려움에 빠졌다. 그러자 권율은 장검을 들고 군사들을 독려하며 돌을 굴려 적을 막았다. 이미 성안에 들어온 적군은 곳곳에서 조선군과 백병전을 벌였다. 그 긴박한 순간에 후방에서 지원군이 도착했다. 충청도 수군절도사 정걸이 두 척의 배에 수만 개의 화살을 싣고 행주나루에 당도한 것이다. 그러자 일본군은 전세가 불리해졌다고 판단해 후퇴하기 시작했다. 훗날 권율의 무용담을 들은 이항복은 그때의 상황을 이렇게 묘사했다.

"적이 물러가서 시체들을 네 무더기로 쌓고 섶을 모아 태우니 냄새가 십 리 밖에 진동했다. 아군이 남아 있는 시체를 거두어 130여 굽을 베고, 수많은 군수

행주산성 길이 1킬로미터쯤 되는 성곽을 흙으로 쌓은 테뫼식 산성이다. 내성과 외성의 이중 구조로 되어 있다. 오랫동안 통일 신라 때 흙으로 쌓은 성으로 알려져 왔으나, 2019년 들어 7세기 삼국 시대에 돌로 쌓은 성이라는 사실이 새롭게 확인되었다. 정상부는 가로와 세로 길이가 각각 600미터 정도로, 전투 장소로는 그리 넓은 곳이 아니다. 사적.

물자도 노획했다."(『백사집』)

행주대첩은 조선과 명에서 꼽은 임진왜란 3대첩에서 빠지지 않을 만큼 결정적인 전투였다. 권율이 이끄는 조선의 관군, 의병, 의승군과 백성까지 혼연일체가 되어 승리를 거두었다. 일본군은 식량이 떨어진 서울에서 굶어 죽게 생긴 터에 행주산성에서 큰 타격을 입자 더 버티기 힘들어졌다. 행주대첩을 비롯한 일련의 전투에서 패하면서 서울로 들어오는 보급로도 끊겼다.

일본군은 명군과 협상을 벌여 철군의 퇴로를 보장받고 4월 18일 서울을 떠났다. 조선군은 명군의 요청에 따라 퇴각하는 일본군을 공격하지 않았다. 당대 문장가로 일세를 풍미한 최립은 행주대첩비의 비문에 이렇게 적었다.

"행주대첩에서 왜적을 두렵게 하지 않았다면 100명의 심유경이라도 어느 날 갑자기 왜적을 서울에서 떠나게 할 수는 없었을 것이다."

선조는 권율이 보낸 신경회로부터 행주대첩 이야기를 듣고 승리 요인을 네 가지로 정리했다. 행주산성의 유리한 지형과 적재적소에 배치된 방어 시설, 비격진천뢰와 변이중 화차 등 방어 무기, 적절한 시기에 이루어진 지원, 권율 장군의 활약. 몇 달 후 권율은 김명원의 뒤를 이어 조선군 총사령관인 도원수에 임명되었다. 명뿐 아니라 일본의 장수들까지 권율의 업적을 높이 평가했다. 이여송은 평양으로 회군하던 중 행주대첩 이야기를 듣고는 벽제관에서 패하자마자 급히 회군한 것을 후회했다고 한다.

행주 이야기

행주는 고려 때부터 있던 지명으로 원래 '살구가 많이 나는 마을'이라는 뜻에서 '살구나무 행(杏)'자를 사용했다. 행주대첩 이후 선조가 다녀간 뒤 '행운이 깃든 마을'이란 뜻에서 '다행 행(幸)'자로 바뀌었다고 한다. 행주대첩에 얽힌 이야기는 매우 많지만, 그중에는 세월이 지나면서 극적인 효과를 자아내는 전설적인 내용으로 채색된 것도 있다. 행주대첩에서 비롯되었다는 행주치마가 그중 하나이다.

행주산성에서 여인들이 돌을 날랐다는 행주치마는 행주대첩과 관련된 역사 기록에서는 찾아보기 어렵다. 본래 행주치마는 부엌일을 하기 위해 덧입는 치마를 가리키는데, 그 이름의 유래는 행주대첩보다 더 오래되었다. 이미 16세기의 『사성통해』에 '행주치마'라는 단어가 나오고, 같은 시기의 『훈몽자회』는 '행주'를 그릇 닦는 천(抹布)으로 풀이하고 있다.

권율장군상의 여성 부조 행주산성에 있는 권율장군상을 뒤쪽에서 병풍처럼 둘러싸고 있는 4점의 부조물 중 하나. 여성들이 전투에 참여해 행주치마로 돌을 나르고 있다.

❸ 정유재란과 붉게 물든 남해

명군 지휘부는 벽제관전투 후 심유경을 일본군 진영으로 보내 강화 협상을 벌였다. 왜 그랬을까? 첫째, 명군의 내부 사정이 열악했다. 벽제관전투 중 많은 사상자가 발생해 전력이 약해지고 군의 사기도 떨어졌다. 둘째, 명군이 파주 부근까지 밀고 내려가면서 전선은 명과 거리가 먼 한반도 중앙에서 형성되었다. 명의 일차적 참전 목적은 본토가 침략당할 위험에서 벗어나는 것이었으므로 그 목적은 일단 이룬 셈이었다.

일본군을 완전히 축출하려는 조선의 뜻은 아랑곳없이 강화 협상은 시작되었다. 명은 일본군이 조선에서 철수하고 침략을 사죄하면 도요토미 히데요시를 일본 국왕으로 책봉하겠다고 제안했다. 일본은 이에 맞서 명이 받아들이기 힘든 조건을 내걸었다. 명 황제의 딸을 일본의 후비(后妃)로 보낼 것, 조선 팔도 중 4개 도를 떼어줄 것, 일본군이 철수하면 조선의 왕자를 일본에 인질로 보낼 것 등.

양국은 협상 테이블에서 서로 승전국의 자세를 취하고 있었다. 그러는 동안에도 일본군이 곳곳에 주둔하고 있던 남부 지방에서는 조선군과 일본군의 전투가 간헐적으로 벌어졌다. 일본군이 진주대첩의 복수를 하겠다며 벌인 1593년 6월의 제2차 진주성전투가 대표적 사례였다.

심유경은 일본 측의 무리한 조건을 명 정부에 숨기고 협상을 계속했다. 명은 일본이 자국의 제안을 받아들인 것으로 알고 1596년 9월 도요토미를 국왕으로 책봉할 사절단을 일본에 보냈다. 도요토미는 명이 일본의 조건을 받아들인 것으로 생각하고 명 황제의 책봉을 받는 의식을 거행했다. 책봉식이 끝난 뒤에야 자신의 요구가 하나도 관철되지 않았음을 알게 된 도요토미는 불같이 화를 냈다. 1597년 초 그는 전쟁 재개를 명하고 그해 7월 14만 명의 일본군이 움직였다.

강화 회담이 진행되는 동안 일본군은 남해안 일대에 왜성들을 쌓고 임진왜란에 참전한 병력 대부분을 그곳에 주둔시키고 있었다. 그들이 전라도와 서해 방면으로 진격하면서 정유재란은 시작되었다. 명은 전쟁을 완전히 끝내기 위해 9월까지 6만 대군을 파병했다. 협상 농단의 주역 심유경은 일본에 망명하려다가 명군에 잡혀 매국노로 처형되었다.

논개가 투신한 진주성 앞 남강 제2차 진주성전투로 진주성이 함락된 뒤 논개는 촉석루(경상남도 유형문화재)에서 연회를 즐기며 승리에 도취한 적장을 유인해 허리를 부여잡고 남강에 투신했다. 남강의 바위에는 그녀를 기리는 '의암(義巖)'이라는 글자를 새겼다. 진주성은 사적.

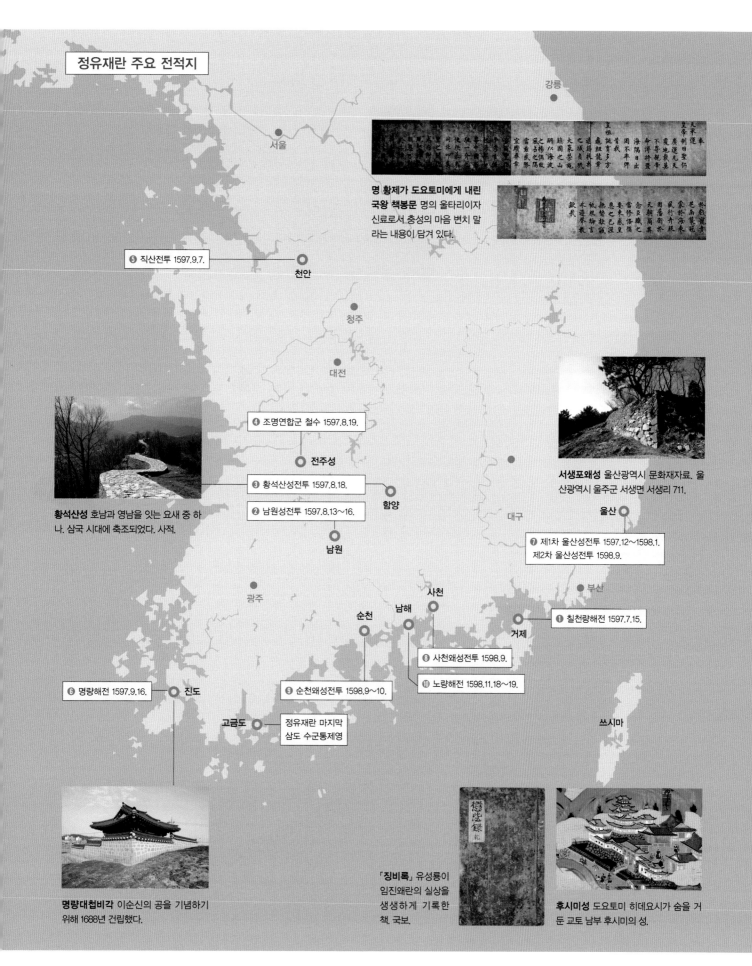

정유재란 주요 전적지

강릉

서울

명 황제가 도요토미에게 내린
국왕 책봉문 명의 울타리이자
신료로서 충성의 마음 변치 말
라는 내용이 담겨 있다.

❺ 직산전투 1597.9.7.

천안

청주

대전

❹ 조명연합군 철수 1597.8.19.

전주성

서생포왜성 울산광역시 문화재자료. 울
산광역시 울주군 서생면 서생리 711.

❸ 황석산성전투 1597.8.18.

함양

❷ 남원성전투 1597.8.13~16.

대구

울산

황석산성 호남과 영남을 잇는 요새 중 하
나. 삼국 시대에 축조되었다. 사적.

남원

❼ 제1차 울산성전투 1597.12~1598.1.
제2차 울산성전투 1598.9.

광주

사천

부산

순천

남해

거제

❶ 칠천량해전 1597.7.15.

❻ 명량해전 1597.9.16.

진도

❽ 사천왜성전투 1598.9.

❾ 순천왜성전투 1598.9~10.

❿ 노량해전 1598.11.18~19.

고금도

정유재란 마지막
삼도 수군통제영

쓰시마

명량대첩비각 이순신의 공을 기념하기
위해 1688년 건립했다.

「징비록」 유성룡이
임진왜란의 실상을
생생하게 기록한
책. 국보.

후시미성 도요토미 히데요시가 숨을 거
둔 교토 남부 후시미의 성.

통한의 바다 칠천량

이순신은 1593년 8월 삼도 수군통제사로 제수되어 한산도 군영에서 조선 수군을 지휘했다. 정유재란을 일으킨 일본군은 그를 제거하기 위한 공작에 나섰다. 고니시 휘하에 있던 이중간첩 요시라를 통해 가토가 바다를 건너 부산으로 간다는 정보를 조선 측에 흘린 것이다. 정부는 이순신에게 가토를 생포하라는 명령을 내렸다. 그러나 이순신은 일본의 속임수일 가능성을 우려해 출동하지 않았다. 선조는 어명을 어긴 이순신을 삭탈관직하고 도원수 권율 밑에서 백의종군하게 했다. 이순신을 대신해 삼도 수군통제사에 제수된 이는 원균이었다.

중책을 맡은 원균이 출전을 꺼리자 도원수 권율은 그에게 태형을 가했다. 흥분한 원균은 1597년 7월 14일 100척이 넘는 전선과 1만여 명의 수군을 거느리고 한산도를 출발했다. 부산까지 먼 길을 항해하느라 지친 조선 수군은 적의 유인 전술과 거친 파도에 휘말려 12척의 판옥선을 떠내려 보내는 낭패를 당했다. 급히 뱃머리를 돌려 가덕도에 정박한 조선군은 그곳에 매복해 있던 적의 기습을 받아 400여 명이 죽었다.

놀란 원균과 장졸은 보급 기지인 칠천도로 이동했으나, 전열을 가다듬지도 못한 채 지쳐 곯아떨어졌다. 바로 그때 일본군은 거제도와 칠천도 사이의 좁은 바닷길인 칠천량을 포위해 들어왔다. 그들은 7월 15일 밤 조선군 함선에 불을 지르고 이튿날 새벽에 기습 공격을 가했다. 수많은 전선이 불타고 전라 우수사 이억기, 충청 수사 최호 등 장수 대부분이 전사했다. 원균은 육지로 탈출했으나 기다리고 있던 일본군의 칼에 목숨을 잃었다. 경상 우수사 배설만이 12척의 전선을 이끌고 남해도 쪽으로 도주했다. 임진왜란 중에 조선 수군은 이 전투에서 단 한 번 패배했지만, 그 패배로 거의 모든 것을 잃었다.

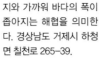
칠천량해전공원
'량(梁)'이 붙은 지명은 육지와 가까워 바다의 폭이 좁아지는 해협을 의미한다. 경상남도 거제시 하청면 칠천로 265-39.

통한의 땅 남원

일본군은 칠천량전투의 승리로 전라도와 서해에 진입할 길을 열었다. 그들은 좌군과 우군으로 나뉘어 북진했다. 좌군은 하동, 구례를 거쳐 남원성으로 향하고 우군은 서울을 향해 직진했다. 명의 양원이 지휘하는 조명연합군이 남원 방어에 나섰다. 전라 병사 이복남은 지세가 험한 북쪽의 교룡산성에서 싸우자고 주장했다. 그러나 양원은 이를 무시하고 평지의 남원읍성에서 일본군과 싸우기로 결정했다. 산성 전투의 경험이 없던 양원이 익숙한 평지성을 선택한 것으로 보인다. 당시 남원읍성에는 6000명의 백성이 살고 있었다. 그곳에 명군 3000명, 조선군 1000명이 들어갔으니 다 합쳐 1만 명 수준이었다. 그들을 향해 다가오는 일본군 병력은 그 다섯 배가 넘는 5만 6000명이었다.

남원읍성 남원전투 석 달 전인 1597년 5월 일본군 침공에 대비해 다시 쌓았다. 그중 일부인 서쪽 성벽이 남아 있다. 사적. 전라북도 남원시 동충동 464-1.

양원은 성문에 포를 배치하고 성 둘레에 참호를 깊게 팠다. 부장 진우충에게는 북쪽으로 약 60킬로미터 떨어진 전주성을 지키다가 남원이 위험해지면 구원하러 오라고 지시했다. 1597년 8월 13일 밤 고니시의 주력 부대가 조총을 쏘며 진격해 왔다. 조명연합군은 화포를 쏘며 반격했으나 병력의 열세를 극복하지 못해 전세가 불리해졌다. 전주성의 진우충은 오지 않고 남원성은 일본군에게 겹겹이 포위되었다.

이튿날 일본군은 명군이 파 놓은 성 둘레의 참호를 메워 진입로를 확보하고 망루를 세웠다. 공성 준비를 마친 일본군은 8월 15일 망루에서 성안으로 조총을 쏘며 진입을 시도했다. 압도적인 일본군의 공격에 남문과 서문이 뚫렸다. 일본군이 성안으로 들어오자 북문을 지키던 이복남, 오응정, 김경로 등은 화약고에 불을 지르고 결사항전하다가 전사했다. 성안의 백성도 돌, 죽창, 괭이 등을 들고 최후의 순간까지 싸우다 전멸했다. 양원은 이튿날 10여 명의 부하와 함께 가까스로 성을 탈출했다.

정유재란의 반환점 직산

남원을 접수한 일본군은 8월 19일 전주성으로 북상했다. 전주성을 지키고 있던 진우충과 전주부윤 박경신은 남원성이 함락되었다는 소식에 성을 비우고 철수했다. 후방의 부담을 던 일본군 우군은 충청도 공주, 진천을 지나 거침없이 서울로 북진했다.

평양에 주둔하고 있던 명의 조선주둔군 총사령관(경리조선군무) 양호는 이 소식을 듣고 서울로 갔다. 그는 9월 3일 명군 제독 마귀와 함께 일본군을 제압할 전략을 논의했다. 그 결과 양호는 명의 정예군 8000명을 뽑아 마귀의 지휘 아래 일본군의 진격을 막도록 했다. 마귀는 조선군 향도의 안내를 받으며 바로 남하해 직산(충청남도

천안봉선홍경사갈기비 직산전투 현장을 바라보는 고려 사찰 봉선홍경사의 창건 기록비. 11세기. 국보. 충청남도 천안시 서북구 성환읍 대홍리 319-8.

직산전투 전적지
일반적으로 소사평 일대가 전투 지역으로 꼽히지만, '직산 남쪽 10리쯤 되는 지역'이라는 설도 있다.

천안)에서 일본군과 맞닥뜨렸다.

9월 7일 새벽, 조명연합군은 구로다 나가마사가 이끄는 일본군을 좌우로 포위했다. 일본군은 조총으로 대응했지만 명군이 쏘아 대는 대포를 당해 낼 수 없었다. 명의 정예 기병이 대포의 엄호를 받으며 돌격해 적진을 뒤흔들었다. 평지에서 위력을 발휘한 명군의 화력과 기동력에 일본군은 수많은 전사자를 내고 청주 쪽으로 퇴각했다. 18세기 실학자 이중환은 이 전투에서 명군이 원숭이 기마 부대를 동원했다고 썼다(『택리지』). 확인할 수 없지만 전투의 역동성을 상상하게 해 주는 흥미로운 기록이 아닐 수 없다.

직산전투의 패배로 일본군의 서울 진공은 사실상 좌절되었다. 그들은 남해안에 축조한 왜성으로 물러나 농성에 들어가고, 이후의 전투는 이들 왜성을 둘러싸고 수륙 양면에서 전개된다. 이 같은 국면 전환을 가져온 직산전투를 명은 제4차 평양성전투, 행주대첩과 함께 임진왜란의 3대 전투로 꼽았다.

기적의 바다 울돌목

일본군 육군이 남원을 접수하고 북상하는 동안 수군은 서해로 항진하고 있었다. 칠천량 패전을 보고받은 선조는 어전 회의에서 유성룡의 간곡한 권유를 받아들여 이순신을 다시 삼도 수군통제사에 임명했다. 1597년 8월 3일 진주 정개산성 근처에서 교지를 받은 이순신은 즉시 해남의 전라 우수영으로 부임했다. 당시 한산도의 삼도 수군통제영은 이미 적의 손에 들어가 있었다. 전라 우수영에는 배설이 칠천량에서 끌고 온 12척의 배와 소수의 병력만이 남아 있었다.

남원이 바람 앞의 촛불 같던 8월 15일, 정부는 이순신에게 수군이 무척 약하니 이를 폐지하고 육지에서 싸우라고 명령했다. 이순신은 이에 반대하는 장계를 올렸다. 임진왜란 7년 역사를 통틀어 가장 유명한 말이 들어 있는 장계였다.

> "신에게는 아직 열두 척의 배가 있습니다. …… 미천한 신이 아직 죽지 않았으니 왜적이 우리를 감히 업신여기지 못할 것입니다."

이순신은 배설에게서 12척의 전선을 인수하고 무너진 수군을 재건하기 시작했다. 8월 26일 김억추가 전라 우수사로 부임하면서 판옥선 1척을 가지고 와서 전선의 수는 13척으로 늘었다. 29일 이순신은 진영을 진도의 벽파진으로 옮겼다. 여수의 전라 좌수영까지 완전히 장악하

고 서해를 호시탐탐하던 일본군은 여러 차례 밤을 틈타 벽파진을 기습 공격해 왔다. 그러나 그들은 철통같은 경계를 자랑하는 이순신 수군에게 매번 탐지되어 격퇴당하곤 했다.

9월 15일 이순신은 진영을 다시 해남 쪽의 우수영으로 옮겼다. 주변 지형을 조사한 결과 벽파진은 적의 대함대를 맞아 싸우는 데 불리했기 때문이다. 진도와 해남 사이의 명량해협은 남해에서 서해로 나가는 관문이므로 서해로 진출하려는 일본 수군은 그곳을 지나야 했다. 밀물 때의 최대 유속이 11.6노트(시속 약 21킬로미터)에 달하는 명량해협은 한국에서 조류가 가장 빠른 수역 중 하나로 평가된다. 가장 좁은 곳의 수심은 1.9미터에 불과한데, 그곳에서 강렬한 조류가 격돌할 때는 마치 바다가 울부짖는 것 같아서 '명량(울돌목)'이란 이름이 생겼다. 벽파진에서 일본 수군을 맞이하게 되면 그런 명량을 등지고 진을 쳐야 하는데, 이는 병력이 적은 조선 수군에게는 치명적이었다. 우수영으로 돌아간 이순신의 머릿속에서는 일본군을 울돌목에 수장할 구상이 무르익고 있었다.

결전을 앞둔 이순신은 장졸을 모아 놓고 비장한 훈시를 했다. "병법에 이르기를 죽고자 하면 살고 살려고 하면 죽는다. 한 사람이 길목을 지

명량해협 폭이 좁고 수심이 얕으며 밀물과 썰물 때 수위 차가 커 물살이 빠르다. 바닷물이 바위에 부딪혀 생기는 소용돌이도 항해를 어렵게 만든다. 전라남도 진도군 군내면 녹진리. ⓒ 한국관광공사–이범수.

명량해협과 전라 우수영 해남현을 그린 1872년 지방 지도. 서울대학교 규장각 한국학연구원 소장.

명량해전 전적지
이순신 함대가 일본군을
맞아 전투를 벌인 위치에
대해서는 연구자들 사이에
서 의견이 엇갈린다. 명량
해협에서 폭이 가장 좁은
곳 부근(❶), 전라 우수영
앞 해상(❷), 양도 서남쪽
(❸)이 유력한 격전지 후보
로 제시되고 있다.

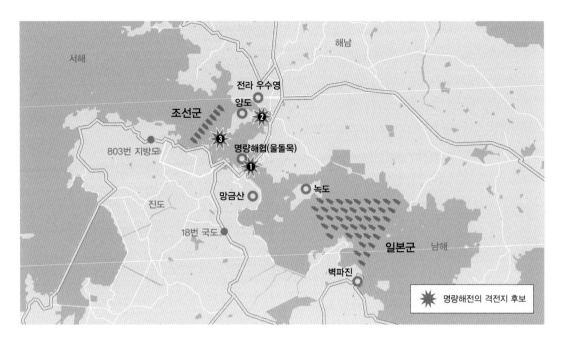

키면 천 명도 두렵게 할 수 있다.”

당시 조선 수군의 전력은 판옥선 13척과 정찰용 소형 선박인 초탐선 32척이 전부였다. 이순신은 피난선으로 사용되던 어선 100여 척을 끌어모아 후방에 포진시켰다. 지원군이 있는 것처럼 보이기 위한 위장술이었다. 그들이 맞서야 할 일본군의 전선은 『징비록』에 따르면 총 200여 척, 『난중일기』에 따르면 133척이었다.

9월 16일 이른 아침 일본군이 명량에 진입했다. 그때 명량은 정조(停潮) 때라서 잔잔했다. 조선 수군은 이순신의 전함 뒤로 12척이 일자진을 형성해 전진했다. 일본 함대는 명량 수로를 지나 조선 함대를 압살할 기세로 전진해 왔다. 이에 겁을 먹은 부하 장수들의 전선은 하나둘씩 조수를 따라 뒤로 물러났다. 김억추가 탄 배는 멀리 떨어져 보이지 않을 정도였다.

이순신은 동요하지 않고 각종 총통과 활을 쏘면서 홀로 일본 함대를 맞았다. 일본 함대는 쏟아지는 포탄과 화살을 무릅쓰고 다가왔다. 이순신은 뒤에 있던 거제 현령 안위와 중군 김응함에게 돌격 명령을 내렸다. 안위의 군사는 배로 올라오는 일본군에게 몽둥이, 긴 창, 수마석 등

을 필사적으로 휘둘렀다. 격전 중에 준사라는 이름을 가진 항왜(항복해 조선 군사가 된 일본군)가 적선에서 떨어진 일본군 장수를 발견했다. 이순신은 김돌손을 시켜 그를 바다에서 끌어올린 뒤 참수하고 긴 창에 목을 높이 매달았다. 그 모습을 본 일본군의 사기는 크게 떨어졌다.

오후 1시경에는 조류가 일본군의 역방향인 남동쪽으로 바뀌어 조선군에 유리해졌다. 예상하지 못한 조류의 불규칙한 급변과 조선군의 맹반격에 일본 수군의 대오는 무너져 갔다. 3시가 넘자 조류가 더욱 무서운 속도로 휘몰아치고 강풍이 불어왔다. 초탐선에 타고 있던 조선 수군은 바람을 타고 불화살을 날려 적을 더욱 곤경에 몰아넣었다. 저녁 무렵 패색이 짙어진 일본 수군은 뱃머리를 돌려 남해안으로 퇴각했다.

열 배의 전력 열세를 뒤집은 이 기적의 해전에서 일본군 전선 30여 척이 완파되고, 90여 척은 부분적으로 파손되었다. 이로써 칠천량해전 이래 욱일승천하던 일본 수군의 기세는 한 풀 꺾였다. 역전의 계기를 마련한 조선 수군은 진린 제독이 이끌고 온 명 지원군과 함께 이후의 전황을 유리하게 이끌 수 있었다.

남해안의 왜성 벨트

1597년 11월 조명연합군은 남해안 일대에서 일본군의 거점 역할을 하던 왜성을 공략하기 위해 병력을 재배치하고 전투태세에 돌입했다.

왜성은 두 차례에 걸쳐 축조되었다. 첫 번째는 일본군이 서울에서 남해안으로 철수하던 1593년 4월 이후였다. 그때 서생포(울산)와 당포(통영) 사이에 수많은 왜성이 들어섰다. 두 번째는 일본군이 직산전투와 명량해전에서 패배한 직후였다. 1597년 9월부터 12월까지 울산에서 순천에 이르는 지역에 여덟 개의 왜성을 더 쌓았다.

일본군은 왜성에서 장기전에 대비하고 전투가 없을 때는 주변 지역을 노략질하고 백성을 학살했다. 그 참상은 글로 표현하기 힘들 정도였다. 조선은 서둘러 일본군을 몰아내고 전쟁을 끝내려 했다. 반면 명군은 적당히 일본군을 압박해 철수를 유도하려 했다. 이러한 양군의 차이는 정유재란 말기 왜성에서 벌어지는 여러 전투에 상당한 영향을 미치게 된다.

조명연합군의 첫 번째 공격 대상은 울산왜성이었다. 울산왜성은 직산전투 후 가토가 40여 일 동안 급하게 태화강 변에 쌓은 성이다. 그 뒤에도 가토는 남쪽 해안의 서생포왜성에 주둔하

울산왜성 임진왜란 때 조선군은 성이 있는 산의 이름을 따서 '도산성'이라 불렀다. 성안에 우물이 없다는 치명적 약점이 있었으나 일본군의 결사 항전으로 함락하지 못했다. 조선 후기에는 '학성'이라고도 했다. 울산 중구 학성공원 3길 54. 국토지리정보원의 국토정보플랫폼 국토정보맵에서 내려받은 정사영상 자료에 지명을 표기했다.

고 있었으나, 조명연합군이 울산왜성으로 진격하자 급히 그곳으로 달려가 수성전을 총지휘했다. 당시 울산왜성을 지키는 일본군 병력은 1만 5000명이었다. 도원수 권율과 명군 총사령관 양호가 이끄는 조명연합군은 그 두 배가 넘는 3만 6000명에 이르렀다.

12월 23일 조명연합군은 성을 포위하고 사방

전국의 주요 왜성
정유재란 시기에 일본군은 기존의 왜성에 더해 서쪽으로는 순천까지, 북쪽으로는 울산까지 새롭게 성을 쌓고 왜성 간 협력 체제를 구축했다.

울산왜성 포위전 일본에서 제작한 병풍 그림이다. 총 18폭. 1폭 크기는 가로 375 센티미터, 세로 173센티미터. 성을 겹겹이 둘러싼 조명연합군과 식량과 물이 바닥난 상태에서 버티는 일본군을 묘사하고 있다.
❶ 울산왜성
❷ 성을 겹겹이 에워싸고 일본군을 고립시킨 조명연합군
❸ 명군 작전 본부
❹ 태화강
❺ 서생포에서 배를 타고 온 일본 지원군
❻ 일본 지원군을 저지하는 조명연합군

에서 포격을 퍼부으며 공격을 개시했다. 하지만 성을 향해 돌격한 연합군은 일본군의 강력한 저항에 직면해 다수의 사상자를 내고 퇴각했다. 조선군과 명군은 번갈아 휴식을 취하며 여러 차례 성을 두드렸지만, 결과는 매번 같았다.

조명연합군은 포위망을 옥죄며 일본군에게 항복을 권했다. 성에 갇힌 일본군의 군량이 떨어지고 매서운 한파가 몰아쳐 굶주리고 병든 병사들이 하나둘 쓰러지기 시작했다. 그러나 가토는 할복하는 한이 있어도 지원군이 올 때까지 버티자면서 장졸을 으르고 다독였다. 이듬해인 1598년 1월 4일, 6만 명의 일본군 지원군이 울산왜성으로 몰려왔다. 돌연 수적 열세에 몰린 조명연합군은 포위를 풀고 후퇴했다.

왜성들을 쓸어버리려던 조명연합군의 계획은 울산왜성 포위전의 실패로 급제동이 걸렸다. 게다가 명군 총사령관 양호와 마귀 제독은 만력제에게 울산왜성전투에서 승리했다는 거짓 보고를 올렸다. 그 보고가 거짓이었음이 밝혀지자 만력제는 1598년 7월 양호를 파면하고 만세덕을 새로운 총사령관으로 파견했다.

정유재란의 발발과 더불어 조선에 들어와 있던 명의 병부 상서 형개는 전열을 재정비했다. 네

방면에서 왜성들을 공격한다는 사로병진작전을 세우고 명군을 4개의 부대로 재편했다. 육군은 울산왜성을 공격하기 위한 동로군, 사천왜성을 공략하는 중로군, 순천왜성을 공격하는 서로군으로 나뉘었다. 각 군은 그에 해당하는 조선군과 짝을 이루어 작전을 전개했다. 한편, 진린 제독이 이끄는 수로군은 이순신의 조선 수군과 연합 함대를 이루어 순천왜성을 바다 쪽에서 공격하기로 했다.

그해 8월 18일 도요토미 히데요시가 교토 남부의 후시미성에서 죽었다. 그는 사망 직전 조선 원정군을 철수시키라는 유언을 남겼다. 그 소식은 곧 조명연합군의 귀에도 들어갔다. 권율과 만세덕은 모든 왜성에서 일본군을 공격하고 철수하는 일본군은 추격 섬멸한다는 방침을 세웠다.

최후의 공세가 시작되었다. 9월 22일 동로군이 울산왜성을 공격해 제2차 울산왜성전투가 벌어졌다. 제1차 전투보다 더 많은 3만 9000명이 동원되었으나 이번에도 성을 점령하는 데는 실패했다. 가토의 일본군도 큰 타격을 입고 명군과 협상에 나섰다. 어차피 이제 가토의 목적은 승리가 아니라 조선에서 철수할 때 안전한 퇴로를 보장받는 것이었다.

호남 유일의 왜성 순천왜성

제2차 울산왜성전투와 거의 동시에 사천과 순천에서도 공성전이 벌어졌다. 특히 순천왜성전투는 수륙 양면 작전으로 진행되었다는 점에서 주목된다. 남해안 왜성 벨트의 서쪽 끝에 있는 순천왜성은 경상도 지역을 벗어나 세워진 유일한 왜성이었다. 성을 둘러싼 해자에 유사시 들어 올리는 다리가 놓여서 '왜교성(倭橋城)', '예교성(曳橋城)'으로도 불렸다. 고니시는 1597년 9월부터 3개월 동안 조선 백성을 동원해 이 성을 쌓고 1만 3700명의 군사를 주둔시켰다.

유정 제독이 지휘하는 명의 서로군과 도원수 권율이 이끄는 조선군은 3만 6000여 명의 대군을 꾸려 순천왜성 공격에 나섰다. 이순신 장군과 진린 제독은 고흥반도 남쪽 고금도에서 만나 1만 5000여 명의 연합 수군을 꾸리고 순천왜성 앞바다(여자만)로 출진했다. 그들은 절이도(전라남도 고흥군 거금도)에서 일본 수군을 맞아 벌인 전초전을 승리로 이끌고 예열을 마쳤다.

9월 20일 순천왜성전투의 막이 올랐다. 유정은 고니시를 성 밖으로 유인해 생포할 속셈으로 강화 회담을 제의했다. 고니시는 성을 나오기는 했으나 눈치를 채고 도주하는 바람에 서로군은 그를 호위하던 100여 명의 일본군을 죽이는 데 그쳤다. 조명연합군의 육군은 순천왜성을 포위하고 총공격을 퍼부었으나 성을 함락하지는 못했다. 반면 수군은 순천왜성 앞바다의 식량 보급

기지인 장도를 공격해 군량 300여 석과 우마를 빼앗고 조선인 포로 300여 명을 구했다. 이 같은 수군의 승리는 일본군의 퇴로를 차단했다는 점에서 의미가 있었다.

두 번째 총공격은 10월 2일 새벽에 시작되었다. 조명연합군은 성을 향해 진군하고 일본군은 포루에서 대포를 발사하며 이를 저지했다. 그때 이상한 일이 벌어졌다. 적의 총탄이 빗발치는데 사령관인 유정이 진격을 독려하지도 않고 철수 명령을 내리지도 않았다. 마치 전의를 상실하고 방관하는 느낌이었다. 군사들은 이러지도 저러지도 못한 채 반나절이나 적의 탄환에 노출되어야 했다. 아침이 밝자 일본군이 성에서 몰려나왔다. 근접전에 뛰어난 적군의 기세에 조명연합군의 전열은 급격히 무너져 800명이 넘는 사상자를 내고 퇴각했다. 오직 임권이 이끄는 조선의 의병대만이 흔들림 없이 적과 맞서 싸웠다. 이순신이 선봉을 맡은 수군도 오전 6시 무렵 육지로 진격해 정오까지 치열한 공방전을 펼치며 수많은 적군을 죽였다.

첫날의 기이한 상황을 뒤로하고 진린은 유정과 밀서를 교환해 다음날의 야간 합동 공격을 준비했다. 해가 지자 수군은 성 아래 바다에 진을 치고 상륙을 준비했다. 진린은 육군이 성 인근에서 전투를 개시했을 것으로 보고 밀물을 이용해 왜성 앞까지 진격했다. 그때 다시 한 번 이상한 일이 일어났다. 수군이 편전(짧은 화살)을 쏘며 적을 압박하고 있는데도 육군 쪽에서는 유정이 공격 명령을 내리지 않고 있었다. 수군은 육군의 도움 없이 고군분투해야 했다.

이순신은 진린에게 조류가 바뀌면 위험해진다고 경고했다. 그러나 진린은 듣지 않고 명군에게 해안의 일본 전선을 나포해 오라고 명했다. 썰물 때가 되어 바닷물이 빠져나가자 23척의 명군 전선은 개펄에서 옴짝달싹할 수 없게 되었다.

순천왜성 남해안의 왜성들 가운데 남아 있는 상태가 비교적 양호하다. 외성은 잡목이 우거진 상태로 흔적만 남아 있고 내성 일부가 복원되었다. 외성 둘레 2502미터, 내성 1342미터. 전라남도 기념물. 전라남도 순천시 해룡면 신성리.

일본군은 기회를 놓치지 않고 성 밖으로 나와 명군 전선을 포위했다. 수군이 이런 위기에 처했는데도 육지의 유정은 움직이지 않았다. 조선 육군은 죽기를 각오하고 싸웠지만, 명의 육군은 끝내 참전하지 않았다. 이덕형과 권율이 유정의 진중에 들어가 같이 공격하자고 간청했으나, 유정은 적반하장 격으로 화를 내며 움직이지 않았다. 조선 수군이 판옥선에서 적군을 향해 화포를 쏘며 엄호하지 않았으면 개펄에 갇힌 명군은 전멸했을지도 모른다.

다음 날 아침 밀물 때가 되어서야 명군 전선은 개펄에서 빠져나와 조선 수군과 함께 총공격에 나섰다. 그때도 유정의 육군은 먼 산 불구경 하듯이 움직이지 않았다. 해가 저물어서야 피비린내 나는 전투를 끝낸 진린은 분통을 터뜨리며 유정에게 달려갔다. 그는 유정이 있는 막사의 깃발을 찢어 버리고 이 사실을 상부에 보고하겠다고 위협했다. 유정은 눈물을 흘리며 변명으로 일관했다고 한다(『연려실기술』). 유정이 왜 그렇게 이해할 수 없는 행위를 했는지 정확한 이유를 알려 주는 기록은 없다. 전공을 둘러싼 유정과 진린의 갈등 때문이 아닐까 하는 추측만 제기될

뿐이다. 그러한 추측이 사실이라면 애꿎은 군사들의 목숨을 담보로 공을 다투는 장수들의 비열함에 섬뜩해지기까지 한다.

얼마 후 사천왜성을 공격한 중로군이 일본군을 제압하지 못하고 물러났다는 소식이 전해졌다. 이 소식에 겁을 먹은 유정은 10월 7일 밤 철수해 버렸다. 그날도 수군은 순천왜성 공격에 나섰지만, 육군의 지원 없이는 승리하기 어려웠다. 10월 9일 수군마저 나로도로 철수하면서 순천왜성전투는 허무한 실패로 막을 내리고 말았다. 더욱 어이가 없는 것은 유정의 서로군이 철수하면서 조선 백성이 제공한 군량 8900여 석과 말, 소, 무기 등을 버리고 갔다는 사실이다. 보급이 끊겨 곤경에 처했던 일본군은 "중국과 조선이 우리에게 군량을 주고 무기까지 보조해 주니 대단히 감사"하다고 이죽거렸다.

순천왜성전투의 한심한 결과를 보고받은 선조는 "호남의 일은 유정에게 배신당한 것 같다."라고 분노했다. 유정이 아니라 권율이 연합군을 지휘했다면 이 같은 일은 일어나지 않았을 것이다. 전쟁에서 작전 지휘권이 얼마나 중요한 것인지 깨닫게 해 주는 사례가 아닐 수 없다.

「정왜기공도병」명 종군 화가의 작품을 병풍에 옮겨 그렸다. ❶~❹ 순천왜성전투, ❺~❻ 노량해전, ❼~❽ 남해도 소탕 작전, ❾~⓫ 명군의 승전 보고. 19세기. 국립중앙박물관 소장.
❶ 순천왜성
❷ 명 장수 유정과 회담하려다 퇴각하는 고니시 유키나가 일행
❸ 육지의 순천왜성 공격
❹ 바다의 순천왜성 공격
❺ '수로 대장 진린'이라는 설명 문구
❻ '조선 총독 이순신'과 명 장수 등자룡의 전사를 설명하는 문구
❼ 남해왜성. 노량해전 후 일부 일본군이 이곳에 숨었다가 소탕되었다.
❽ 남해왜성에 진입하는 명군
❾ 서울에서 조선 군신의 환영을 받는 명군
❿ 북경에서 승첩을 보고하는 명군
⓫ 전사한 명군에게 제사를 지내는 모습

결전의 바다 노량

왜성에 대한 조명연합군의 공세가 실패하자 일본군은 본격적인 철수 준비에 들어갔다. 고니시는 유정에게 뇌물과 함께 밀서를 보내 철수에 협조하고 퇴로를 보호해 달라고 간청했다. 유정은 이를 받아들였다. 그는 부총병 오광에게 40명의 군사를 이끌고 가서 일본군의 철수를 도와주라고 했다. 순천왜성전투에서 보인 태도에서도 짐작할 수 있듯이 유정은 타협을 통해 전쟁을 끝내려는 인물이었다.

사천, 남해, 고성 등지에 주둔하고 있던 일본군은 11월 들어 철수 준비를 마치고 고니시의 합류를 기다렸다. 11월 12일 고니시는 유정을 믿고 선발대를 앞바다로 보냈다. 그러나 장도와 송도를 거점으로 바다에 진을 치고 있던 이순신은 가차 없이 그들을 공격했다. 고니시는 유정에게 사람을 보내 항의하고 더 많은 뇌물을 바쳤지만 소용없었다.

고니시는 이번에는 이순신 몰래 진린에게 뇌물을 바치고 통신선 한 척이 빠져나가는 걸 눈감아 달라고 했다. 진린이 그에 응하는 바람에 고니시는 경상도의 일본군에게 통신선을 보내 지원을 요청할 수 있었다. 경상도의 일본군은 11월 18일 순천왜성 쪽으로 출진했다. 사천의 시마즈 요시히로, 고성의 다치바나 무네시게, 남해의 소 요시토시가 이끄는 500여 척의 대규모 연합 함대였다. 이순신은 진린을 다그쳐 고니시와 내통했다는 자백을 받아 냈다. 이순신은 분노했지만 이미 엎어진 물. 약 500척의 조명연합 수군은 응전 태세를 갖추었다. 양쪽을 합치면 1000척이 넘는 대선단이 임진왜란 최후의 결전을 향해 서로에게 다가가고 있었다.

이순신은 일본군 연합 함대가 이동 거리를 줄이기 위해 남해의 노량해협을 통과할 것으로 예상했다. 진린은 이순신의 계책을 받아들여 조명연합 수군을 좌우로 편성했다. 명군은 사천 죽도 부근에서, 조선군은 남해 관음포 해역에서 적을 기다렸다. 전투를 앞두고 이순신은 하늘을 향해 기도를 올렸다. "오늘 진실로 죽을 결심을 했사오니, 반드시 왜적을 섬멸시켜 주시기 바라나이다."(『연려실기술』)

19일 새벽 2시 무렵, 일본군 함대가 이순신의 예상대로 노량해협 입구에 나타났다. 조선 수군은 겨울철 북서풍을 이용해 불화살을 날리면서 적 함대를 기습했다. 그 뒤를 따라 명군 함대도 각종 포와 총통을 쏘면서 진격했다.

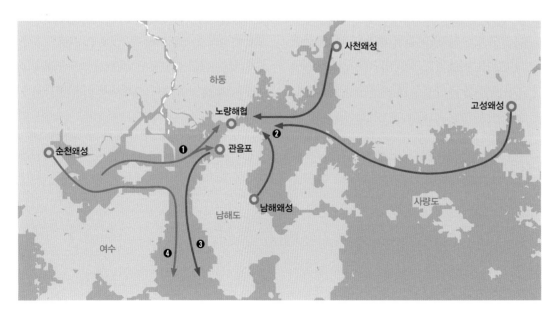

순천왜성전투·
노량해전 전적지
❶ 노량으로 출진하는 조명연합군
❷ 노량으로 향하는 경상도의 일본 지원군
❸ 패전 후 도주하는 일본 지원군
❹ 순천성에서 빠져나가 도주하는 고니시 유키나가 군대

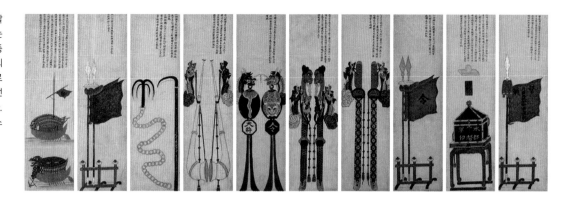

충무공 팔사품도 병풍 팔
사품은 지휘관을 상징하는
인장, 검, 깃발 등 여덟 종
류의 물품을 말한다. 명의
만력제가 하사한 것으로
알려져 있으나, 진린의 선
물이라는 설도 있다. 보물.
경상남도 통영 충렬사 소
장. 경기대학교 제공.

일본군 함대는 압박을 견디지 못하고 관음포 앞바다로 이동했다. 조명연합군은 그들을 포위 공격하고 일본군도 필사적으로 저항했다. 이순신 함선이 일본군에게 포위되자 판옥선에서 전투를 지휘하던 진린이 달려와 포를 쏘며 지원에 나섰다. 그가 조선의 판옥선을 사용한 것은 이 배가 연근해에서 기동성을 발휘하는 데 유리했기 때문이다. 진린 덕분에 포위를 풀고 나온 이순신은 적선의 퇴로를 막고 공격을 계속했다. 그때 진린의 함선에 올라탄 일본군이 칼을 들고 진린에게 달려들었다. 진린의 아들이 몸을 던져 칼을 막고 이순신이 일본군에게 포격을 퍼붓자 적군은 물러났다. 두 장군이 서로를 구하는 모습을 본 조명연합군의 사기는 하늘을 찌를 듯했다.

노량해전에서 조선군의 분전은 눈부셨다. 가리포 첨사 이영남은 판옥선을 몰고 돌진해 적선을 들이받고 총통을 쏘아댔다. 낙안 군수 방덕룡은 삼지창을 끼고 적선에 올라 닥치는 대로 적군을 찔러 죽였다.

전세가 불리해지자 일본군은 남해 방면으로 퇴각하려 했다. 이순신은 한 명의 적군도 살려 보내지 말라고 부르짖었다. 그때 이순신 곁을 지키던 군관 송희립이 머리에 적탄을 맞고 잠시 기절했다. 그는 임진왜란 내내 이순신의 곁을 지킨 충직한 부하였다. 그를 구하러 가던 이순신의 왼쪽 가슴에 적탄이 날아와 박혔다. 달려와 부축하는 부하들에게 이순신은 싸움이 급하니 자신의

죽음을 알리지 말라고 당부했다. 그는 부하들이 눈물을 흘리면서 전하는 승전보를 듣고서야 겨우 눈을 떴다가 곧 숨을 거두었다. 잠시 기절했던 송희립이 눈을 뜬 것은 그 뒤였다. 그는 하늘이 무너지는 슬픔을 참고 군복을 찢어 피투성이가 된 머리를 싸맸다. 그리고 이순신의 뜻을 받들어 퇴각하는 적을 추격했다.

전투가 끝났을 때 바다는 적의 시체와 배의 파편, 군기, 군복 등으로 뒤덮였다. 1만 5000여 명의 일본군이 죽고 200여 척의 적선이 불에 타거나 파손되었다. 조선군의 희생도 컸다. 이순신을 비롯해 이영남, 방덕룡 등 10여 명의 장수가 전사했다. 조선군이 적을 섬멸하기 위해 얼마나 처절하게 싸웠는지 알 수 있다. 명군 장수 중에는 등자룡이 목숨을 잃었다. 살아남은 일본군은 남은 전선을 이끌고 남해로 도망쳤다. 고니시도 20일 아침 순천왜성을 빠져나가 다른 일본군과 함께 부산을 통해 일본으로 돌아갔다. 7년 전쟁은 영웅의 죽음과 함께 막을 내렸다.

관음포 앞바다 관음포는
경상남도 남해군 고현면
북쪽 바닷가에 있는 포구.
노량해협 쪽에서 보면 넓
은 바다처럼 보이지만, 사
실은 섬과 육지로 둘러싸
인 좁은 만이다. 이순신
사당과 전시관이 있다.

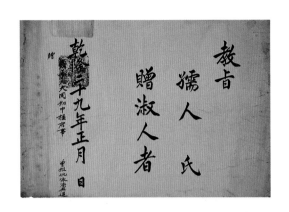

공명첩 이름 적는 곳을 비워 둔 백지 임명장. 임진왜란 때 공을 세우거나 국가에 곡식을 바친 사람에게 관직을 제수하거나 천한 신분을 면하게 해 주는 데 쓰였다. 전란으로 바닥 난 국가 재정을 메우기 위해 남발하면서 문제가 되었다. 국립민속박물관.

전쟁의 유산

장기간에 걸친 전쟁으로 인한 삼국의 피해는 엄청났다. 그중에서도 전쟁터가 된 조선의 피해가 가장 컸다. 우선 인구가 격감했다. 군인은 물론 전투와 무관한 민간인도 수없이 학살당했다. 폐허가 된 마을에는 기근과 전염병이 휩쓸고 지나갔다. 조선의 도공 이삼평과 심수관을 비롯한 수만 명이 포로로 잡혀갔다.

조선의 궁궐과 불국사를 비롯한 문화재가 불타거나 강탈당했다. 전쟁 초기에 선조가 서울을 버리고 파천한 사건으로 인해 왕실의 권위가 땅에 떨어졌다. 백성은 자신들을 버린 지배층에 반감을 드러냈다. 위기에 몰린 정부는 민생의 안정에 총력을 기울였다. 백성의 큰 부담이던 조세

제도를 개혁하는가 하면 황폐해진 논밭을 복구하고 이앙법(모내기)을 도입하는 등 농업 생산의 회복에도 힘썼다.

명 역시 큰 타격을 받았다. 대규모 병력의 파견에 따른 은 800만 냥 이상의 전쟁 비용을 감당하려다 보니 재정이 어려워졌다. 이를 메우기 위해 과도한 세금을 거둬들이고 징집과 징발을 강행해 백성의 원망이 하늘을 찔렀다. 1592년 보바이의 난, 1594년 양응룡의 난이 일어났다. 이 같은 국가적 위기에도 만력제는 1589년부터 30여 년간 아예 궁궐에 나오지 않았다고 할 만큼 정사를 게을리했다. 이른바 '만력태정(萬曆怠政)'이다. 황제의 총애를 받는 환관과 황제의 얼굴을 보지도 못하는 중신들이 황태자 책봉 등의 문제로 정쟁을 일삼았다.

명의 내부 균열이 커지는 틈을 타 만주에서 누르하치가 이끄는 건주여진 세력이 팽창했다. 그들은 임진왜란 기간 중 백두산 일대와 두만강 유역으로 진출해 넓은 지역을 차지했다. 1616년(광해군 8) 누르하치가 건국한 후금은 20년 후 청으로 개칭하고 중원의 명을 압박했다. 내우외환에 시달리던 명은 1644년(인조 22) 농민 반란

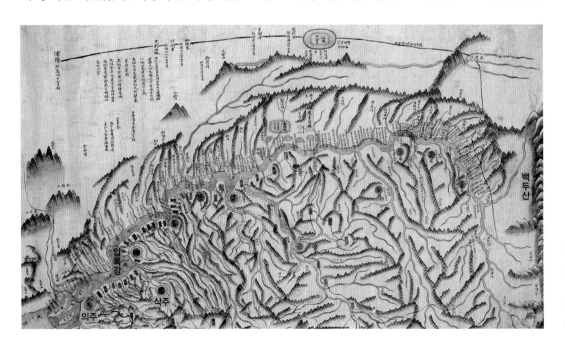

「**압록강변계도**」 18세기 초 청과 국경 분쟁이 생긴 후 압록강 주변 지역을 그린 지도. 임진왜란 후 여진족은 후금(훗날 청)을 세우고 북방의 강자로 떠올랐다.

으로 멸망하고, 청은 그 뒤를 이어 중국의 지배자로 등극했다.

일본의 피해도 만만치 않았다. 도요토미 히데요시가 죽자 제2인자이던 도쿠가와 이에야스가 피바람을 일으키며 정권을 장악했다. 도요토미의 가신들은 임진왜란에 적극적으로 참여해 전력 손실이 컸지만, 일본에 머물렀던 도쿠가와는 상대적으로 건재했다. 1600년(선조 33)의 세키가하라전투는 도요토미 세력에 대한 도쿠가와의 우세를 결정지었다. 3년 후 도쿠가와는 정이대장군(쇼군)에 취임하고 에도(도쿄)에서 에도 막부의 시대를 열었다.

임진왜란이 끝났을 때 조선은 일본을 '만세불공지수(영원히 함께할 수 없는 원수)'로 여겼다. 그러나 일본은 국교를 회복하사면서 여러 차례 사신을 보내왔다. 조선은 일본과의 관계 개선은 어림도 없다면서 무대응으로 일관했다. 그러나 명과 모든 관계가 단절된 마당에 조선마저 놓칠 수 없었던 일본은 집요했다. 재수교하지 않으면 다시 침략할 수 있다는 협박까지 섞어 조선을 압박했다. 조선의 고민은 깊어졌다. 피폐해진 국가를 재건해야 하는 처지에 일본의 협박을 가볍게 넘길 수 없었다. 엎친 데 덮친 격으로 만주의 건주여진이 세력을 키우면서 조선과 명을 위협하고 있었다.

1607년(선조 40) 조선은 일본의 요구에 응하기로 했다. 국교 재개를 요청하는 일본의 국서를 받고 회답겸쇄환사를 보냈다. 일본이 보낸 국서에 답하고 임진왜란 당시 일본으로 끌려간 조선인을 데려오기 위한 사절단이었다. 후금이 팽창해 북쪽 국경이 위험해지자 조선은 일본과 국교를 맺어 남쪽을 안정시키기로 방침을 정했다. 이후 개항 전까지 조선이 '통신사'라는 이름으로 일본에 파견한 사절단은 12회에 이른다. 조선 통신사는 일본에 선진 문물과 유교 문화를 전해

주면서 200년 넘는 세월 동안 동아시아의 평화를 유지하는 데 크게 이바지했다.

한편, 일본은 조선에서 약탈한 인적, 물적 자원으로 국가 발전의 기초를 다졌다. 조선 도공들은 일본 자기의 발전에 결정적 역할을 했다. 조선에서 가져간 금속 활자는 일본 활판 인쇄술을 비약적으로 발전시켰다. 일본에 반출된 『퇴계집』 등 성리학 서적과 포로로 끌려간 강항 등 성리학자는 일본이 새로운 지도 이념을 수립하는 데 큰 도움을 주었다.

「천하여지도」 명의 왕반이 만든 지도를 바탕으로 17세기 중엽 조선에서 제작한 세계 지도. 강화도 외규장각에서 보관하다가 1866년 병인양요 때 강화도에 상륙한 프랑스군이 약탈해 갔다. '여지도(輿地圖)'란 해당 지역의 일반적 지리 정보를 종합적으로 담은 지도를 말한다. 예컨대 「대동여지도」는 대동(우리나라) 전역의 지리 정보를 종합적으로 담고 있다. '천하여지도'는 천하(세계)의 지리 정보가 담긴 세계 지도로, 제작 주체의 세계관을 잘 보여 준다. 세로 180센티미터, 가로 190센티미터. 비단에 채색. 프랑스 국립도서관 소장.

2

병자호란의 전장

왼쪽의 「천하여지도」는 임진왜란이 진행되던 시기에 명에서 만들어진 것을 청이 굴기한 이후의 조선에서 편집한 동아시아 지도이다. 조선 부분은 17세기의 모습이지만, 중국 부분은 이미 망해 버린 명의 행정 구역을 그대로 표시하고 있다. 이처럼 과거의 중국과 현재의 조선이 공존하고 있는 것은 원본이 명 대에 제작되었기 때문이기도 하지만, 그보다는 17세기 조선을 지배한 세계관과 더 큰 관련을 맺고 있다. 청은 1636년(인조 14) 병자호란을 일으켜 조선을 무릎 꿇리고, 8년 후 명을 대신해 중국의 주인이 되었다. 현실에서 조선은 청에 사대의 예를 갖춰야 했다. 그러나 내면적으로는 청을 오랑캐 나라로 업신여기고 명의 부활을 갈망하며 유교 문화의 보전을 다짐했다. 그들에게 조선은 이제 세상에 홀로 남은 중화(中華), 즉 유교 문화국이었다. 이 같은 사고방식을 '조선중화주의'라고 한다. 「천하여지도」는 그러한 17세기 조선의 정신세계를 비추는 거울로도 볼 수 있다.

1 그 겨울의 남한산성

조선은 임진왜란 후에 명을 '재조지은(망해 가는 나라를 새로 만들어 준 은혜)'의 나라로 여겼다. 그러나 전란 이후 후금이 만주 지역의 패자로 굴기하자 중국의 정세가 혼란스러워졌다. 대립하는 명과 후금은 조선을 향해 서로 자신의 편에 설 것을 요구했다. 후금이 청으로 개명하고 명과 더 격렬하게 부딪치면서 조선의 고민은 깊어졌다. 남한산성은 그 고민이 극한에 이른 지점에 자리 잡고 있었다.

남한산성은 경기도 광주시 남한산에 있다. 그곳은 백제 시조인 온조의 성터였다는 설이 있다. 인조가 성안에 세운 온조왕묘가 정조 때 숭렬전으로 바뀌어 지금까지 남아 있기도 하다. 그러나 실제로 발굴 조사를 진행한 결과 성안에 백제의 집터는 있어도 성곽이 세워졌던 흔적은 나타나지 않았다. 『삼국사기』에는 통일 신라의 문무왕 때 한산주(漢山州)에 주장성이라는 석성을 쌓았다는 기록이 있다. 바로 그 주장성이 남한산성의 시작이었다. 지금 남아 있는 남한산성은 주장성의 터에 쌓은 조선 시대의 성이다.

조선 시대의 남한산성은 1621년(광해군 13) 석성으로 개축되기 시작했으나, 정치적 혼란이 이어지면서 중단되었다. 공사는 인조반정 직후 재개되어 2년 만에 마무리되었다.

산성 개축 공사에는 특히 승려가 많이 참여했다. 승려 각성(覺性)을 중심으로 팔도의 승군을 동원해 성을 쌓으면서 국청사, 장경사, 망월사, 개원사, 옥천사 등 일곱 개의 사찰을 성안에 지었다. 이들 사찰은 무기를 비축하고 당대부터 일제 강점기에 이르기까지 의승군의 주요 거점이 되었다. 승려이자 독립운동가인 만해 한용운을 기리는 만해기념관이 남한산성에 들어서게 된 것도 이 같은 내력 때문이다.

1636년 겨울, 남한산성에 혹독한 시련이 찾아왔다. 청 태종 홍타이지(재위 1626~1643)가 친명 정책을 고집하는 조선에 정예 병력을 보냈기 때문이다. 병자호란으로 불리는 이 비극의 마지막 무대가 바로 남한산성이었다.

청군이 국경 지대를 지키는 산성들을 공략하지 않고 전광석화처럼 쳐내려오자 서울은 다시 한 번 풍전등화의 위기를 맞았다. 인조는 서울을 버리고 황망하게 남한산성으로 피란을 떠났다. 남한산성의 정문인 남문(지화문)을 지나 조금만 올라가면 외국 사신과 중앙 관리의 숙소로 사용된 인화관(人和館)이 나온다. 그 인화관 서쪽에 인조가 머물렀던 행궁이 자리 잡고 있었다. 인조 초기에 남한산성을 개축하면서 지은 곳으로, 여느 행궁과 달리 종묘와 사직에 해당하는 좌전(左殿)과 우실(右室)을 갖추고 있었다. 바로 그곳에서 인조는 45일간에 걸쳐 조선의 종묘사직을 건

국청사 대웅전 승군에게 숙식을 제공하고 군사 훈련을 시켜 외적의 침입에 대비한 사찰이다. 대한제국 시기에 의병의 군기 창고로 활용되다가 일본군에 의해 불타기도 했다. 1968년에 다시 지었다. 경기도 광주시 남한산성면 남한산성로 780번길.

남한산성 행궁 행궁은 왕이 서울 궁궐을 떠나 도성 밖으로 행차할 때 임시로 머무는 곳이다. 사적. 경기도 광주시 남한산성로 784-29. ⓒ 한국관광공사-김지호.

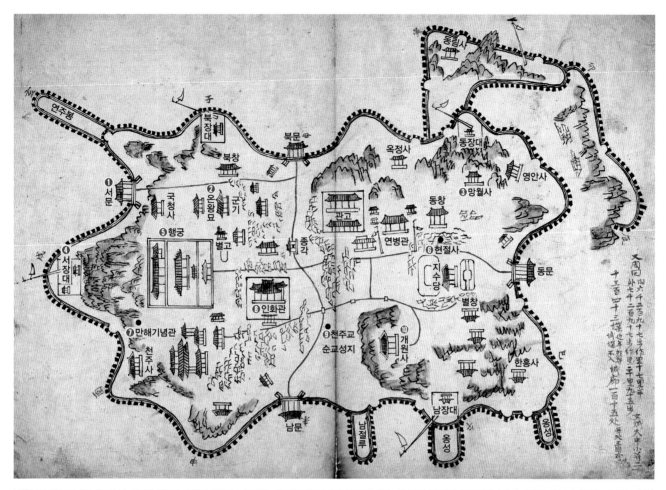

남한산성 옛 지도 『고지도첩』에 수록된 지도로 18세기 후반에 그려졌다. 행궁을 비롯한 주요 건물과 성곽, 성문 등이 간명하게 표현되어 있다. 성곽은 옹성과 대문을 자세히 표현하고 행궁을 강조했다. 지도에는 동서남북으로 장대가 있지만 지금은 서장대만 남아 있다. 검은 점 부분은 지도 제작 당시에는 없었던 곳. 영남대학교박물관 소장.
❶ 삼전도에 갈 때 인조가 나간 문. ❷ 백제 시조 온조왕을 모신 사당. 지금의 숭렬전. ❸ 남한산성의 사찰 중 가장 역사가 깊은 곳. ❹ 수어장대(1752년 이후). ❺ 유사시 왕이 임시로 머물던 궁궐. ❻ 삼학사를 기리는 사당. ❼ 만해 한용운 유품 등 소장(1998년 개관). ❽ 객관. ❾ 18세기 후반 이래 천주교 신자 처형장. ❿ 전국에서 모인 승려를 총지휘한 사찰.

농성을 벌이게 된다.

결국, 남한산성은 명청 교체기의 희생양이 된 조선을 상징하는 장소가 되었다. 그 안에서는 죽더라도 끝까지 싸우자는 척화파와 청과 화친하고 사직을 보존하자는 주화파가 대립했다. 병자호란은 청과 조선의 전쟁이자 척화파와 주화파의 전쟁이었다. 압도적인 힘으로 산성을 옥죄어 오는 청군 앞에서 그 전쟁은 주화파의 상처뿐인 승리로 막을 내렸다. 의리와 명분을 내세우며 망해 가는 명만 바라보던 조선은 성 밖에서 시퍼런 위협으로 실존해 있던 청에 굴복했다.

인조가 남문을 통해 성안으로 들어갈 때 그는 명의 제후였다. 그러나 서문을 통해 산성을 나가는 인조는 청의 죄인이 되어 있었다. 그의 항복을 받기 위해 천 리 길을 달려온 태종의 손끝에 인조와 조선의 운명이 달려 있었다. 그 겨울의 남한산성은 춥고 잔인했다.

남한산성 남문 남한산성의 사대문 중 가장 크고 웅장하다. 병자호란 당시 인조가 남한산성으로 피신할 때 이 문을 통과했다. 1779년(정조 3) 성곽을 보수할 때 개축하고 지화문이라 했다. 사적. 경기도 광주시 남한산성면 산성리 1244.

인조반정의 길

청의 전신은 후금이었다. 광해군은 명과 후금의 대결 구도에서 인조와 달리 실리적인 외교 자세를 취했다. 명과 후금의 동향을 주시하고 만약에 있을 전쟁에도 대비했다. 남한산성의 개축을 지시한 것도 그러한 대비책의 하나였다. 일본과 임진왜란 후 중단되었던 외교를 재개한 것도 북방의 위협을 의식했기 때문이다.

명은 후금의 근거지인 허투아라(랴오닝성 신빈)를 공략하기 위해 대규모 병력을 동원했다. 그때 명이 조선의 파병을 요구하자 정부에서는 찬반론이 팽팽하게 대립했다. 1619년(광해군 11) 광해군은 친명을 주장하는 세력의 주장을 받아들여 1만 3000여 명의 병력을 파견했다. 그는 요동으로 떠나는 지휘관 강홍립에게 변동하는 정세에 맞게 행동하라는 비밀 지시를 내렸다. 현장에서 벌어지는 상황에 따라 유연하게 처신해서 조선의 피해를 최소화하라는 뜻이었다.

조명연합군은 허투아라 서남쪽의 심하(선허) 일대에서 벌어진 전투에서 후금군에게 참패했다. 그때 조명연합군을 지휘하다가 패전의 지경에 몰려 자결한 명의 장수가 바로 정유재란 당시 순천성전투를 지휘한 유정이었다. 심하전투에서 조선군의 피해는 7, 8천 명에 이르렀다. 강홍립은 더 이상 후금과 싸우는 것은 무의미하다고 판단해 남은 병력을 이끌고 후금에 투항했다. 그 후 후금은 요동에서 명군을 밀어내고 그 지역을 완전히 점령했다.

더욱 기세가 오른 후금이 연경(베이징)을 위협하기 시작하자 명은 조선에 다시 파병을 요청했다. 광해군은 조선도 전후 사정으로 인해 더 파병하기는 힘들다고 이를 거절했다. 그는 후금에 억류된 강홍립을 통해 후금의 내부 사정을 보고받으며 명과 후금 사이에서 줄타기 외교를 펼쳤다. 당시 광해군을 지지하는 조선의 집권 세력은 대북이었다. 임진왜란 직전 동인과 서인의 붕당이 생겨난 뒤 동인은 북인과 남인으로 갈라지고, 북인은 다시 광해군을 지지한 대북과 그를 반대한 소북으로 갈라졌다. 광해군 즉위 후 소북은 숙청되고 대북이 권력을 쥐게 되었다.

대북과 대립하던 서인은 광해군의 외교 정책이 명에 대한 의리를 저버린 행동이라고 비난했다. 그들은 내정에서도 광해군이 이복동생인 영창 대군을 죽이고 계모인 인목 대비를 서궁(덕수궁)에 유폐한 행위를 용서할 수 없는 패륜으로 낙인찍고 있었다. 서인들 사이에 광해군을 제거하고 새 왕을 세우는 반정이 비밀리에 논의되기 시작했다.

허투아라 한왕대아문 후금
초기 수도인 허투아라의 중심부에 자리한 칸의 집정 관청.

인조반정의 길
창덕궁을 장악한 반정군은 경운궁으로 향했다. 능양군은 경운궁에서 왕실 어른인 인목 대비에게 반정을 보고한 후 새 왕으로 즉위했다.

세검정 연산군이 유흥을 위해 지은 정자였다고도 하고, 숙종 때 북한산성을 쌓으면서 마련한 군사들의 쉴 곳이었다고도 한다. 서울특별시 기념물. 서울 종로구 세검정로 244.

반정은 1623년(광해군 15) 3월 실제로 일어났다. 광해군의 조카인 능양군이 김류, 이귀 등 서인을 이끌고 반정을 주도했다. 반정군은 홍제원에서 창의문을 거쳐 창덕궁을 장악했다. 창의문 아래쪽에는 시내가 흐르고 그 가운데 정자가 있다. 반정 인사들이 거사 전 그 정자에서 폐위를 논하며 칼을 씻어 '세검정(洗劍亭)'이라 불렸다고 한다. 반정이 성공해 광해군은 강화도로 유배당하고 능양군이 즉위하니 그가 조선의 제16대 인조(재위 1623~1649)였다.

인조반정으로 조선과 명, 조선과 후금의 관계는 급변했다. 반정 소식을 들은 명은 이를 정권 찬탈로 규정하면서도 한편으로는 인조를 이용해 조선을 자기편으로 묶어 두려고 했다. 천계제(재위 1620~1627)는 인조가 명에 충성한다는 조건을 내세워 1625년 6월 그를 조선 국왕에 책봉했다. 그 과정에 깊이 관여한 인물이 당시 요동 수복을 위해 평안도 철산군의 가도에 주둔하고 있던 명의 장수 모문룡이었다. 천계제는 모문룡에게 고명(誥命, 조선 국왕을 책봉하는 문서)을 주어 서울로 보냈다. 인조는 책봉을 받는 대가로 모문룡이 주둔하고 있던 평안도 철산 앞바다의 가도

에 엄청난 군량을 지원했다. 조선의 양곡 절반이 모문룡에게 넘어갔다는 말이 나돌 정도였다.

이듬해 누르하치가 영원성(랴오닝성 싱청)전투 몇 달 뒤에 사망하고, 홍타이지가 그를 이어 칸으로 즉위했다. 1627년 홍타이지는 광해군 때와 달리 후금을 무시하고 노골적으로 친명 정책을 펼치는 조선을 침략했다. 광해군의 복수를 명분으로 일어난 이 전쟁이 정묘호란이다. 운명의 장난일까, 강홍립은 후금군을 따라 조국에 대한 침략 전쟁에 참전하는 신세가 되었다.

후금군이 순식간에 황해도까지 남하하자 인조는 서울을 떠나 강화도로 피신했다. 그러자 후금군은 서울 진격을 멈추고 조선에 화의를 제의했다. 후금이 전쟁을 일으킨 실제 목적은 가도의 모문룡을 제거하고 조선에서 생필품 교역로를 확보하는 것이었다. 그러나 초기 전투에서 모문룡을 처리하지 못한 데다 전쟁이 길어질수록 후방에서 명이 공격해 올 가능성이 커지기 때문에 타협에 나선 것이다. 조선이 그에 응해 양국은 화의하고 형제의 맹약을 맺었다. 하지만 그것은 미봉책에 불과했다. 조선은 여전히 명과 관계를 끊지 않았다. 후금은 조선에게 상국 대접을 받으려 하고, 명은 여전히 예전의 은혜를 갚을 것을 요구했다. 대의명분을 중시한 인조와 서인 정권은 후금을 오랑캐로 배척하고 명을 받드는 쪽으로 마음이 기울어 있었다.

남한산성 가는 길

1636년 2월부터 홍타이지는 주변의 권유로 황제 즉위를 준비했다. 그동안 누르하치와 홍타이지는 유목 지대의 지배자인 칸일 뿐 중원의 농경 지대를 아우르는 황제는 아니었다. 그는 이처럼 중차대한 문제를 형제국인 조선과도 상의하라고 명령했다. 홍타이지의 명을 받은 잉굴다이 일행이 들어오자 조선의 정부는 들끓었다. 강경파 신료들은 하늘에 두 태양이 있을 수 없듯이 명의 천자 이외에 또 다른 황제가 있을 수 없다고 분노했다. 잉굴다이 일행의 목을 베어 후금의 새 왕도인 심양(랴오닝성 선양)으로 돌려보내고 전쟁을 하자는 목소리도 있었다. 그러나 최명길을 비롯한 주화파는 달랐다. 그들은 양국 간 형제 관계를 유지하면서 일단 시간을 벌자고 주장했다.

인조는 대부분 반정 세력인 척화파의 손을 들어주었다. 그 소문을 들은 잉굴다이 일행은 서둘러 조선을 빠져나가려 했다. 그런데 잉굴다이 일행이 심양으로 돌아가는 길에 뜻밖의 일이 벌어졌다. 인조가 평안도 관찰사에게 보내는 유서(諭書)를 가지고 가던 전령이 하필이면 잉굴다이 일행에게 붙잡힌 것이다. 유서에는 후금의 침략에 대비하라는 내용이 적혀 있었다. 후금은 조선의

본심을 확실히 알게 되었다.

그해 4월 홍타이지는 황제가 되어 국호를 청으로 고쳤다. 즉위식 자리에는 조선에서 후금으로 파견되어 있던 사절단도 불려 갔다. 그들은 자신들이 정규 사절단이지 즉위를 축하하는 특사가 아니라며 끝까지 홍타이지를 황제로 인정하지 않고 배례도 하지 않았다. 그들은 청군에게 폭행을 당하면서도 태도를 바꾸지 않았다. 홍타이지는 조선 정벌을 결심했다.

최명길 등의 주화파가 전쟁을 막기 위한 외교적 협상을 시도했지만, 홍타이지의 결심은 바뀌지 않았다. 11월 25일 그는 조선이 정묘호란 때의 약속을 대부분 지키지 않았다는 명분을 내걸고 정벌군을 파견했다. 12월 9일 청군은 꽁꽁 얼어붙은 압록강을 손쉽게 건넜다.

조선은 의주에서 개성에 이르는 주요 산성에 병력을 집결시켜 청군을 저지하고, 위기가 오면 왕이 강화도로 피신한다는 계획을 세웠다. 임경업이 지키는 평안도 백마산성에 의주의 군사를 이동시키고, 황해도 정방산성과 장수산성에 황주와 평산의 군사를 집결시켰다. 그 산성들은 큰길에서 10킬로미터 이상 떨어져 먼 곳은 이틀이나 걸렸다. 평안도와 황해도의 큰길에는 사람의 그림자도 없었다. 그러나 청군은 조선군의 예상을 깨고 산성들을 내버려 둔 채 텅 빈 큰길을 질주해 서울로 진격했다.

청군 기마병 18세기 화가 김윤겸이 청군의 병사를 그린 「호병도」. 진경산수화풍의 영향을 받아 사실적으로 묘사했다. 국립중앙박물관 소장.

백마산성 고려 때 강감찬이 내성을 처음 쌓고, 외성은 1753년(영조 29) 축조했다. 병자호란 때 임경업이 이곳을 근거지로 항전했다. 북한 국보 문화유물 제58호. 평안북도 의주.

불탄 숭례문
2008년 2월 화재로 새까맣게 타 버린 숭례문의 모습. 1636년 12월 이곳에 앉아 있던 인조의 타들어 가는 마음을 보여 주는 것 같다. 국보.

조선의 정부는 청군의 진로를 파악하는 데 어려움을 겪었다. 12월 13일 오후, 청군이 평양을 지났다는 장계가 도착하자 정부는 다급하게 강화도 파천을 논의했다. 서울을 빠져나가는 사람이 줄을 이었다. 12월 14일 청군이 이미 개성에 도착했다는 사실이 알려졌다. 정부는 급하게 강화도 감찰사에 김경징, 부사에 이민구를 임명했다. 그들은 종묘사직의 신주를 받들고 빈궁, 원손, 두 대군과 왕실 사람들을 호위해 먼저 강화도로 떠났다. 인조는 강화 유수 장신에게 주사대장(舟師大將)을 겸직시켜 수군을 정돈하고 강화도로 들어가는 해상 통로를 봉쇄하라고 명령했다. 각도 수군절도사에게는 지역의 수군을 동원해 강화도에 집결할 것을 명했다.

정부는 서울 방어가 힘들어지면 인조가 강화도로 들어가고 세자는 남쪽으로 내려가 항쟁한다는 방침을 세워 놓고 있었다. 인조가 강화도에서 버티는 동안 각도의 근왕병을 결집해 적을 격퇴한다는 복안이었다. 그러나 청군은 정묘호란 때 인조가 강화도로 피신한 사실을 잘 알고 있었다. 뛰어난 기마 부대를 보유한 청군은 빠른 기동력으로 인조의 파천을 막기 위해 움직였다.

인조와 세자가 움직이기도 전에 마푸타가 이

남한산성 가는 길
인조 즉위 후 세 번째로 서울을 버리고 떠나는 길이었다. 앞서 인조는 1624년 이괄의 난 때 공주, 1627년 정묘호란 때 강화도로 피란했다.

끄는 300여 명의 청군은 양철평(서울 은평구 녹번동) 부근에 이르렀다. 인조는 오후에 숭례문으로 나가 강화도로 가려 했지만, 청군이 홍제원에 진을 치고 길을 막았다. 하릴없이 다시 성안으로 들어간 인조는 숭례문 누각에 앉아서 신하들에게 사후 대책을 물었다. 이조 판서 최명길이 자신에게 맡겨 달라며 적진으로 들어갔다.

그는 마푸타에게 청이 약속을 지키지 않고 침략한 행위는 부당하다고 주장했다. 마푸타는 조선이 오히려 약속을 지키지 않아 거병한 것이라면서 화친을 새로 맺을 것을 요구했다. 최명길은 마푸타와 문답을 주고받으며 날이 저물 때까지 시간을 끌었다. 그러는 동안 인조는 세자와 백관을 거느리고 몰래 광희문을 빠져나가 남한산성으로 갈 수 있었다.

인조가 서울을 떠났다는 보고가 오자 청군은 도성으로 들어갔다. 그곳에서 최명길과 문답한 내용을 적어 인조에게 보내고 답신을 기다렸다. 전령이 떠난 지 하루가 지나도록 인조의 답신이 없자 청군은 자신들이 속았음을 알고 최명길을 죽이려 했다. 그러나 청군의 목적은 조선과 새로운 화친을 맺는 것이고, 이를 위해 최명길을 이용할 필요가 있었다. 그들은 일단 최명길에게 그 임무를 맡기고 풀어 주었다. 인조는 죽을 고비를 넘기고 산성으로 들어온 최명길의 손을 잡고 위로했다. 그 시간에 청군은 인조를 압박하기 위해 남한산성으로 진격하고 있었다.

맵 범례:
북한산 / 양철평(녹번동 일대) / 북부간선도로 / 내부순환도로 / 홍제원 / 창덕궁 / 광희문 / 숭례문 / 성산대교 / 마포대교 / 강변북로 / 한남대교 / 올림픽대로 / 동작대교 / 잠실대교 / 한강 / 남한산성
→ 인조 이동로 → 청군 진격로

45일의 고독

12월 15일 새벽, 김류와 이성구가 인조를 다시 강화도로 피신시키려 했다. 그러나 인조가 여러 번 엎어질 정도로 길이 얼어붙어 남한산성으로 다시 들어갈 수밖에 없었다. 인조는 각지에 근왕병을 모으라 지시하고 명에 위급함을 알려 원병을 청했다. 남한산성은 훈련대장 신경진이 동쪽, 수어사 이시백이 서쪽, 대장 구굉이 남쪽, 총융사 이서 등이 북쪽을 맡아 지키도록 했다. 성내 병력은 1만 3000여 명이었다.

16일 청군이 산성을 포위했다. 그들은 근왕병의 접근을 막기 위해 경기도 광주, 판교 등 삼남으로 이어지는 길목을 차단했다. 남한산성은 고립무원의 처지에 빠졌다. 산성에는 중과부적의 병력과 50여 일을 버틸 수 있는 식량만 있었다. 극심한 한파로 인해 병사들의 동상이 심각했다.

마푸타는 소현 세자를 보내지 않으면 화친을 하지 못한다는 전갈을 보내왔다. 예조 판서 김상헌을 비롯한 척화파는 그 문제의 논의조차 거부하고 결사 항전을 외쳤다. 18일에는 원두표 등의 장수가 성 밖으로 나가 청군 여럿을 죽였다. 24일에는 큰비가 내리고 성을 지키는 많은 군사가 얼어 죽었다. 인조는 비를 맞으며 하늘을 향해 부족한 자신을 벌하라고 절규했다. 26일 도승지 이경직과 호조 판서 김신국이 술과 고기를 들고 적진에 갔다. 적장은 청군은 날마다 소를 잡아 배가 부르니 성안에서 굶어 죽어 가는 너희나 먹으라면서 돌려보냈다.

성안의 상황은 날이 갈수록 열악해졌다. 28일 성내의 군 최고 책임자인 체찰사 김류가 북문에서 포를 쏘며 청군을 공격했다. 청군은 유인책을 써서 소와 말을 풀어 놓고 물러나는 척했다. 김류는 적의 계략을 눈치채지 못하고 군사들에게 추격을 명했다. 군사들이 적의 함정임을 알고 움직이지 않자 장수들이 그들을 칼로 베면서 추격을 독촉했다. 이래 죽으나 저래 죽으나 마찬가지였던 군사들은 성 밖으로 나가 소와 말을 잡기 시작했다. 조선군이 다 나오기를 기다린 청군은 기습 공격을 가해 그들을 전멸시켰다. 조선군은 조총을 장전할 시간도 없었다. 많은 군사가 급경사를 오르다가 적의 칼에 무참히 도륙당했다.

김류는 그제야 퇴각 명령을 내렸지만 이미 늦었다. 그는 부하 장수인 원두표에게 책임을 돌렸다. 신료들은 장군이 패하고 부하 장수에게 죄를 전가함은 비겁한 행위라고 비난했다. 그날 전투에서 300여 명이 전사했지만, 김류는 40여 명이

숭렬전 온조를 모신 사당. 본래 1464년(세조 10) 충청도 직산에 세워졌으나 임진왜란 때 불탔다. 인조가 1638년 남한산성으로 옮기고 온조왕사라 불렀다. 병자호란 때 남한산성으로 파천한 인조의 꿈에 온조가 나타나 청군이 공격할 곳을 알려 준 덕분에 이를 방어할 수 있었다는 이야기가 전한다. 경기도 유형문화재.

남한산성 성곽 18세기에 편찬된 『여지도서(輿地圖書)』에서 "하늘이 빚은 성"이라 할 정도로 조선 시대 산성 축성술의 전형을 보여 준다. 오랜 세월 조금씩 증축해 구역에 따라 돌의 종류나 쌓은 모습이 다르다. 1847년(헌종 13) 편찬된 『남한지(南漢志)』에 따르면 성벽의 안 둘레는 약 8킬로미터, 바깥 둘레는 9킬로미터 남짓이었다. 사적.

죽었다고 거짓 보고를 했다. 이를 본 군사들의 사기는 완전히 꺾였다.

해를 넘겨 1637년 1월 1일 태종이 남한산성 아래 탄천에 대군을 거느리고 나타났다. 전황을 보고받고 직접 인조의 항복을 받겠다며 심양에서 달려온 것이다. 그는 남한산성 동쪽 망월봉에 올라 성안을 굽어보며 조선군의 동태를 살폈다. 다음 날 태종은 인조에게 "짐이 이제 친히 이곳에 왔는데 네 어찌 몸소 한번 나와 겨루지 못하는가?"라고 일갈하는 편지를 보내왔다. 그 편지에는 청이 일으킨 전쟁의 명분이 소상하게 적혀 있었다. 성내에서는 주화파와 척화파의 논쟁이 결렬하게 벌어졌다. 척화파인 김상헌, 정온 등의 반대에도 불구하고 대세는 최명길 등 주화파 쪽으로 기울고 있었다.

1월 5일부터 각지에서 근왕병이 오고 있다는 장계가 들어왔다. 전라 병사 김준룡이 광교산으로, 전라도 관찰사 이시방이 직산(천안)으로 올라왔다. 그러나 1월 9일 이후에는 장계마저도 청군에게 차단되어 성 안팎의 소통이 어려워졌다.

서울 방어를 맡은 유도대장 심기원은 청군과 싸워 이겼다는 거짓 보고를 하고, 호조의 물품을 북한산에 두었다가 도적에게 다 빼앗겼다. 그는 청군을 피해 양근(경기도 양평)으로 도망쳤다. 군사들도 심기원을 따라 양근으로 가 버리고 남한산성으로 오는 이가 없었다. 그 와중에도 충청도 관찰사 정세규는 근왕병을 이끌고 적을 물리치

수어장대 남한산성의 장대 중 유일하게 남아 있는 곳. 1751년(영조 27) 2층으로 증축하고 안에는 무망루, 밖에는 서장대라는 현판을 달았다. 수어장대라는 지금의 현판은 1836년(헌종 2) 개축하면서 달았다. 병자호란 후 남한산성을 찾은 여러 왕이 수어장대에 올라 국난을 기억했다. 2021년 12월 보물로 지정되었다.

며 경기도 광주까지 진입해 산성이 바라보이는 곳에 진을 쳤다. 하지만 끝내 적에게 패하고 말았다. 평안도 관찰사 홍명구와 평안 병사 유림은 강원도(북한) 김화에서 청군과 맞서 승리했으나 전세를 뒤집을 수는 없었다.

13일 최명길이 태종의 용서를 비는 내용의 국서를 가지고 적진으로 들어갔다. 17일 잉굴다이와 마푸타가 최명길을 불러 태종의 답서를 전해 주었다. 성에서 나와 항복을 하든지 싸우든지 하라는 내용이었다. 이튿날 최명길은 항복하는 날을 잡겠다는 내용의 국서를 적었다. 김상헌이 이 국서를 보고 통곡을 하며 찢어 버렸다. 그 모습을 본 최명길은 말없이 웃었다. 그는 국서를 찢으면 우리 모두 죽을 게 분명하다며 찢어진 종이 조각을 낱낱이 주워 모아 다시 붙였다. 김상헌은 통곡을 멈추고 그날부터 곡기를 끊었다. 다음 날 최명길은 간절한 마음으로 국서를 들고 적진에 가서 태종에게 전달했다.

20일에는 큰 눈이 내리고 바람이 심하게 불었다. 최명길과 윤휘가 적진에 가서 태종의 답신을 받아 왔다. 답신에는 왕이 직접 성에서 나와 항복하되 만일 나오지 않으면 온 나라를 밟아 버리겠다는 협박이 적혀 있었다. 아울러 척화파 신료 두세 사람을 묶어 보낼 것도 요구했다. 이조 참판 정온은 무릎을 꿇고 사느니 바른 것을 지키고 죽자는 상소를 올렸다. 인조는 그 상소를 받아들여 청의 조건을 거부했다.

태종은 인조가 항복할 기미를 보이지 않던 1월 초, 동생인 도르곤에게 왕실 가족이 피신해 있는 강화도를 공략하라고 명령했다. 도르곤에게는 청군 1만 6000명과 명에서 투항한 공유덕, 경중명이 지휘하는 100여 척의 전선이 있었다. 도르곤이 강화도 도하 작전을 준비하고 있다는 정보는 곧 강화도의 조선군 귀에 들어갔다. 조선군은 판옥선을 비롯한 40척의 전선을 해안에 배치했다. 충청도 수군절도사 강진흔이 이끄는 7척의 전선과 940명의 병력은 북쪽의 갑곶진, 강화 유수 장신이 이끄는 33척의 전선과 940명의 병력은 남쪽의 광성진을 지켰다.

1월 21일 밤 청군이 바다를 건너기 시작했다. 그때까지 강화도 수비 총책임자인 김경징은 적이 감히 공격해 올 수 없다고 허풍만 떨고 있었다. 적의 침입이 임박해서야 화약과 총탄을 나누어 주며 부산을 떨었지만 이미 늦었다. 김경징 자신은 진해루로 내려가서 갑곶진을 지키겠다고 하다가 병력이 부족하다는 핑계를 대며 강화부성으로 들어가 버렸다.

청군이 김포 쪽에서 홍이포를 쏘니 포탄이 강화도에 떨어졌다. 광성진 경비를 맡은 장신도 김경징처럼 싸움을 피해 퇴각했다. 청군은 처음에는 조선군의 매복을 의심해 함대를 출진시키지 않고 작은 배에 척후병을 태워 보냈다. 그들을 발견한 조선군이 조총을 쏘려 했지만, 화약에 습기가 차 발사되지 않았다. 복병이 없는 것을 확인한 척후병이 깃발을 흔들자 청군은 한꺼번에 강화도로 밀어닥쳤다. 조선군은 분전했으나 전투는 청군의 일방적인 우세로 전개되었다. 김상헌의 형인 판돈녕부사 김상용은 청군이 다가오자 화약에 불을 붙여 극단적 선택을 했다. 김상용과 달리 김경징과 장신은 각각 나룻배와 전선을 타고 도주했다.

강화부성에서 소수의 병력으로 농성하던 봉림 대군은 결국 성문을 열고 나가 항복했다. 도르곤이 도하 작전을 시작한 지 단 하루 만이었다. 도르곤은 봉림 대군을 비롯한 왕실 식구를 포로로 잡아 남한산성으로 돌아갔다. 원손만이 김인 등의 도움을 받아 강화도 서쪽 주문도로 피신했다. 강화도에 남은 청군은 관가와 민가를 불태우고 약탈, 강간, 살육을 자행했다.

강화도 펄에는 특이한 풀이 자라고 있다. 당시 강화도에서 죽은 백성의 원한과 피가 풀로 변했다는 칠면초다. 강화도 토박이들은 이 풀을 '갱징이풀'이라 부른다. 죽어 가는 여인들이 비겁한 김경징을 "경징아, 경징아!" 하고 부르며 저주하고

청 태종 누르하치의 여덟째 아들 홍타이지. 1626년 후금의 칸이 되고, 10년 후 국호를 청으로 바꾼 뒤 황제로 즉위했다. 내몽골을 평정하고 명과 벌인 일련의 전투에서 승리해 제국의 발판을 마련했다.

강화도 갑곶돈대 1679년 (숙종 5) 갑곶진에 들어선 돈대와 불랑기포. 병자호란 때 청군은 갑곶진 쪽으로 상륙해 강화도를 점령했다.

130

현절사 삼학사를 기리고자 1688년(숙종 14) 남한산성에 세운 사당. 1699년 김상헌과 정온의 위패도 안치했다. 경기도 유형문화재.

원망해서 생긴 이름이다. 강화도에서는 말과 소도 이 풀을 입에 대지 않는다고 한다.

1월 23일 인조가 병에 걸려 몸이 불편했다. 고립된 성에서 나쁜 예감이 들었기 때문일까? 다행히 의원이 지어준 약으로 회복했다. 청군이 척화파 신료들을 보내라고 계속해서 채근했다. 김류, 이성구, 최명길 등이 모여 누구를 보낼 것인가 고민했다. 홍익한, 윤집, 오달제가 성 밖으로 나갈 척화신으로 낙점되었다. 그들이 심양으로 끌려가 순절한 '삼학사'이다. 남한산성에는 이들을 기리는 사당인 현절사(顯節祠)가 있다.

청군이 남성을 침범하고 종일토록 행궁을 향해 포를 쏘았다. 26일 저녁에 최명길 등이 적진에 갔다. 그 자리에서 잉굴다이가 최명길에게 강화도가 함락되었음을 알렸다.

"(봉림) 대군 일행이 이미 통진(김포)에 와 있소. 서울의 궁궐에 불은 지르지 않을 것이니 왕은 다시 궐내에 들게 하시오. (소현) 세자와 대군만 심양으로 데려가겠소. 내 말이 미덥지 않다면 대군의 편지를 읽어 보시오(『산성일기』)."

남한산성 서문 산성을 처음 쌓았을 때부터 있던 문으로 여겨진다. 우익문으로도 불린다. 삼전도는 이곳에서 북서쪽으로 약 8킬로미터 떨어져 있다. 지금은 잠실 일대와 한강의 일몰 풍경을 감상하는 곳으로 잘 알려져 있다.

인조는 봉림 대군의 편지를 확인하고 "종사가 이미 망하게 되었으니 내가 할 일이 없구나."라고 한탄했다. 27일 최명길 등이 인조의 항복 문서를 가지고 청군 진영에 갔다. 그날 김상헌은 목을 매어 자살을 시도했으나 주위 사람들이 말려 실패

했다. 이튿날에도 자살하려다 심양에 볼모를 보낸다는 말을 듣고 분한 마음을 다잡았다. 칼로 목숨을 끊으려다 실패한 정온은 이런 시를 썼다.

세상 살기가 어찌나 험준한지
한 달 동안 달무리 진 산성 가운데 있구나.
이 한 몸 아까울 것 없으나
임금님께선 어찌 그리도 곤궁하실까.
바깥에서 충성을 다하는 군사 끊기고
조정에선 나라 팔자는 흉한 소리 많도다.
(『산성일기』)

예로부터 성을 나가 항복하는 왕의 예법은 두 가지가 있었다. 첫째는 망자의 입에 넣는 구슬을 입에 물고 빈 관에 실려 나가는 것이다. 유방(한 고조)에게 진3세(진의 제3대 황제)가 항복한 방식이다. 둘째는 위엄 있는 의식을 생략한 채 군신과 하인을 거느리고 나가는 것이다. 태종은 28일 잉굴다이를 통해 친서를 전달하면서 첫째 방식은 참혹하니 둘째 방식으로 하라고 했다. 왕의 용포는 벗고 남색 군복인 융복(戎服)을 입기로 했다. 궁인들이 밤새도록 인조와 세자가 입을 융복을 준비했다. 그날 밤 잉굴다이와 마푸타가 태종의 편지를 가지고 남한산성에 들어갔다. 명과 모든 관계를 정리하고, 조선 문서에 청의 연호를 쓰고, 세자와 대군을 청에 볼모로 보내라는 등의 요구가 적혀 있었다.

② 굴욕의 땅 삼전도

1637년 1월 30일, 하늘에 햇빛이 없었다. 인조와 세자는 융복으로 갈아입고 백마에 올라 서문 밖으로 나섰다. 백마를 타는 것은 중국에서 군주가 항복할 때의 관행이었다. 청은 인조를 시위하는 인원을 500명 이내로 제한했다. 인조는 시종 50명을 거느리고 태종이 기다리는 삼전도로 길을 떠났다. 칼날 같은 눈발을 맞으며 서문을 나서자 가파른 절벽 아래 송파진에 진을 치고 있는 청의 대군이 한눈에 내려다보였다. 성의 서쪽은 경사면이 가파르지만 산성에서 한강 나루로 가는 가장 빠른 길이다. 신하들이 서문 안에 늘어서서 가슴을 치며 곡을 했다.

인조는 산성을 내려가 거친 풀을 깔고 앉았다. 갑옷을 입은 청군 수백 명이 좌우로 열을 지어 말을 타고 달려왔다. 인조가 청군이 오는 이유를 묻자 이경직은 왕을 영접하는 청의 방식이라고 했다. 얼마 뒤에 잉굴다이와 마푸타가 인조에게 다가왔다. 잉굴다이가 인조를 위로하고 인조는 두 사람이 힘써 줄 것을 당부했다. 잉굴다이는 이제 두 나라가 한 집안이 되니 백성의 안위는 걱정하지 말고 어서 길을 떠나자고 했다.

삼전도는 서울에서 남한산성에 이르는 길목에 있었다. '삼밭나루'라고도 한다. 조선 시대에 서울 도성과 부리도(잠실 지역)를 연결하는 나루터였다. 1439년(세종 21) 한강에 설치된 조선 최초의 나루터 중 하나였다.

청군은 삼전도에서 남쪽으로 9층의 단을 만든 뒤 단 위에 장막을 벽처럼 두르고 황양산(노란 양산)을 받쳤다. 단 위에는 용무늬 돌을 깔고 돌 위에 용무늬를 수놓은 비단 요를 폈다. 단 주위에는 키가 크고 건장한 정병 수만 명이 비단옷과 갑옷을 다섯 벌씩 껴입고 도열해 있었다.

인조가 도착할 때까지 태종은 황금 걸상 위에 걸터앉아 여러 장수가 활 쏘는 모습을 보며 여흥을 즐기고 있었다. 인조는 신하들과 함께 단을 향해 100보 걸어 들어갔다. 뜰 안의 진흙 위에서 배례하려 할 때 신하들이 돗자리를 깔자고 했다. 그러나 인조는 태종 앞에서 자신을 낮추겠다며 이를 거부했다. 잉굴다이가 다가와 태종의 말을 전했다. 용단을 내려 그곳까지 와 준 것이 다행스럽고 기쁘다는 내용이었다. 인조는 "천은이 망극합니다."라고 답했다.

호수가 된 삼전도 삼전도에는 1950년대까지 나룻배가 다녔으나 1970년대 한강 개발로 포구가 사라졌다. 1971년 부리도 북쪽 물길을 넓히고 남쪽 물길을 폐쇄해 섬을 육지화하는 사업이 진행되었다. 그때 폐쇄한 남쪽 물길이 지금의 석촌호수로 남게 되었다. 멀리 롯데월드 어드벤처매직아일랜드가 보인다. ⓒ 한국관광공사–박명숙.

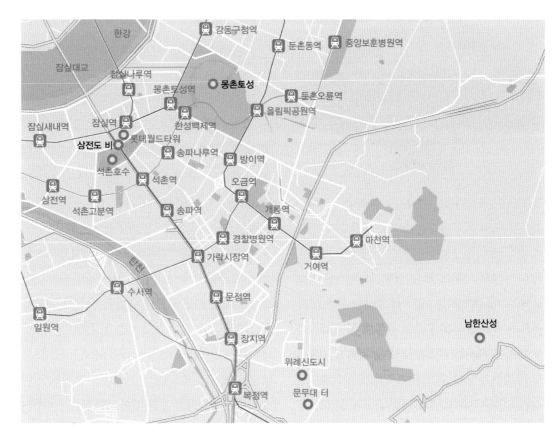

삼궤구고두례가 시작되었다. 세 번 무릎 꿇고 아홉 번 머리를 조아리는 만주식 예법이다. 한 번 무릎 꿇을 때마다 세 번 머리를 조아리기를 세 번 반복한다. 만주어로 '헝킬엄비'라고 부른다.

『청실록』에 따르면 의례는 이렇게 진행되었다. 우선 홍타이지가 자리에서 일어나 인조 일행을 이끌고 하늘을 향해 삼궤구고두를 했다. 인조 일행도 단 밖에서 홍타이지를 따라 삼궤구고두례를 올렸다. 예를 마치고 자리로 돌아가 앉은 홍타이지는 엎드려 죄를 비는 인조에게 전날의 일은 묻지 않을 테니 앞으로 충성하라고 훈시했다. 인조 일행은 이에 감사하며 단 위에 있는 태종에게 삼궤구고두례를 올렸다. 이제 조선은 청에게 아우의 나라가 아니라 신하의 나라가 되었다고 공표하는 의식이었다.

삼전도의 치욕을 다룬 드라마나 소설에서는 인조가 삼궤구고두례를 올릴 때 땅에 이마를 찍어 피를 흘리는 장면이 묘사되곤 한다. 그것은 인조와 조선의 굴욕을 두드러져 보이게 하는 효과가 있지만 실제로 그랬다고 보기는 어렵다. 일국의 군주가 오랑캐로 여기던 자들 앞에서 무릎을 꿇는 것 자체가 이미 그 무엇과도 바꿀 수 없는 굴욕이었다. 병자호란을 배경으로 하는 고전 소설 『박씨전』에는 임경업과 잉굴다이(용골대)가 등장한다. 박씨 부인이라는 가상의 영웅을 등장시켜 현실에서 당한 굴욕을 상상 속에서나마 보복하고자 하는 조선의 마음을 읽을 수 있다.

의식이 끝나자 태종은 대연회를 열었다. 신하들이 인조의 대우를 어떻게 할 것인지 묻자 태종은 이렇게 답했다. "비록 군세(軍勢)에 밀려 귀부(歸附)했지만 그는 일국의 왕이다." 그 말에 따라 인조는 태종 아래 동쪽에서 서쪽을 바라보며 앉았다. 그 옆으로 청과 몽골의 친왕, 군왕, 귀족들이 앉았다. 술상의 안주도 태종과 같았다. 적어도 형식적으로는 인조를 청 제국의 제2인자로 인정한 셈이었다.

태종은 화려한 안장을 얹은 백마와 검은담비 가죽옷을 미리 준비해 인조에게 선물했다. 그는 이제 양국이 한 집안이 되었다면서 활쏘기 대회를 주선하기도 했다. 차 한 잔과 술 석 잔을 마시는 연회가 끝나고 술상을 물릴 때, 청군이 개 두 마리를 끌고 들어왔다. 그때 태종이 상에 차려진 고기를 베어 개에게 던져 주었다. 마치 항복한 조선의 왕에게 은전을 베푸는 모습으로 보인다면 지나친 자의식의 발로일까?

연회를 마치고 나서야 인조는 포로로 잡혔던 왕실 식구들을 만날 수 있었다. 이경직이 조선의 옥새를 잉굴다이에게 건넸다. 저녁 무렵 인조는 서울로 돌아가도 좋다는 태종의 명을 받았다. 밖에 앉아 기다리고 있던 인조는 인평 대군과 대군 부인, 숙의 등을 데리고 서울로 들어갔다. 소현 세자와 봉림 대군 등은 볼모로 잡혀 심양으로 가기 위해 진중에 머물렀다. 『인조실록』은 그날의 참담한 광경을 이렇게 기록하고 있다.

상(인조)이 한강 소파진에서 배를 타고 강을 건넜다. 나루의 사공들은 거의 다 죽고 빈 배 두 척만이 있었다. 백관이 다투어 건너려고 어의를 잡아당기면서까지 배에 올랐다. 임금이 건넌 뒤에 칸(태종)이 말을 타고 달려와 얕은 여울로 군사들을 건너게 하고, 뽕나무밭에 나아가 진을 치게 했다. 그리고 잉굴다이를 시켜 군병을 이끌고 행차를 호위해 길의 좌우를 끼고 상을 인도하도록 했다. 사로잡힌 자녀들은 이를 바라보고 울부짖었다. "우리 임금이시

여, 우리 임금이시여, 우리를 버리고 가십니까!" 길에서 울며 부르짖는 자가 만 명을 헤아렸다.

소파진은 지금의 송파나루를 말한다. 조선 초에 '연파곤'이라 불리다가 '소파곤'·'송파진'으로 변했다는 설도 있고, 옛날에 소나무가 빽빽이 들어차 있어서 '송파(소나무 언덕)'라 불렸다는 설도 있다. 백성의 원망을 듣고 신하들에게 옷깃을 잡히며 송파진을 건너는 인조는 신하들의 임금도, 백성의 임금도 아니었다. 인조는 청군의 보호를 받는 꼭두각시 왕에 불과했다. 그는 자정 즈음에 창경궁으로 환궁했다. 청군은 궁궐을 보호해 주었지만, 궁궐 밖 서울 거리는 청군의 약탈로 아수라장이 되어 있었다.

2월 2일 태종이 심양으로 길을 떠날 때 인조가 동교(東郊)에 나가 배웅했다. 동교란 서울에서 100리 이내에 있는 양주, 포천, 가평, 양평 등의 동쪽 지역을 말한다. 그날 새벽에 도성 안 백성이 다 성에서 나왔는데, 청군이 곳곳에 가득했다. 그들은 백성에게 채찍을 휘두르고 발길질을 했다. 여염집 여인들은 혹시 눈에 띌까 두려워 장옷으로 얼굴을 감쌌다.

청군이 철수할 때 볼모로 잡혀 간 삼학사는 심양에서 처형당했다. 김상헌은 그때는 압송을 면했지만, 2년 뒤 청이 명을 공격하기 위한 지원군

심양 고궁 1625년 착공해 1636년 완공한 후금과 청의 황궁. 1644년 베이징 천도 후에는 청 황제가 동북 지역을 순회할 때 머무는 행궁이 되었다. 중국 랴오닝성 선양.

파병을 요청해 오자 반대하는 소를 올렸다가 기어코 청에 끌려갔다. 그때 김상헌이 서울을 떠나면서 지은 시조는 당시 조선의 아픔을 대변하는 절구로 남아 있다.

> 가노라 삼각산아, 다시 보자 한강수야.
> 고국산천을 떠나고자 하랴마는
> 시절이 하 수상하니 올동말동하여라.

청군에게 끌려간 것은 왕족과 사대부만이 아니었다. 수많은 조선 백성이 포로로 잡혀 가 심양의 노예 시장에서 팔렸다. 혹한기에 끌려간 포로들이 겪은 상황은 처참했다. 많은 이가 얼어 죽고 굶어 죽고 맞아 죽었다. 도망치려다 잡힌 포로는 발꿈치를 잘렸다. 병자호란 중 청에 끌려간 포로는 10만 명 내외로 추정되나, 최명길은 명에 보낸 외교 문서에서 50만 명이라고 주장했다.

1675년(숙종 1) 청에 잡혀간 지 38년 만에 탈출한 안단이라는 사람이 있었다. 그는 의주까지 왔다가 체포되어 청에 넘겨졌다. 청이 심양을 탈출한 포로는 잡는 즉시 돌려보내라고 했기 때문이다. 무고한 백성을 대신 잡아 보내기도 했다. 몸값을 지급하고 포로를 빼내는 속환을 시도하는 사람도 있었다. 그러나 청이 속환가를 계속 올리는 바람에 양반 중에서도 재산이 있는 사람의 가족만 돌아올 수 있었다.

여성 포로의 상당수는 청군의 첩으로 전락했다. 당시에 생긴 모멸적인 말로 지금까지 사용되는 것이 있다. 심양에서 고향으로 돌아온 여자를 뜻하는 '환향녀(還鄕女, 화냥년)'와 환향녀가 청군과의 사이에서 낳은 아이인 '호래자식(胡來子息, 후레자식)'이다. 환향녀는 상당수가 이혼당하거나 자결했다. 호래자식의 운명도 기구했다. 전쟁의 희생양인데도 대부분 천대받고 버려졌다. 그 세태를 보고 인조는 청에서 돌아온 이가 홍제천에서 몸을 씻으면 모든 과거를 불문에 부친다는 어명을 내리기까지 했다.

삼각산 북한산의 옛 이름. 백운대(835.6미터), 인수봉(810.5미터), 만경대(800.6미터)의 세 봉우리가 높이 솟아 있어 붙은 이름이다. 세 봉우리는 고려 시대에 중봉, 부아봉, 국망봉으로 불렸다. 서울과 경기도 고양시, 양주시, 의정부시에 걸쳐 있다.

김상헌이 청에 끌려간 1639년(인조 17), 굴욕의 땅 삼전도에는 큰 비석이 우뚝 섰다. 현재 서울 송파구 석촌호수공원에 있는 삼전도비이다. 머릿돌인 이수와 바닥 돌인 귀부를 갖춘 높이 3.95미터, 너비 1.4미터의 대형 비석이다. 비석에 사용된 돌은 충주에서 32톤의 화강석을 캐낸 뒤 한강을 통해 배로 실어 나르고, 장정 400여 명이 육지로 끌어서 옮겼다.

삼전도비는 조선이 자발적으로 세운 비석이 아니다. 조선을 무릎 꿇린 청이 조선의 복종을 확인하고 세세연년 태종의 송덕을 찬양하도록 하기 위해 강요한 비석이었다. 태종은 조선인이 직접 비문을 쓰라고 지시했다. 도승지 겸 예문관 제학 이경석이 비문을 짓고, 오준이 글씨를 쓰고, 여이징이 비석에 글씨를 새겼다. 비석의 정식 명칭은 '대청황제공덕비'이다. 비석 앞면 왼쪽에는 만주어, 오른쪽에는 몽골어, 뒷면에는 한문이 쓰여 있다. 병자호란의 발발 원인과 전쟁의 진행 상황, 강화의 결과까지 간결하게 기록되어 있다. 그중에서 태종에 대한 글이 눈에 띈다.

삼밭(삼전도) 남쪽은 곧 황제(태종)가 머무시던 곳으로 단이 있다. 우리 과군(인조)이 공조에 명해 단을 더 높이고 크게 한 뒤 돌을 베어 비를 세워 길고 오래도록 두라고 했다. 황제의 공덕이 바로 조화와 함께 흐름을 밝히니 대조(청)의 어질고 위엄스럽기가 이로부터 말미암았다.

후대에 삼전도비는 치욕의 비석, 괴물 비석 등으로 여겨졌다. 굴욕의 역사를 지우고 싶은 사람들의 마음이었을 것이다. 1895년(고종 32) 청일전쟁이 청의 패배로 끝난 후 고종은 비석을 뽑아 땅에 엎어 버렸다. 이후 20여 년간 그대로 방치되었던 것을 1917년 조선총독부가 그 자리에 다시 세웠다. 해방 후에는 이승만 정부가 땅에 묻어

버리고 비석이 있던 자리만 삼전도 비지(고적 제147호)로 지정했다. 그 후 홍수로 비석이 드러나자 장면 내각이 다시 세워 놓았다. 이를 박정희 정권이 역사의 반성으로 삼자는 의미에서 1963년 사적으로 지정했다. 1980년대 들어 남한산성을 시찰하던 전두환이 비록 치욕적이라도 역사적인 사실과 유적은 그대로 보존하라면서 삼전도의 복원을 지시했다. 삼전도비 주변에는 공원을 조성하고 대대적으로 정비했다. 참으로 심란한 우여곡절을 지닌 비석이다.

오늘날 삼전도비는 고가의 주거 단지와 화려한 유원지로 둘러싸여 있다. 비석에서 직선거리로 불과 200여 미터 떨어진 곳에는 세계에서도 손꼽히는 초고층 건물이 솟아 있다. 굳이 광각 렌즈를 쓰지 않아도 그 건물과 삼전도비를 한 화면에 담을 수 있다. 역사적 굴욕의 현장 따위는 안중에도 없는 것처럼 하늘을 도발하고 있는 고층 건물 앞에서 하늘에 대고 죄를 빌던 인조가 떠오른다. 굴욕의 역사는 정녕 끝난 것일까?

삼전도비 지금은 석촌호수 서호 북쪽 기슭에 있으나, 처음에는 호수 안에 있었던 것으로 추정된다. 만주어, 몽골어 연구의 중요 자료로 꼽힌다. 사적.

삼전도비와 롯데월드타워 지상 123층, 지하 6층으로 구축된 롯데월드타워는 지상 높이만 555미터에 이른다. 3.95미터인 삼전도비의 140배가 넘는 규모이다. 삼전도비를 현재 위치로 옮긴 2010년에 공사가 시작되어 2016년에 완공되었다.

병자호란 이후 조선은 청을 어떻게 바라보았을까? 1706년(숙종 32) 이이명이 대형 병풍으로 만들어 왕에게 올린 「요계관방도」 만주에서 베이징 일대에 이르는 지역의 군사 형세를 담고 있다. 조선의 사대부들은 몽골족의 원이 남송을 정복한 후 100년도 못 버티고 초원으로 밀려난 것처럼 청도 100년 안에 망해 고향으로 철수할 것으로 내다보았다. 그때 압록강 국경을 침범할 수 있다는 생각에 해당 지역의 상세한 지리 정보를 수집해 수록한 것이다. 가로 635센티미터, 세로 130센티미터. 보물. 서울대학교 규장각 한국학연구원 소장.

조선을 놓고 맞붙은 청과 일본

병자호란으로 조선은 명과 관계를 끊고 청에 조공을 바치는 제후국이 되었다. 조선은 겉으로 청에 사대하면서 내심으로는 명의 부활을 꿈꾸었으나 그런 날은 오지 않았다. 청의 조선 지배에 균열을 일으킨 것은 명이 아닌 서구 세력과 일본이었다. 1876년(고종 13) 일본은 자신을 개항시킨 미국의 방법을 그대로 본떠 조선을 무력으로 위협하고 강화도조약(조일수호조규)을 맺어 조선을 강제 개항시켰다. 이로써 일본을 선봉으로 한 열강의 정치적, 경제적 침탈이 본격화했다. 청은 이에 뒤질세라 1882년 조청상미수륙무역장정을 맺고 조선에 대한 종래의 종주국 지위를 국제적으로 인정받으려 했다.

인천 개항장 거리

- 인천역
- 차이나타운
- 짜장면박물관
- 인천근대박물관
- 한중문화관
- 청일 조계지 경계 계단
- 인천개항박물관
- 한미수교백주년기념탑
- 자유공원
- 맥아더 장군 동상
- 인천광역시역사자료관

조선의 왕도 서울로 통하는 개항장 인천에는 1883년(고종 20) 일본인의 배타적 거주지인 조계(租界)가 들어서고 이듬해 청 조계가 들어섰다. 지금의 자유 공원 서남쪽에서 서해를 바라보며 맞붙어 있던 청과 일본의 조계 사이에는 청일 조계지 경계 계단이 조성되었다(인천광역시 기념물, 인천 중구 전동 24번 지 외 1필지). 계단 양쪽을 중국과 일본의 거리로 만들며 경쟁하던 청과 일본은 10년 후 조선에 대한 패권을 놓고 무력 충돌을 벌이게 된다. '제폭구민(폭정 을 제거하고 백성을 구함)'을 외치며 일어난 동학농민군을 조선 정부가 감당하지 못하고 청에 원군을 요청한 것이 청일전쟁이 빌미가 되었다.

IV 동학농민전쟁
– 개벽의 전장을 찾아

1894년(고종 31) 서로 연결된 두 개의 전쟁이 한반도를 휩쓸었다. 동학농민전쟁은 처음에는 전통적인 농민 봉기처럼 보였으나, 시

간이 흐를수록 이전과는 전혀 다른 세상을 지향하는 새로운 전쟁이 되어 갔다. 마치 동학사상이 지향한 '개벽'을 현실에서 이루어

낼 기세였다. 동학농민전쟁을 빌미로 일어난 청일전쟁은 중국과 일본이 국내에서 충돌했다는 점에서는 이전의 병자전투나 임진왜

개벽의 비결을 간직한 마애불 전라북도 고창 선운사 뒷산에는 도솔암이라는 암자가 있고, 그 왼쪽 칠송대라는 암벽에는 미륵 좌상이 새겨져 있다. 백제 때 검단선사가 새겼다는 이 마애불의 배꼽 안에는 새로운 세상을 열 비결(秘訣)이 들어 있다는 전설이 내려온다.

란과 닮았다. 그러나 한반도의 정부가 어떤 주체적 역할도 하지 못하고 전쟁의 승자에게 먹힐 운명에 몰려 있었다는 점에서 청일전쟁은 완전히 다른 전쟁이었다. 오히려 부패한 정부와 외세에 끝까지 맞서 싸운 동학농민군이야말로 그 시기 진정한 한반도의 주인이었다고 할 수 있다. 동학농민전쟁과 청일전쟁은 서로 맞물리면서 19세기 말 동아시아의 운명을 결정지은 하나의 전쟁이었다.

동학농민군 제1차 봉기 주요 유적지

동학농민혁명삼례봉기역사광장 조형물
전라북도 완주군 삼례읍 신금리 417-3.

삼례

교조 신원 운동 1892.11.

전주성전투 1894.4.27.

전주

노령산맥

전주성

완산칠봉

완산전투 1894.4.28.

만경강 호남평야를 관통해 서해로 흘러
드는 강.

호남평야

백산대회 1894.3.25.

고부봉기
출발점 1894.1.10.

고부봉기를 촉발한 곳

백산성

전봉준 고택

만석보 터

예동

말목장터

황토현

고부 관아 터

사발통문 작성지

고부봉기 직후 농민군
집결 1894.1.17.

황토현전투 1894.4.6.

노령산맥 월출산 노령산맥 서쪽 끝자락
에 자리한 산. 전라남도 영암군 영암읍
전황사로 280-43.

선운사 도솔암 마애불 보
물. 전라북도 고창군 아산면
선운사로 250.

정읍

고부봉기를 계획한 곳

1892년 손화중이 비결을
꺼냈다고 알려진 곳

선운사 도솔암 마애불

황토현 전봉준상 동학농민군이 전라도
관군을 격파한 황토현전적지에 있다. 전
라북도 정읍시 덕천면 하학리 3.

내장산 국립공원

변산반도 국립공원

고창

구암리

무장기포 1894.3.20.

황룡촌전투 1894.4.23.

전라북도

장성

신호리

황룡전적비 동학농민군
이 정부군에게 승리한
황룡전적지에 세워져 있
다. 전라남도 장성군 황
룡면 신호리 산 1-1.

『정감록』 조선 시대 민간에 유포된 도참
서. 민중 운동과 신종교 운동에 영향을
끼쳤다.

1

호남 창의

동고서저(東高西低)의 지형을 가진 한반도에서 평야는 주로 서쪽 지방에서 발달했다. 노령산맥 북쪽에 만경강과 동진강을 끼고 펼쳐진 호남평야는 그중에서도 가장 넓고 기름진 들판이었다. 동학농민전쟁은 바로 그곳에서 시작되었다. 한반도 최대의 곡창 지대에서 대규모 농민 봉기가 일어난 이유는 무엇일까? 산물이 풍부한 지역일수록 봉건 지배 계급의 수탈과 외세의 침탈이 집중되기 마련이라 세상을 바꾸려는 동학의 '개벽' 사상이 빠르게 파고들 수 있었다. 개벽 사상은 왕조의 부침을 예언하고 있는 『정감록』, 미래불이 도래해 중생을 구원하리라는 미륵 신앙, 19세기 초 평안도에서 반란을 일으킨 홍경래가 죽지 않고 살아 있다는 전설 등과 결합해 호남평야를 일렁이게 했다. 1892년(고종 29) 8월, 무장(전라북도 고창)의 동학 지도자 손화중이 선운사 도솔암 마애불의 배꼽에서 비결을 꺼냈다는 소문이 일파만파로 퍼져 나갔다. 소문의 사실 여부는 중요하지 않았다. 비결은 이미 도탄에 빠진 세상에 개벽이 일어나기를 바라는 사람들의 마음속에 있었기 때문이다.

1 창의의 현장

봉기의 땅 고부

동학농민전쟁의 시발점은 1894년 1월 고부였다. 고부는 오늘날 정읍시의 한 면(面)이지만, 조선 시대에는 19개의 읍면을 둔 큰 군(郡)이었다. 호남에서도 손꼽히는 곡창 지대이면서 해안에도 인접해 있어 농산물과 해산물이 풍부했다. 국정이 문란해진 조선 말기에는 탐관오리가 노리는 요지일 수밖에 없었고, 그런 점에서 농민 봉기의 휘발성이 잠재해 있었다.

고부봉기를 주도하고 동학농민전쟁의 총사령관이 된 사람이 전봉준(1855~1895)이다. 그는 고창 당촌 태생으로 고부의 조소마을에서 서당 훈장을 하고 가까운 말목장터에서 약을 팔기도 했다. 서당에서 제자를 기르면서 김개남, 손화중 등 훗날의 동지들과 어울렸다. 과묵한 성격에 체구는 작지만 위풍당당한 몸가짐을 갖춘 전봉준의 명망은 점점 높아졌다.

1892년 고부 군수로 부임한 조병갑은 당대의 수많은 탐관오리처럼 온갖 학정을 자행했다. 군민에게 과중한 세금을 부과하고 이에 저항하는 사람은 가차 없이 처벌했다. 본래 고부에는 농민이 자발적으로 만든 저수지인 민보(民洑)가 있어 논에 물을 대는 데는 어려움이 없었다. 그러나 조병갑은 군민을 동원해 만석보라는 저수지를 다시 쌓고 물값 명목으로 많은 세금을 거두

어들였다. 음란한 죄, 화목하지 못한 죄 등 온갖 어처구니없는 죄명을 군민에게 씌워 벌금을 받아 내는가 하면 부친의 비석을 만드는 데 쓴다면서 돈을 걷기도 했다. 군민은 연명으로 관아에 소장을 내는 등소(等訴)를 통해 억울함을 호소했지만, 돌아오는 것은 폭행과 처벌뿐이었다. 서당 훈장이던 전봉준의 아버지 전창혁은 등소에 이름을 올렸다는 이유로 관아에서 곤장을 맞고 집으로 돌아와 죽었다.

조선 시대 향촌의 민이 관의 잘못된 행정을 비판하고 시정을 요구하는 데는 일정한 절차가 있었다. 먼저 양반들이 모여 고을 일을 논의하는 향회(鄕會)에서 관아에 시정을 건의한다. 건의가 거부당하면 양반과 평민이 다 같이 모이는 도회(都會)에서 다시 문제를 제기한다. 그래도 안 되면 등소를 하고, 끝내 정당한 요구가 받아들여지지 않으면 관아를 공격해 아전을 처벌하고 수령을 내몰기도 했다. 그때 수령이 응하지 않으면 등에 업어서라도 마을 밖인 오리정에 갖다 놓아 수령의 권위를 부정했다. 오리정은 관아로부터 5리(2킬로미터) 거리에 세운 정자로, 수령의 통치권이 미치는 영역을 상징하는 곳이었다. 수령은 향촌에서 왕의 통치를 대행하는 인물

만석보 터 넓은 배들평야가 펼쳐진 동진강 변에 자리 잡고 있다. 전라북도 기념물. 전라북도 정읍시 이평면 하송리 33-1. 서남쪽으로 1킬로미터 남짓 떨어진 예동에는 만석보 혁파를 기념해 1898년에 세운 선정비가 있다.

고부군 일대 일제 강점기인 1914년에 북부는 부안군, 나머지 지역은 정읍군으로 편입되어 행정 구역으로서 고부군은 사라지게 된다. 「대동여지도」.

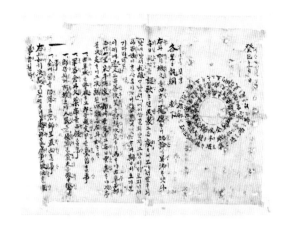

사발통문 1968년 12월 송두호의 후손인 송준섭의 집(전라북도 정읍시 고부면) 마루 밑에 묻혀 있던 족보에서 발견되었다. 동학농민혁명기념관.

이었으므로 그의 목을 치는 행위는 반란으로 간주했다.

고부의 동학교도들은 조병갑의 학정을 그냥 두고 볼 수 없었다. 1893년 11월 그들은 서부면 죽산리에 있는 송두호의 집에 모여 방바닥에 종이를 펼치고 그 위에 사발을 엎어 놓았다. 전봉준, 송두호, 김도산 등 20명이 사발 주위를 따라 돌아가며 서명을 하고 그 옆에 결의문을 작성했다. 서명자 중에는 고부 사람 외에 고창, 부안, 정읍에 사는 이도 있었다. 누가 우두머리인지 알지 못하게 서명한 이 문서를 '사발통문'이라 한다. 결의 사항은 다음과 같다.

예동 봉기 장소(오른쪽) 동학농민군의 최초 봉기를 상징하는 조형물이 세워져 있다. 전라북도 정읍시 이평면 하송리 198-4.

말목장터의 감나무 전봉준이 말목장터에 집결한 농민들에게 연설을 하고 감나무에 기대어 쉬었다는 이야기가 전한다. 전라북도 정읍시 이평면 두지리 191-3.

- 고부성을 격파하고 군수 조병갑을 효수할사(事)
- 군기창과 화약고를 점령할사
- 군수에게 아유(阿諛, 아첨)해 인민을 침어(侵漁, 침탈)한 탐리(貪吏)를 격징(擊懲)할사
- 전주영을 함락하고 경사(京師, 서울)로 직향(直向)할사

수령인 조병갑을 효수한다고 했으니 이는 단순한 항의가 아니라 반란이었다. 전봉준은 나아가 그해 12월에는 무장을 방문해 송문수라는 사람의 집에서 손화중과 함께 전라도 관찰사 김문현의 폭정에 맞서 싸울 것을 결의했다.

이듬해 1월 10일 밤, 고부 예동의 공터에 군민이 모였다. 전봉준은 그 자리에서 정부의 학정과 조병갑의 비리를 규탄하고 민씨 일파와 조병갑을 몰아내자고 부르짖었다. 11일 새벽, 500여 명의 군민은 횃불을 높이 치켜들고 고부 관아의 동헌으로 쳐들어갔다. 조병갑은 눈치를 채고 꽁지가 빠지게 줄행랑을 놓았다. 전봉준은 동헌에 앉아 아전들을 잡아들이고 조병갑의 죄목을 따져 물었다. 봉기한 군민은 창고를 털어 백성에게 쌀을 나누어 주고, 감옥을 부수어 무고한 죄인을 풀어 주고, 무기고를 접수했다. 동학농민군의 태동이었다.

소식을 듣고 사람들이 구름 같이 모였다. 1월 17일 농민군은 말목장터로 이동한 뒤 학정의 상징인 만석보를 허물었다. 전봉준은 말목장터 감나무 아래에서 농민군의 전열을 가다듬고, 함께 봉기할 것을 촉구하는 격문을 전라도 각지에 띄웠다. 며칠 만에 주변 마을에서 1만 명이 넘는 사람이 모여들었다. 전봉준은 그들 중에서 장정을 골라 농민군에 편입시켰다. 호남뿐 아니라 전국으로 봉기를 확대할 구상이 무르익었다.

사태의 심각성을 인지한 정부는 군수 조병갑을 파면하고 후임에 박원명을 임명했다. 아울러 이용태를 현지 조사 책임자인 안핵사로 내려보내 원인을 조사하고 해결책을 마련해 민심을 안정시키도록 했다. 농민군은 일단 자진 해산하고 정부의 조치를 지켜 보기로 했다.

기포의 땅 무장

안핵사 이용태는 성난 민심을 가라앉히기는커녕 악화시켰다. 그가 거느린 군사는 민가에 불을 지르고 약탈, 강간 등 온갖 만행을 저질렀다. 그때 전봉준의 초가집도 불에 탄 것으로 알려졌다. 전봉준은 이용태의 체포령을 피해 3월 13일 수십 명의 농민군과 함께 무장으로 넘어갔다.

다시 만난 전봉준과 손화중은 지난 12월 이곳에서 약속한 결의를 실행에 옮길 때가 되었다고 판단했다. 그들은 무장을 동학농민군의 새 근거지로 삼고 무장 관아에서 5리도 안 떨어진 왕제산 여시뫼봉(고창군 무장면 신촌리)에서 군사 훈련을 실시했다.

전봉준은 태인(정읍시 태인면) 대접주 김개남에게도 연락해 전면적인 봉기에 함께하자고 호소했다. 김개남은 이에 호응해 자신의 병력을 이끌고 무장에 합류했다. 전봉준, 손화중, 김개남은 동학농민전쟁의 세 지도자로 꼽힌다. 그들은 『삼국지연의』의 유비, 관우, 장비처럼 함께 살고 함께 죽기로 맹세했다.

여시뫼봉과 가까운 너른 들판에는 일주일 사이에 4000명이 넘는 농민군이 모였다. 고부, 부안, 금구 등지에 흩어져 있던 사람들이다. 그들은 칼, 죽창, 조총으로 무장하고 군대의 조직을 갖추었다. 농민군 지도부는 3월 20일 호남 창의소(의병 궐기 본부) 창설을 선포하고 전봉준, 손화중, 김개남 순으로 서명한 포고문을 발표했다.

장문의 포고문은 민씨 정권의 부패와 탐관오리의 가렴주구를 규탄하고 전봉준을 총대장으로 추대했다. 농민군이 지켜야 할 4대 행동 강령도 발표했다.

첫째, 사람을 귀하게 여기고 가축을 멋대로 잡아먹지 말라.

둘째, 충효를 다해 세상을 구제하고 백성을 편안케 하라.

셋째, 왜놈을 몰아내고 성스러운 길을 맑게 하라.

넷째, 군사를 몰고 서울로 쳐들어가 권귀(權貴)를 멸하라.

포고문은 주변 지역을 거쳐 충청도와 경상도에도 전달되었다. 동학교도들은 이 글을 필사해 돌려 보았다. 이처럼 무장에서 농민군을 조직하고 포고문을 발표한 것을 '무장기포'라 한다. '기포'는 포(包)를 일으킨다는 뜻이고, '포'는 동학 조직인 접(接)을 여럿 합친 큰 규모의 조직을 말한다. 포는 대체로 여러 군현에 걸쳐 있었다. 포의 책임자를 '대접주(大接主)'라 하고 그 밑에 군, 면, 동·리의 책임자를 두어 조직을 관리하고 있었다. 무장현에서 시작된 기포는 곧 호남 전역으로 퍼져 나갔다.

앉으면 죽산, 서면 백산

동학농민군은 '보국안민창의'라고 쓴 깃발을 앞세우고 주변의 고창, 금구, 부안 등으로 행진했다. 전봉준은 준마를 타고 대장기를 펄럭이며 주력 부대 3000여 명을 이끌었다. 말을 탄 군사 20여 명이 그를 호위했다. 곳곳에서 결성된 농민군이 기다리고 있다가 전봉준 부대에 합류했다. 그들은 무장 관아를 점령한 뒤 고부로 향했다. 전봉준은 고부를 떠날 때 말목장터에 숨겨 둔 무기를 찾아 들고 3월 23일 밤 다시 고부 관아를 공격했다. 그들은 관군이 지레 겁을 먹고 비운 관아에서 이틀 동안 대오를 정비할 수 있었다.

다른 부대는 고부를 지나 전주 입구인 원평(전라북도 김제)까지 진출했다. 다급해진 전라 감영(관찰사가 직무를 보는 관아)은 가까운 고을에 공문을 보내 포군(砲軍)과 보부상을 수백 명씩 보

내라고 지시했다. 또 다른 부대는 서해안을 따라 부안으로 올라가 그곳의 농민군과 합세해 부안 관아를 점령했다. 조선 정세에 민감했던 일본은 전라도 곳곳에 첩자를 두고 이 같은 농민군의 동향을 관찰하고 있었다.

3월 말, 농민군 주력 부대는 동진강 변의 백산으로 진지를 옮겼다. 각지에서 몰려든 농민군을 결집하고 대열을 정비하기 위해서였다. 포고문을 보고 호남 40여 고을의 접주가 달려와 백산의 농민군은 8000여 명에 이르렀다. 그들은 전봉준을 총대장, 손화중·김개남을 총관령(부사령관)에 추대하고 지휘부를 구성했다. 송희옥, 정백현 등의 문인은 비서를 맡아 선언문을 작성했다.

백산은 해발 47미터의 나지막한 산이다. 동산에 불과하지만 배들평야 한가운데 솟아 있어 사방을 훤히 내려다볼 수 있는 전략적 요충지로 손색이 없었다. 당시 백산에 모인 농민군은 대부분 흰옷을 입고 손마다 죽창을 들고 서 있었다. "앉으면 죽산이요, 일어서면 백산"이라는 유명한 말은 그들의 모습에서 유래한 것이다.

백산 정상에는 전봉준을 일컫는 '동도대장(東徒大將)', 국가를 바로잡아 백성을 평안케 한다는 '보국안민(輔國安民)', 폭정을 제거하고 백성을 구한다는 '제폭구민(除暴救民)' 등의 글씨를 쓴 깃발이 펄럭였다. 정치를 바로잡고 외세의 개입을 막자는 백산 격문을 전하는 파발마가 사방으로 힘차게 내달렸다.

황토현전투 전적지 1981년 사적으로 지정되고, 1983~1987년 기념관(구관), 전봉준 선생상, 사당인 구민사와 제민당 등이 건립되었다. 2004년에는 동학농민혁명기념관이 새롭게 만들어졌다. 정부는 2019년 황토현 전승일(양력 5월 11일)을 '동학농민혁명 국가기념일'로 제정했다. 전라북도 정읍시 덕천면 하학리 3.

2 진격의 농민군

격문으로 봉기의 정당성을 알린 동학농민군은 백산을 떠나 전주를 향해 북상했다. 그들은 곳곳에서 관아를 공격해 죄수를 풀어 주고 재물을 몰수해 분배했다. 전라도와 충청도의 감영은 농민군의 해산을 종용했으나 그들의 수는 오히려 점점 불어났다. 전라도 관찰사 김문현은 1000여 명의 토벌대를 출동시켰다.

전라도를 '호남', 충청도를 '호서'라 한다. 중앙 정부는 장위영 정령관 홍계훈을 호남과 호서의 농민군을 토벌하는 양호(兩湖)초토사로 임명해 수백 명의 경군(京軍, 중앙의 관군)과 함께 전주로 내려보냈다. 이처럼 중앙 정부와 전라도의 관군이 각각 동학농민군을 진압하기 위해 움직이면서 조선의 운명이 걸린 한판 대결은 초읽기에 들어갔다.

호남 관군의 무덤 황토현

북상하던 농민군 4000여 명은 태인에서 전라도 관군에게 밀려 고부로 후퇴했다. 그들은 말목장터 남쪽 황토현에 진을 쳤다. 그들을 추격해 온 관군은 초관 유영호가 이끄는 1000여 명의 보부상 부대를 합쳐 2000여 명이었다. 황토현은 해발 35미터로 백산보다도 더 낮은 구릉이다. 관군은 황토현 등성이에, 농민군 본진은 황토현 마루에 올라가 진을 쳤다. 농민군의 일부 부대는 황토현 바로 아래에 매복했다. 전봉준은 농민군 수십 명을 선발해 보부상 옷차림으로 변장시켜 특공대를 조직했다.

4월 6일 밤, 관군은 농민군의 전력을 과소평가한 듯 술판을 벌이고 마을에서 부녀자들을 데려와 희롱하기까지 했다. 전봉준은 안개 속에서 적정을 정찰하고 관군이 술에 취해 잠이 쏟아질 무렵인 이튿날 새벽에 공격을 개시했다. 방심했던 관군은 속수무책으로 당했다. 날이 밝고 안개가 걷히자 농민군은 보부상으로 변장한 특공대를 선두로 총공격을 펼쳤다. 동학농민군과 관군의 정규 병력이 처음으로 충돌한 황토현전투는 농민군의 대승으로 끝났다. 이 전투에 참여했다가 겨우 목숨을 건져 탈출한 보부상의 말이다.

한밤중에 적이 습격해온다는 커다란 부르짖음에 잠에서 깼는데 이리저리 도망하는 사람, 엎어지는 사

장태 관군의 총탄을 막으며 전진하기 위해 고안된 무기. 누가 처음 만들었는지는 명확하지 않다. 주로 거론되는 사람은 장흥 접주 이방언이지만, 장성 사람 최경호가 만들었다는 주장도 있다. 황룡전적지 동학농민혁명승전기념탑에 조각되어 있다.

람, 울부짖는 사람, 엎드린 사람, 숨는 사람 등이 있었다. 진지의 주위에는 시체가 쌓여 있었다. 2000여 명의 관군 중에서 무기를 가지고 대적한 사람은 매우 적었고, 나머지는 앉아서 칼에 맞거나 자다가 죽는 등 그 패배의 모습은 참혹했다.(『동학당의 난』).

경군의 무덤 황룡촌

4월 6일 경군을 이끌고 군산에 상륙한 홍계훈의 귀에 전라도 관군의 황토현 패전 소식이 들려왔다. 홍계훈은 전주로 이동해 상황을 점검한 뒤 농민군을 향해 남쪽으로 출발했다. 동학농민군은 남쪽의 영광, 함평으로 발길을 돌려 그들을 유인했다. 농민군은 행군하는 동안 군기를 엄격히 세워 백성에게 피해를 주지 않고 오히려 그들을 도와주었다. 따라서 지나는 곳마다 주민의 환대를 받을 수 있었다. 함평에 머물던 전봉준은 4월 21일 관군이 따라온다는 정보를 입수하고 황룡촌(전라남도 장성) 쪽으로 이동했다.

4월 23일 농민군이 황룡강가 월평 장터에서 점심을 먹고 있을 때 홍계훈이 보낸 대장 이학승의 선발대 200여 명이 몰려왔다. 관군은 강 건너에 흰옷을 입은 농민군이 몰려 있는 것을 보고 다짜고짜 대포를 쏘았다. 그 포격으로 농민군 40여 명이 쓰러졌다. 갑작스러운 공격에 혼비백산한 농민군은 일단 뒷산인 삼봉으로 피했다.

그들은 삼봉에서 학날개 모양 진형을 갖추고 적을 포위하는 작전을 짰다. 또 황룡강 주변에 널려 있는 대나무를 베어 와 수십 개의 장태를 만들었다. 장태는 대나무로 타원형의 큰 닭장 모양을 만들고 겉면에 창과 칼날을 심은 무기였다. 농민군은 장태를 밀면서 전진해 관군이 쏘는 총탄과 화살을 방어하고, 장태 뒤에서 사격하며 황룡강을 건넜다.

황룡강은 사람의 허리에 찰 정도로 얕았다. 농민군이 신호마을 언덕을 넘어 돌격하자 관군이 도망치기 시작했다. 농민군은 달아나던 이학승을 추격해 칼로 쳐서 죽였다. 이 전투에서 관군 100여 명이 죽고 그들의 대포 2문과 양총(洋銃) 100여 점이 농민군의 손에 들어갔다.

농민군은 승리의 북소리를 울리며 북상해 4월 25일 원평 장터에 이르렀다. 패전 소식을 접한 홍계훈은 정부의 사신 이효응과 배은환을 통해 고종의 편지와 내탕금 1만 냥을 전봉준에게 보냈다. 전봉준은 고종의 편지는 버리고 내탕금만 받았다. 그리고 원평 장터에 군중을 모아 놓고 사신들을 참수했다. 시체는 마을에 버렸다. 왕의 편지를 버리고 사신을 죽인 것은 정부와 정면으로 맞서겠다는 결의의 표현이었다. 동학농민군은 다시금 북소리를 울리며 원평 들판을 가로질러 전주를 향해 북진했다.

황룡촌전투 전적지 전라남도 장성군에서 1994년부터 조성한 기념공원. 기념탑의 몸체는 죽창을 형상화했다. 근처에는 경군 대장 이학승의 순의비도 있는데, 아무도 돌보는 이가 없어 후대의 역사적 평가를 가늠하게 해 준다. 사적. 전라남도 장성군 황룡면 신호리 산 1-1.

삼봉
황룡전적지
경군 대장 이학승 순의비
동학농민혁명승전기념탑
신호마을

❸ 전주성 회군

호남제일성 전주

동학농민군은 홍계훈 관군의 추격을 따돌리고 태인, 원평을 지나 '호남제일성(湖南第一城)' 전주로 향했다. 전주로 들어가는 언덕인 독배재를 넘자 근처 마을 주민이 몰려나와 환대하고 행운을 빌었다. 어떤 이는 술 항아리를 지고 나와 농민군의 목을 축이게 하고, 어떤 이는 주먹밥을 만들어 농민군을 배불리 먹였다. 혈기 왕성한 젊은 이는 그 자리에서 농민군에 입대하기도 했다.

4월 26일 전주 인근 삼천에 진입한 전봉준 부대는 그곳에서 야영하며 전주성의 정보를 수집했다. 다음 날 아침, 그들은 용머리고개를 지나 깃발을 치켜들고 전주성으로 향했다. 일자진을 친 농민군은 총과 죽창을 들고 함성을 지르면서 풍남문과 서문으로 몰려갔다. 이를 지켜보던 김문현은 대적할 엄두를 내지 못하고 동문으로 빠져나갔다. 무혈입성이었다.

전봉준은 관찰사가 공무를 집행하는 청사인 선화당으로 들어가 관찰사 자리에 앉았다. 그는 농민군에게 폭력을 자제하고 노약자를 도와주며 백성이 안심하고 생업에 종사할 수 있도록 하라고 지시했다. 문제는 갑자기 성안을 채운 농민군의 식사를 어떻게 해결할 것인가였다. 그때 농민군은 채소 반찬에 밥을 버무린 간편식을 만들어 먹었다. 전주비빔밥은 제삿밥에서 유래했다는 설이 유력하지만, 이처럼 전주성을 점령한 농민군에서 유래했다는 설도 있다.

피로 물든 완산칠봉

농민군은 전주성 사대문을 철통같이 방어했다. 하지만 전봉준이 전략적으로 놓친 부분이 있었다. 바로 남쪽 완산 지역이었다. 그곳에서 바라보면 용머리고개와 성안이 잘 보였다.

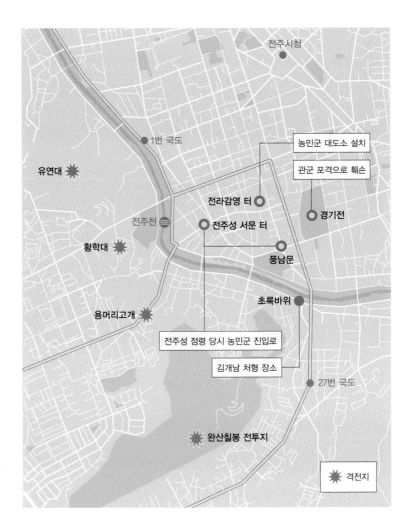

홍계훈은 태인에 도착해서야 전주가 함락되었다는 소식을 들었다. 그는 4월 28일 용머리고개에 도착한 뒤 완산칠봉 남쪽 구릉에 지휘 본부를 설치했다. 관군은 성안을 예의주시하며 완산, 다가산, 사직단, 유연대 등 주변 산과 골짜기를 연결해 진을 치고 포열을 정비했다. 그날부터 농민군과 관군 사이에 벌어진 네 차례의 치열한 공방

전주성전투 전적지
1894년 4월 27일부터 전주화약 다음 날(5월 8일) 동학농민군이 철수할 때까지 전주성과 완산 일대에서는 동학농민군과 관군의 격전이 벌어졌다.

용머리고개 정읍, 김제 등에서 전주로 넘어오는 길목이어서 한때 대장간과 주막 등이 즐비했다. 전라북도 전주시 완산구 서완산동 1가 6 일대.

전을 '완산전투'라 한다.

시야를 확보한 관군은 완산에서 전주성을 향해 잇달아 포격을 가했다. 농민군은 관군의 포대를 점령하기 위해 성에서 나와 수십 개의 장태를 밀며 완산칠봉의 산비탈을 올랐다. 그러나 장태는 평지나 내리막에서 유리한 무기였지 위에서 쏘아 대는 적의 총격을 막아 내는 데는 큰 효과를 발휘하지 못했다. 농민군 수백 명이 이 전투에서 목숨을 잃고 말았다.

5월 1일 농민군의 두 부대가 풍남문으로 나가 남북으로 나뉘어 관군을 공격했다. 남쪽 부대는 남고천을 건너 고덕산의 서쪽 골짜기를 공격하고, 북쪽 부대는 위봉에 올라가 매곡을 사이에 두고 관군과 대치했다.

5월 3일에는 전봉준이 농민군을 이끌고 북문과 서문을 나서 관군을 공격했다. 관군은 초기 형태의 기관총이라 할 수 있는 회선포(回旋砲)로 농민군에게 큰 타격을 입혔다. 이날 전투에서 선봉장을 도맡아 농민군에게 큰 힘이 되어 주던 10대 소년 장사 이복용이 전사했다. 설상가상으로 전봉준은 그의 죽음을 슬퍼할 사이도 없이 다리에 심각한 총상을 입었다.

잇달아 치열한 전투를 치르면서 양군은 각각 심각한 타격을 입었다. 당시 충청도 관찰사의 보고에 따르면 전사자는 동학농민군이 300여 명, 관군이 500~600여 명에 이르렀다.

집강소 이야기

홍계훈은 큰 상금을 내걸고 투항하면 용서해 주겠다는 회유책을 농민군에게 제시했다. 농민군 진영에서 동요가 일자 전봉준은 며칠 내로 남쪽에서 지원군이 올 것이라며 이를 진정시켰다. 그러나 화력에서 관군에 밀리는 데다 기다리는 지원군은 오지 않았다. 게다가 정부의 지원 요청을 받아들인 청이 군대를 파견한다는 소식까지 들

려왔다. 청군은 이미 4월 17일 전황을 살피기 위한 선발대를 전주에 보낸 바 있었다. 5월 들어 청군이 조선에 출병하고 그에 맞서 일본군도 병력을 파견했다. 전봉준은 외국 군대가 조선을 짓밟을 빌미를 주어서는 안 된다고 생각해 홍계훈과 협상에 나섰다.

농민군은 집강소의 설치와 폐정개혁을 요구하고, 신임 전라도 관찰사 김학진은 무기의 회수와 농민군의 해산을 요구했다. 5월 7일 양측이 서로 조건을 수용함에 따라 전주화약이 체결되었다. 동학농민군은 다음 날 전주성을 비우고, 관군은 일부만 전주에 남고 철수했다.

전주화약은 정부와 동학농민군이 폐정개혁안에 합의한 역사적 사건이었다. 전라 감영과 정부는 폐정을 바로잡기 위해 노력하고, 백성은 억울한 일이 있으면 집강소에 알리며, 집강소에서 사유를 적어 보내면 감영은 이를 공정하게 처리한다는 내용이었다. 정부는 또 모든 가구에 부과하는 부역인 호역과 공납을 1년 동안 면제해 주겠다고 약속했다. 농민군이 관장하는 집강소에 백성이 억울한 사연을 알린다는 것은 농민군 조직을 통한 민의 자치가 허용됨을 뜻한다. 이를 위해 한국 역사상 처음으로 관과 민이 소통하는 기구인 집강소가 호남 각지에 설치되었다.

전라남도 장성 황룡전적지의 동학농민군 부조

청일전쟁 주요 전적지

조선 정부의 요청으로 청이 파병하자 일본도 한반도에 군대를 보냈고, 이는 결국 청과 일본의 전면전으로 이어졌다. 일본군이 승승장구하면서 청일전쟁의 전장은 한반도를 넘어 중국의 랴오둥반도와 산둥반도로 확대되었다.

평양전투 청일전쟁의 판도를 결정한 전투. 패한 청군이 압록강을 건너 퇴각하면서 전장은 만주로 확대된다.

뤼순을 점령한 일본군 청 북양함대 사령부(해군공소)를 접수한 일본군의 모습.

조선 병사와 청군 포로 청군 포로는 평양전투에서 사로잡힌 사람들이다.

평황

압록강

랴오둥반도

평양전투 1894.8.16.

평양

압록강 앞바다

뤼순

다롄만

뤼순 학살 1894.10.24~27.

압록강해전(황해해전) 1894.8.18.

정여창 제독 항복, 자살 1895.1.18.

경복궁 건춘문 경복궁의 동문. 경복궁 점령 과정에서 조선군과 일본군의 총격전이 벌어졌다.

웨이하이

류궁다오

산둥반도

경복궁

인천

일본군 진주 1894.5.6.

풍도 앞바다

아산만

성환

풍도해전 1894.6.23.

성환전투 1894.6.27.

청군 진주 1894.5.5.

서해

압록강해전 평양전투 직후 벌어진 해전. 일본군은 이 전투에서 승리하며 해상에서 확실한 우위를 점하게 된다.

풍도해전 아산 앞바다 풍도에서 일본군의 기습으로 시작된 청일전쟁의 첫 전투.

웨이하이에서 일본군에 항복하는 정여창 제독 정여창은 항복 후 아편을 마시고 자결했다.

2

청일전쟁의 전장

삼국 시대에 신라는 고구려, 백제에 대항하기 위해 당을 끌어들였다. 임진왜란 때 조선은 일본 침략군을 몰아내기 위해 명을 끌어들였다. 이것은 모두 국가가 안팎의 적국과 싸우기 위해 외세와 힘을 합친 한국사의 사례이다. 국가가 백성을 제압하기 위해 외세를 끌어들인 사례는 찾아보기 어렵다. 원 간섭기에 여원연합군이 삼별초를 토벌한 일이 있지만, 그것은 이미 간섭을 시작한 원이 주도한 일이었다. 조선 정부가 동학농민군을 진압하기 위해 청에 군사적 지원을 요청한 것은 그런 의미에서 보기 드문 사태였다. 이는 뒤집어 말하면 농민군의 기세가 그만큼 무서웠다는 뜻이고, 정부가 외세에 의존하지 않고는 국가를 통치할 수 없을 만큼 약해져 있었다는 뜻이다. 청이 파병하자 일본도 기다렸다는 듯이 파병하더니 한반도는 300여 년 만에 또 한 번 외세의 전장이 되었다. 누란의 위기를 맞아 각성하고 국가와 백성을 구하기 위해 일어난 것은 조선의 정부가 아니라 동학농민군이었다.

* 이 책의 연도 표기는 1896년 이전의 공식 역법인 음력을 적용했으나, 청일전쟁은 국제적인 사건이었으므로 괄호 안에 양력 연도를 병기했다.

1 아산만에서 경복궁까지

아산과 인천의 외국 군대

홍계훈은 동학농민군을 추격하면서 관군만으로 그들을 상대하는 것은 역부족이라고 판단했다. 그는 중앙 정부에 청군의 지원이 필요하다는 장계를 거듭 올렸다. 친군 경리사 민영준은 조선에 들어와 있던 원세개와 이 문제를 논의한 뒤 4월 30일 대신들의 반대를 물리치고 청에 정식으로 원병을 요청했다.

5월 3일(양력 6월 6일) 청은 자국민과 '번속국'인 조선을 보호한다는 명분 아래 출병했다. 직예 제독 섭지초, 총병 섭사성이 이끄는 선발대 1500명은 인천 앞바다를 거쳐 5월 5일 아산만에 진주했다. 자국민을 보호하겠다는 청군이 자국민 거주지인 인천과 서울로 가지 않고 아산만에 정박한 까닭은 무엇이었을까? 일본군의 대응 파병을 예상하고 그들과 정면충돌하는 것을 피하려 한 것으로 보인다. 조선 정부는 외무부 협판 이중하를 파견해 청군을 접대하고 주둔 경비를 조달해 주었다.

청은 1885년 일본과 맺은 톈진조약에 따라 일본에 조선 파병을 통지했다. 이튿날 일본은 자국 공사관과 거류민을 보호한다는 구실로 육군 혼성여단을 조선에 파견했다. 히로시마 우지나항에서 대기하던 운송선을 통해 선발대 500여 명

을 들여보내고 이어 4000여 명을 더 보냈다. 일본군 일부는 서울로 들어가 대본영의 방침에 따라 용산에 머물렀다. 그들은 조선 공사 오토리 게이스케의 지휘 아래 서울 외곽을 통제하고 대본영의 명령을 기다렸다.

청의 파병은 조선의 지원 요청이 명분이고, 일본의 파병은 청의 파병이 명분이었다. 조선의 지원 요청은 동학농민군 때문이었으나, 일본군 파병 이튿날인 5월 7일 전주화약이 체결되었다. 동학농민군이 전주성을 비우고 전쟁을 멈춘 것이다. 이로써 청의 파병은 명분이 없어지고 그에 따라 일본의 파병도 의미를 잃었다. 조선은 즉각 양국에 철군을 요구했다.

일본 공사 오토리와 청의 원세개는 세 차례 회담하고 양국 군대를 공동 철수하기로 합의했다. 그러나 전쟁의 명분을 찾고 있던 일본은 곧 태도를 바꿔 철군하는 대신 조선의 내정을 공동으로 개혁하자고 제안했다. 일본은 청이 그 제안을 거절할 줄 알고 있었다. 예상대로 청이 거절하자 일본은 단독으로 개혁에 나서겠다는 내용을 담은 「제1차 절교서」를 청에 보냈다. 청의 요청을 받은 러시아와 미국이 일본의 철수를 요구했지만, 일본은 「영일신조약」을 통해 영국의 간접 지원을 확보하고 청에 「제2차 절교서」를 보냈다.

청군이 상륙한 백석포 백석포는 수심이 얕아서 아산만 한복판 돌섬에 군함을 정박하고 주변에서 작은 배를 징발해 청군을 백석포로 실어 날랐다. 충청남도 아산시 영인면 백석포리.

인천 제물포에 상륙한 일본군 1894년 5월 6일 일본군이 제물포에 상륙해서 도열하고, 그 옆에서 군수품을 내리는 모습.

점령당한 경복궁

6월 21일(양력 7월 23일) 새벽 일본군은 청과 전쟁을 벌이기에 앞서 서울을 장악하기 위해 경복궁 점령에 나섰다. 일본군 제21연대 제1대대가 작전에 투입되었다.

한 부대는 돈의문을 통해 서울로 들어가 경복궁 서문인 영추문 진입을 시도했다. 굳게 닫힌 영추문을 열기 위해 공병대가 폭약을 설치했으나 문을 폭파하지 못했다. 새벽 5시쯤 일부 병사가 성벽을 넘어 들어가 안에서 도끼로 자물쇠를 부수고 문을 열었다. 궁궐 안으로 진입한 일본군은 광화문을 수비하는 조선군을 내몰았다.

다른 부대는 숭례문을 통해 서울로 진입한 뒤 경복궁 동문인 건춘문 앞에서 조선군과 총격전을 벌였다. 조선군은 일본군을 당해 내지 못하고 북쪽으로 도주했다.

제21연대 연대장 다케다 히데타카는 고종이 함화당에서 왕비와 함께 병사의 호위를 받고 있다는 정보를 입수하고 그곳으로 갔다. 그는 강압적으로 고종의 허락을 받아 조선군의 무기를 회수했다. 오전 9시 무렵 만일의 사태에 대비해 궁궐 주위에 일본군 병력을 촘촘하게 배치하면서 경복궁 점령 작전은 완료되었다. 11시에는 민씨 정부와 대립하고 있던 흥선 대원군이 일본군의 호위를 받아 경복궁에 들어갔다.

일본은 조선에 압력을 가해 조일양국맹약을 맺었다. 앞으로 벌어질 청일전쟁에서 조선은 일본군에 협조할 것, 동학농민군이 다시 봉기한다면 조선군은 일본군과 협력해 토벌 작전에 나설 것 등의 내용이 들어 있었다. 나아가 오토리 공사는 김홍집, 김윤식 등을 중심으로 한 친일 내각을 꾸렸다. 이 내각은 임시 합의 기관인 군국기무처를 주축으로 정치, 사회, 경제 각 분야의 근대적 개혁을 추진했다.

이듬해인 1895년까지 계속된 개혁은 문벌과 신분 타파, 과부의 재가 허용 등 동학농민군이 요구한 폐정개혁안도 일부 수용했다. 그러나 개혁의 핵심은 조선에 대한 청의 간섭을 배제하고 먼저 근대화를 이룬 일본에 종속되도록 조선의 정치 경제 구조를 뜯어고치는 데 있었다.

경복궁 점령
청과 전면전을 벌이기에 앞서 조선 정부를 손아귀에 넣고자 한 일본의 도발이었다. 청일전쟁 개전을 위한 사전 준비 작업이었던 셈이다.

함화당(오른쪽 위) 1890년(고종 27) 건립. 왕과 왕비의 침전이었으나, 1892년부터 고종이 외국 외교관을 접견할 때도 쓰였다.

영추문 조선 시대에 문무 백관이 주로 이 문으로 드나들었다. 일제 강점기에 철거되었고, 1975년 원래 위치보다 남쪽에 다시 건립되었다.

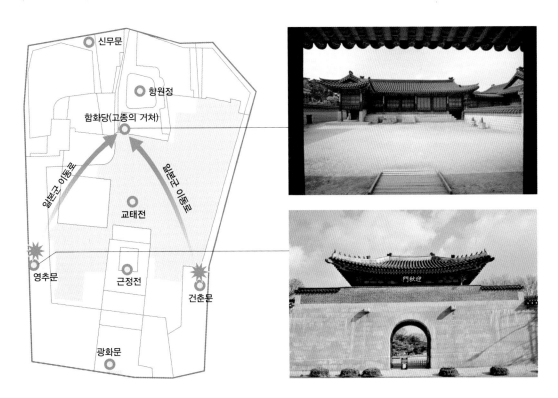

159

② 풍도에서 산둥반도까지

풍도해전과 성환전투

6월 23일(양력 7월 25일) 이른 아침, 아산만 입구의 풍도 앞바다에서 청과 일본의 함대가 충돌했다. 나니와호, 요시노호, 아키쓰시마호 등 3척의 일본 순양함이 청의 순양함 제원호, 광을호와 마주치자 그들을 공격하면서 벌어진 이 전투는 청일전쟁의 시작이었다.

화력에서 밀려 도주하던 광을호는 아키쓰시마호에 따라잡혀 좌초하고, 제원호는 가까스로 요시노호의 추격을 따돌렸다. 제원호와 광을호를 따라 아산만으로 진입하던 수송선 고승호와 이를 호위하던 조강호도 일본 함대의 공격을 받았다. 조강호는 항복하고 고승호는 나니와호 함장 도고 헤이하치로 대좌의 정선 명령에 불복하다 격침당했다. 고승호는 청이 영국에서 빌린 배로 선장은 영국인이었다. 일본군은 영국인 선장과 선원을 구출하고 고승호에 타고 있던 청군 병사들은 포로로 잡았다.

나흘 후에는 아산만 부근 성환에서 육상 전투가 벌어졌다. 성환은 정유재란 때 명군이 일본군의 서울 진격을 좌절시킨 직산전투의 전장과 가까운 곳이다. 그곳에서 벌어진 일본군 혼성여단 4000여 명과 3000여 청군의 격돌은 일본군의 승리로 돌아갔다. 병력과 화력에서 열세였던 청군은 100여 명의 전사자를 내고 천안으로 퇴각했다. 그들은 그곳에서 대기하던 다른 부대와 합류해 평양으로 후퇴한다.

평양전투와 압록강해전

풍도해전과 성환전투는 선전포고도 없이 벌어진 일본의 기습 공격이었다. 청은 막대한 피해를 보고 난 7월 1일(양력 8월 1일)에야 일본에 선전포고했다. 일본도 맞받았다. 7월 22일 조선은 일본의 강요에 따라 인적, 물적으로 일본군을 지원한다는 맹약을 맺었다. 청군을 끌어들이고 청군에 각종 지원을 제공하던 조선은 이제 그 지원의 방향을 일본군에 돌려야 하는 처지가 되었다.

결전장은 평양이었다. 일본군 제5사단 1만 6000여 명이 원산에 상륙해 청군 1만 3000여 명이 포진한 평양으로 향했다. 8월 16일(양력 9월 15일) 일본군의 선공으로 평양전투가 시작되었다. 양군은 일진일퇴를 거듭하다 일본군이 승기를 잡았다. 그들은 모란봉과 현무문 일대를 점령하고 평양 시가지로 진출했다. 청군은 도주로마저 차단당해 무참히 살육당하고, 3000여 명만이 압록강 쪽으로 도주했다.

격침된 고승호의 선원을 구조하는 프랑스 군함 르 리옹호 고승호는 상선이었다. 일본군의 고승호 격침은 국제적 논란을 불러일으켰다. 프랑스 잡지 『르 프티』 수록.

압록강해전 청일전쟁에서 가장 규모가 큰 해전. 이 전투의 패배 후 북양함대는 일본군과의 전투를 회피하고 뤼순을 거쳐 웨이하이로 철수한다.

8월 18일 일본군은 압록강 인근 바다에서 벌어진 압록강해전(황해해전)에서도 대승을 거두었다. 청의 북양함대는 5척의 전함을 잃었으나 일본 연합함대는 가벼운 손실만 입었다.

해 저무는 웨이하이

일본군은 여세를 몰아 만주로 진격했다. 압록강 주변부, 랴오양과 펑황, 다롄만과 뤼순 일대에서 격전이 벌어져 대부분 일본군의 승리로 돌아갔다. 일본군은 민간인도 학살했다. 청 해군은 북양함대의 근거지인 산둥반도의 웨이하이와 그 앞바다 류궁다오에서 최후의 저항을 벌였다. 1895년 1월 들어 일본 육군은 웨이하이로 진격하고 연합 함대는 류궁다오를 공격했다. 북양함대를 이끌던 정여창 제독은 1월 18일(양력 2월 12일) 청군의 목숨을 살려 줄 것을 조건으로 일본군에 항복한 뒤 자신은 스스로 목숨을 끊었다.

일본은 개전 6개월 만에 종전을 선언하고 청과 회담을 진행했다. 그러는 동안에도 공세를 계속해 2월에는 타이완 서쪽의 펑후제도를 점령하고, 3월에는 랴오둥반도를 장악했다. 종전 뒤 발언권을 강화하려는 의도였다. 러시아, 독일, 프랑스 등은 동북아시아에서 힘의 균형추가 일본으로 기우는 것을 우려했다. 일본은 그들의 간섭이 본격화하기 전에 전쟁의 성과를 확보하려고 강화 회

담을 서둘렀다. 그 결과 3월 23일(양력 4월 17일) 일본의 시모노세키에서 강화 조약이 체결되었다. 청일전쟁은 지난 7세기 왜군이 백강전투에서 나당연합군에게 당한 참패를 1200여 년 만에 일본이 복수한 사건이었다. 백강전투에서는 신라가 주역으로 참여해 전후 국제 관계에서 일정한 지분을 확보했지만, 청일전쟁에서 조선의 역할은 수동적이었다.

시모노세키조약에는 청이 조선의 독립국 지위를 인정하는 조항이 들어 있었다. 이로써 병자호란 이래 250여 년간 조선이 청과 맺어 온 사대 관계는 청산되었다. 그러나 그것은 일본이라는 또 다른 강대국에 대한 불평등 관계가 심화되는 계기일 뿐이었다. 경복궁 점령으로 시작된 일본의 내정 간섭은 더욱 노골적으로 진행되었다.

청일전쟁의 빌미는 동학농민전쟁이었다. 전봉준은 동학농민전쟁이 국제전으로 비화하는 것을 막기 위해 전주화약을 받아들였다. 그러나 동학농민군의 회군은 조선을 청일전쟁의 전장으로 내주는 것으로 귀결되었다. 외국 군대가 강토를 짓밟으면서 전주화약의 의미가 퇴색하는 것을 바라보는 전봉준의 마음은 타들어 갔다. 농민군이 다시 봉기하면 동학농민전쟁은 더 이상 정부의 폭정에 항거하는 내전이 아닐 터였다. 그러나 봉기하지 않으면 동학농민군의 존립은 기약할 수 없었다. 잔인한 선택이 전봉준과 그의 군대 앞에 놓여 있었다.

청일전쟁과 용산

용산의 어제와 오늘

남산공원 ○ ── 갑오역기념비(청일전쟁 등에서 죽은 일본군 추모 시설 겸 충혼비)

식민지역사박물관(2018)

공덕역

백범김구기념관(2002)

숙대입구역 ── 임오군란 이후 청군 주둔지

만리창 터

효창공원역

남영역

마포대교

청일전쟁 당시 일본군 오시마 혼성여단의 본부가 있던 곳

문평산 동쪽

전쟁기념관(1994)

청일전쟁 당시 성환전투에서 승리한 일본군 개선식 1894. 7. 5.

대통령실(2022)

녹사평역

이태원

국방부(1970)

조선군사령부 터

원효대교

한반도에 상주한 일본군의 사령부 1918~1945.2.

용산역

용산 미군기지

한남대교

국립중앙박물관(2005)

이촌역

한강대교

동작대교

반포대교

1894년 5월 6일(양력 6월 9일) 일본군 선발 부대인 오시마 요시마사 소장의 혼성제9여단은 인천에 상륙한 뒤 서울로 들어가 만리창(萬里倉, 용산구 효창동)에 본부를 설치했다. 오시마 혼성여단은 한강을 따라 아산만 쪽으로 내려가 그해 6월 27일(양력 7월 29일) 성환에서 청군과 전투를 벌였다. 그 전투에서 승리를 거둔 오시마 혼성여단이 7월 5일(양력 8월 5일) 용산으로 귀환하자 오토리 일본 공사는 용산 외곽에 개선문을 만들어 대대적인 승전 축하식을 열어 주었다. 이처럼 용산은 청일전쟁기 일본군의 작전 본부이자 주둔지였다.

용산은 이전에도 한반도를 침략한 외국군의 주둔지로 사용되곤 했다. 1592년 임진왜란 때 일본군이 보급 기지로 용산을 이용하고, 제4차 평양성전투에서 패한 고니시 유키나가 부대와 가토 기요마사 부대가 서울로 내려와 용산 일대에 주둔했다. 1636년 병자호란과 1882년 임오군란 때는 청군이 주둔하기도 했다. 흥선 대원군을 납치해 텐진으로 압송한 청군은 이후에도 조선을 안정시킨다는 명목으로 계속 주둔하다가 청일전쟁 때 일본군에게 밀려났다.

1883년 오토리 공사는 원효로 일대에 개시장(대외무역 시장)을 열었다. 도성 바로 남쪽이라 거주와 통상에 유리했기 때문이다. 이후 용산 일대는 일본군의 주둔지일 뿐 아니라 일본인을 포함한 외국인의 거주지로 발달하게 되었다. 1900년 7월에는 인천–용산–서울을 연결하는 한강철교가 놓여 용산의 군사적, 경제적 발전을 더욱 촉진했다.

1904년 러일전쟁 때 일본군 조선주차군사령부가 주둔하면서 용산은 대한제국에 대한 무력 지배의 근거지가 되었다. 당시 일본군 사령부는 용산 일대의 토지 381만여 제곱미터(115만 평)를 강제 수용하고 그곳을 위수 지역으로 지정해 토지 매매를 금지했다. 이후 1918년까지 용산에는 군사 시설이 집중적으로 들어서게 된다. 용산이 외국 군대의 주둔지로 애용된 까닭은 무엇일까? 무엇보다도 교통의 중심지였기 때문이다. 조선 시대의 용산은 전국의 물자가 서울로 집결하는 곳이었고, 숭례문과 동작진을 연결해 수원으로 가는 길이기도 했다.

해방 후에는 미 제24군단 예하 제7사단이 일본군 기지를 접수했다. 1957년에는 도쿄의 유엔군사령부가 용산으로 이

동해 주한미군사령부를 창설했다. 용산 미군 기지는 서울 시민의 생활에 많은 영향을 주었다. 미군 부대를 통해 흘러나오는 각종 물자가 의식주 모든 분야에서 사용되었다. 미군 잔반으로 가공한 부대찌개가 한국인이 즐겨 먹는 음식으로 떠오르기도 했다. 미군 내 공연장은 신중현과 엽전들, 김추자 등 대중음악 스타가 탄생하는 요람으로 주목받았다. 박완서의 소설 『나목』은 미군 부대 초상화부에 근무하던 화가 박수근의 이야기를 바탕에 깔고 있다. 미군 기지 주변의 화랑가도 예술가들의 사랑을 받았다.

외국 군대의 오랜 주둔 탓인지 서울 시민에게 용산은 심리적으로 변방의 외인 지대처럼 여겨졌다. 그러나 1991년 미군 골프장 지역에 용산가족공원이 조성되고 21세기 들어 용산 미군 기지 이전이 시작되면서 변화의 바람이 불기 시작했다. 전쟁기념관, 백범김구기념관, 국립중앙박물관, 식민지역사박물관 등이 옮겨 오면서 용산은 서울의 이방(異邦)이 아닌 중심으로 자리 잡아 가고 있다.

개선하는 일본군 1894년 성환전투에서 청군에 승리를 거둔 오시마 혼성여단이 용산으로 개선하고 있다. 커다란 일본식 녹문에 '개선문'이라고 쓰여 있다.

일제 강점기 일본군 사령부의 모습 일본은 1906년부터 1918년까지 용산에 대규모 병력의 영구 주둔을 위한 시설을 구축했다. 서울역사아카이브.

이태원에서 본 용산 용산 미군 기지가 경기도 평택 등으로 이전을 완료하면 그 부지에 국가공원이 조성된다. 2007년 국회가 용산공원조성특별법을 제정하고, 2011년에는 행정부가 용산공원 종합기본계획을 수립해 공원 조성의 기반을 마련했다. 본래 2027년까지 용산공원을 개원하는 것이 목표였으나, 기지 반환 일정이 미뤄지면서 '반환 후 7년 이내 공원 조성 완료'로 일정이 수정되었다. 사진은 이태원부군당역사공원에서 바라본 미군 기지 메인포스트 구역으로, 일제 강점기에 지은 일본군 병영 건축물이 남아 있다.

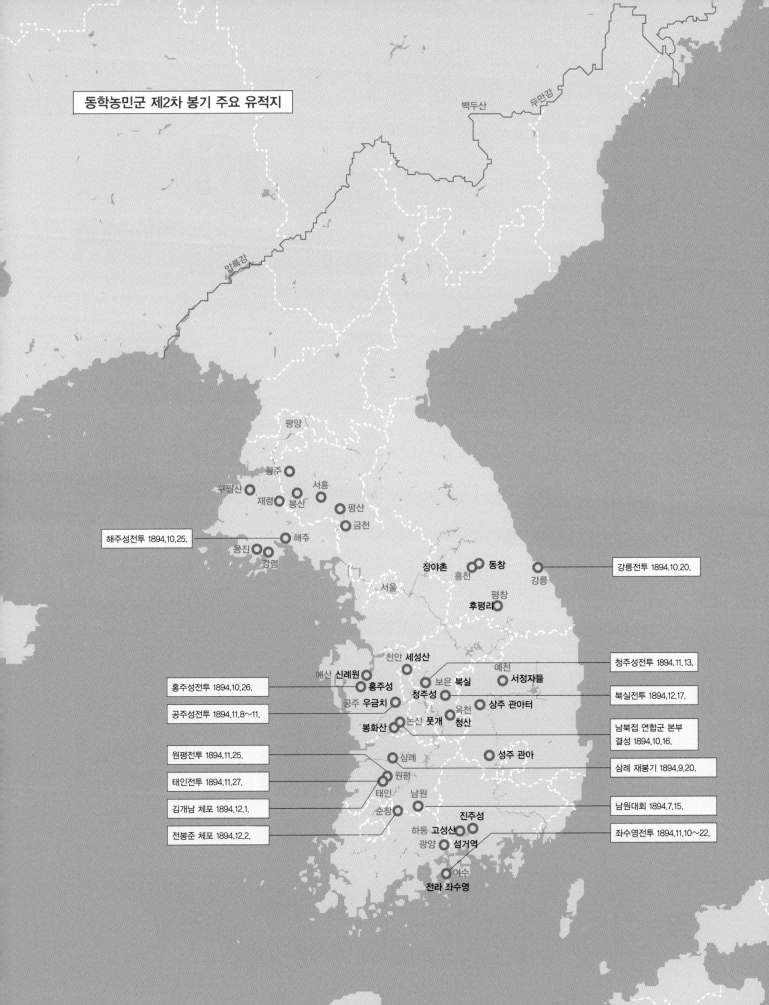

동학농민군 제2차 봉기 주요 유적지

백두산
두만강
압록강

평양

황주
구월산
서흥
재령 봉산
평산
금천

해주성전투 1894.10.25.
홍진 해주
강령

장야촌 동창
홍천
강릉전투 1894.10.20.
강릉

서울
평창
후평리

천안 세성산
예천
청주성전투 1894.11.13.
예산 신례원
보은 북실
서정자들
홍주성전투 1894.10.26.
홍주성
청주성
북실전투 1894.12.17.
공주 우금치
상주 관아터
공주성전투 1894.11.8~11.
옥천
봉화산 논산 풋개
청산
남북접 연합군 본부
결성 1894.10.16.
원평전투 1894.11.25.
삼례
성주 관아
삼례 재봉기 1894.9.20.
태인전투 1894.11.27.
원평
남원
남원대회 1894.7.15.
태인
김개남 체포 1894.12.1.
순창
진주성
전봉준 체포 1894.12.2.
하동 고성산
좌수영전투 1894.11.10~22.
광양 섬거역
여수
전라 좌수영

제주도

3

전국을 뒤덮은 농민의 함성

경복궁을 점령한 일본군이 청일전쟁을 도발하자 반일 감정이 극도로 고조되었다. 동학농민군 지도자들은 위기에 처한 한반도 정세를 면밀히 분석하고 대응책 마련에 골몰했다. 결론은 더 결연하고 더 큰 규모의 봉기였다. 전봉준은 전국 각지의 농민군 지도자와 수령들에게 지원을 요청하는 밀사를 보냈다. 제1차 봉기 당시 미온적이었던 충청도 이북의 북접 교단과 연합 전선을 형성하는 것이야말로 사활을 건 과제였다. 일본군 밀정들은 눈에 불을 켜고 농민군의 동향을 추적해 상부에 보고했다. 그 보고에 따라 일본영사관이 농민군 밀사들을 체포해 감금하기도 했다. 동학농민군의 제2차 봉기는 이처럼 치열한 첩보전을 거쳐 '척왜척화'를 내걸고 시작되었다. 남원에 있던 김개남이 선봉에 섰다. 경상도 북부와 남해안 지역을 비롯해 충청도의 청주·홍주 등지, 강원도와 황해도로 봉기가 산불처럼 번져 나갔다. 몰락 양반, 향반은 물론 지방관 일부도 농민군에 합류했다. 그것은 단순한 반란이 아니라 청일전쟁과 맞물려 전개되는 동아시아 세계 전쟁이었다.

❶ 제2차 봉기의 현장

결의의 땅 남원

전주화약 이후 전봉준과 김개남은 태인에서 헤어졌다. 김개남은 전주화약에 반대하고 서울 점령을 주장한 강경파였다. 그는 휘하의 농민군을 이끌고 순창, 담양, 곡성 등을 거쳐 1894년 6월 25일 남원성에 무혈 입성했다. 남원 부사 윤병관은 김개남군의 서슬 퍼런 기세에 놀라 성을 버리고 도망쳤다. 농민군 천지가 된 남원은 동학과 인연이 깊은 곳이었다. 교주 최제우가 박해를 피해 남원 교룡산성의 선국사 은적암에 머물면서 주요 경전을 집필했기 때문이다.

그해 7월 15일 전봉준과 김개남은 여러 접주와 함께 남원대회를 열었다. 동학농민군 5만여 명이 참가한 대규모 집회였다. 이 대회는 전봉준과 김개남이 생각의 차이를 극복하고 함께 국가의 위기 상황에 대처해 폐정개혁을 이루자는 뜻에서 열렸다. 동학농민군의 제2차 봉기는 이 대회를 통해 준비되었다고도 할 수 있다.

김개남은 남원성 안에 대도소를 설치하고 급진적인 개혁 정책을 펼쳤다. 남원의 아전, 유림, 토호의 재물을 거두고 노비 문서를 불살랐다. 농민 대표를 뽑아 지주의 토지를 공평하게 분배하고 과부의 재가를 허용했다. 동학을 포교하는 데도 힘쓰고, 식량과 무기를 비축해 장기전에도 대

비했다. 농민군은 남원성 광한루 앞 요천 주변에 주둔했다. 그곳에서 각종 집회와 행사를 열고 군사 훈련을 실시했다.

남원대회를 마친 김개남은 7월 하순 들어 잠시 농민군을 각지로 돌려보내고 임실의 상이암으로 들어갔다. 상이암은 고려 태조와 조선 태조가 기도를 올리고 왕이 되었다는 전설이 내려오는 곳이다. 그곳에서 그는 임실 현감, 구례 현감 등을 동학에 입도시켰다. '상이암 정치'라 불리는 일련의 행위를 통해 자신의 손으로 혁명을 완성하려는 결의를 다졌는지도 모른다. 한 달가량 상이암에서 머물다 나온 김개남은 8월 25일 임실, 태인, 장수, 진산 등의 농민군을 불러 모아 남원으로 돌아갔다. 그와 함께 행진하는 농민군은 7만여 명에 이르렀다고 한다.

8월 27일 제2차 남원대회가 열렸다. 전봉준과 손화중도 남원으로 가서 대회에 참여했다. 그러나 정세를 보는 그들의 판단에는 여전히 차이가 있었다. 전봉준과 손화중은 잠시 흩어져 있다가 추이를 살피자고 했고, 김개남은 한번 해산하면 무리를 다시 모으기 어렵다고 했다. 이러한 차이는 제2차 봉기 후 전봉준이 공주를 공격할 때 김개남은 청주를 공격하는 전선의 분열로 이어지고 말았다.

다시 일어나는 삼례

전봉준을 중심으로 제1차 봉기를 일으킨 호남의 동학 교단을 남접이라고 하고, 충청도 이북의 교단을 북접이라 한다. 동학 교주 최시형은 제1차 봉기를 인정하지 않고 남접은 가짜 동학이니 벌하라는 명령을 내리기까지 했었다. 그러나 청일전쟁이 발발하고 정부가 동학을 다시 탄압하자 최시형도 태도를 바꿨다. 그는 손천민을 전봉준에게 보내 의견을 교환하고, 남접과 연합 전선을 펼치자는 손병희 등 북접 접주들의 진의를 확인한 뒤 결단을 내렸다. 제2차 봉기를 준비하면서 북접의 호응을 기다리던 남접에 드디어 협력의 손길을 내민 것이다. 최시형은 전국의 교도에게 남·북접이 손을 잡고 항일 전선으로 나가라는 '대동원령'을 내렸다.

1894년 9월 20일 남접의 동학농민군은 전라도 삼례에 집결해 제2차 봉기를 결의했다. 삼례는 동학교도가 많은 교통 요충지여서 각지의 농민군이 집결하기 쉬운 곳이었다. 호남의 거의 모든 고을에서 모여든 농민군의 규모는 작게는 수만 명, 크게는 10만여 명으로 추산된다. 그중 총사령관 전봉준의 직속 부대는 4000여 명이었다.

집회를 마친 농민군은 북접과 합류하기 위해

북상했다. 충청도와 전라도 경계에 있는 여산(전라북도 익산)에서는 여산 부사를 지낸 김원식이 군사를 이끌고 합류했다. 10월 초에는 전라도 관찰사 김학진이 군량과 무기를 제공하기도 했다. 그는 농민군을 도적으로 비난하는 보고를 정부에 올리면서도 이처럼 은밀히 농민군을 돕고 있었다. 은진(논산)에 이르러 마침내 남접과 북접의 연합이 이루어졌다. 10월 16일 전봉준과 손병희는 풋개에 연합군 본부를 세우고 생사를 함께하기로 맹세했다.

정부와 일본군의 발걸음도 빨라졌다. 9월 21일 정부는 농민군을 진압하기 위해 양호도순무영을 설치하고 호위부장 신정희를 양호도순무사로 임명했다. 일본군은 청일전쟁에 투입된 혼성여단의 병력 일부를 빼내 농민군 토벌을 전담하는 정토군을 조직했다.

일본군은 조선군을 지원하는 모양새를 취했으나 실질적으로는 일본군 사령관이 토벌 작전을 총지휘했다. 그들의 계획은 조선의 주요 도로를 장악해 농민군의 진로를 차단하고 각 지역 농민군의 연합을 가로막는 것이었다. 나아가 농민군을 남쪽으로 몰아 남해안에서 섬멸하고, 섬으로 도망치는 농민군은 끝까지 추격해 최후의 한 사람까지 제거하는 것이 최종 목표였다. 조선과 일본의 연합군은 서울에서 출발해 동학교도를 학살하면서 남하했다.

2 팔도의 농민군

동학농민전쟁의 역사를 살필 때 우리의 시선은 '녹두장군' 전봉준의 발걸음을 따라가는 경향이 있다. 그 발걸음은 제1차 봉기의 기점인 전라도 고부에서 호남의 중심인 전주성으로, 제2차 봉기의 기점인 전라도 삼례에서 우금치전투로 유명한 충청도 공주로 이어진다.

그러나 전라도와 충청도를 잇는 이 좁은 경로가 동학농민전쟁의 전부는 아니었다. 전쟁의 주된 흐름은 그 경로에서 진행되었지만, 북방의 산악 지대에서 남해안에 이르는 조선 팔도 전역에서 농민군이 일어나 안팎의 적과 싸웠다. 특히 남접과 북접이 연합해 싸운 제2차 봉기 이후에 그러한 경향은 더 두드러졌다.

동학농민전쟁은 조선 왕조의 밑바닥에서 생산을 담당하던 농민이 들고일어난 역사적 사건이었다. 동학농민군은 스스로 근대 여명기의 조선이 가야 할 길을 찾고 열어 나갔다. 그들은 무능하고 부패한 권력의 수탈과 외세의 침략에 맞서 싸우면서 올바른 정치와 평등의 가치, 자주와 독립의 소중함을 깨달았다.

그러한 동학농민군의 정신은 전쟁에서 패배한 뒤에도 의병전쟁과 독립전쟁을 거치면서 연면히 이어졌다. 3.1운동, 4.19혁명, 6월항쟁 등으로 계승된 자주독립과 민주주의 정신의 근저에 동학농민전쟁이 있다는 주장은 충분히 음미할 가치가 있다.

여기서 동학농민전쟁을 살필 때 전봉준을 중심으로 한 주력군의 동선에만 시선을 제한할 수 없는 이유가 분명해진다. 함경도에서 경상도와 전라도에 이르기까지 조선 팔도 방방곡곡에서 총과 죽창을 들고 제폭구민을 외친 이름 없는 농민군을 만나러 가 보자.

함경도와 평안도의 농민군

한반도의 북단인 함경도와 평안도는 동학농민전쟁의 두드러진 전장은 아니었다. 그렇다고 그 지역 민중 항쟁의 전통이 약했다고 할 수는 없다. 1811년(순조 11) 평안도를 뒤흔든 홍경래의 난은 19세기를 휩쓴 민중 봉기의 신호탄이었다. 홍경래는 전봉준처럼 가난한 양반이었고 그의 봉기는 동학농민전쟁의 모태로 여겨지기도 한다.

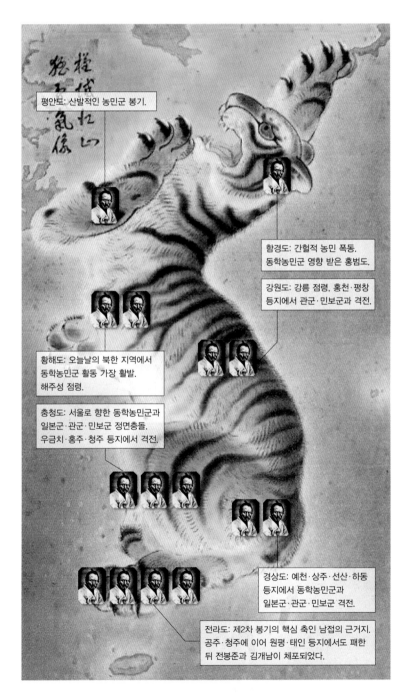

호랑이처럼 포효한 팔도의 동학농민군 1894년 한반도에는 '전봉준'이 넘쳐났다. 전라도 고부에서 봉기를 일으킨 동학농민군 총사령관 전봉준처럼 농민과 함께하며 봉기를 주도한 또 다른 '전봉준'들이 각지에서 활약했다.

평안도: 산발적인 농민군 봉기.

함경도: 간헐적 농민 폭동. 동학농민군 영향 받은 홍범도.

강원도: 강릉 점령. 홍천·평창 등지에서 관군·민보군과 격전.

황해도: 오늘날의 북한 지역에서 동학농민군 활동 가장 활발. 해주성 점령.

충청도: 서울로 향한 동학농민군과 일본군·관군·민보군 정면충돌. 우금치·홍주·청주 등지에서 격전.

경상도: 예천·상주·선산·하동 등지에서 동학농민군과 일본군·관군·민보군 격전.

전라도: 제2차 봉기의 핵심 축인 남접의 근거지. 공주·청주에 이어 원평·태인 등지에서도 패한 뒤 전봉준과 김개남이 체포되었다.

**함경도·평안도
주요 민중 봉기 지역**
북한 과학백과사전종합출판사에서 발간한 『갑오농민전쟁 100돐 기념논문집』(1994)을 참조해 작성한 지도.

동학농민전쟁 시기까지도 홍경래가 죽지 않고 섬에서 봉기를 준비한다는 풍문이 떠돌 만큼 그는 민중 저항의 아이콘으로 자리 잡고 있었다.

1894년 이전 전국을 휩쓸곤 했던 민란의 발생 지역에서 함경도와 평안도는 예외가 아니었다. 동학농민전쟁이 일어난 1894년 이후에도 평안도의 함종, 함경도의 함흥·영흥 등에서 농민 폭동이 일어난 것을 확인할 수 있다. 홍경래가 태어난 평안도 용강에서도 산발적인 농민군 봉기가 있었다.

평안도는 청일전쟁 최대의 격전지였던 평양을 끼고 있는 지역으로 전쟁의 큰 피해를 보았다. 청군의 약탈로 100리에 걸쳐 마을에 밥 짓는 연기가 보이지 않을 정도였다고 한다. 동학 교단이 남쪽만큼 자리 잡지 못해 농민군의 조직적 항쟁이 일어나기는 어려웠지만, 정부와 외세에 대한 민중의 저항 의식은 어느 지역 못지않았다.

함경도는 고립 분산된 지역적 특성 탓에 동학농민군의 활동이 두드러지지 않았다. 관의 통제도 심해서 다른 지역에서 봉기한 동학교도가 함경도로 넘어올 것을 경계하는 기록이 종종 눈에 띈다. 농민 봉기를 진압하기 위해 중앙에 설치된

홍범도 조선 말기 의병장이자 일제 강점기의 독립군 장군. 1943년 지금의 카자흐스탄에서 타계하고, 2021년 8월 15일 한국으로 유해가 봉환되었다. 사진은 1921년 모습.

순무영은 함경도 관찰사 박기양에게 다른 도에서 넘어온 동학교도를 잡는 대로 효수하라는 지시를 내렸다.

그러나 동학농민군의 영향력은 막으려 한다고 막을 수 있는 것이 아니었다. 그들의 활약상은 함경도 산속에서 포수 노릇을 하던 청년 홍범도의 귀에도 들어갔다. 1920년 봉오동전투와 청산리전투를 승리로 이끈 홍범도는 훗날 전봉준의 이야기를 듣고 독립군이 되겠다는 결심을 굳혔다고 밝혔다(『홍범도 일지』).

황해도의 농민군

임꺽정과 장길산의 민중 봉기로 유명한 황해도는 오늘날의 북한 지역에서 동학농민군의 활동이 가장 활발했던 곳이다. 이 지역은 청일전쟁 당시 일본군의 보급로로 활용되었기 때문에 이를 차단하려는 농민군의 활약이 두드러졌다. 따라서 농민군을 토벌하려는 일본군의 작전도 필사적으로 펼쳐졌다.

남쪽에서 제2차 봉기 소식이 들려온 9월 무렵부터 4개월에 걸쳐 함경도 접경 지역을 제외한

황해도 전 지역에서 동학농민군이 활동했다. 동으로는 평산·금천, 서로는 옹진·장연, 남으로는 녹산·강령, 북으로는 송화·신천 등에서 감영과 수영(수군절도사가 있는 군영)이 모두 농민군에게 함락되었다.

황해도 동학농민군의 활동은 황해도 감영이 있던 해주를 중심으로 전개되었다. 1894년 10월 25일 동학농민군은 강령을 거쳐 해주성을 공격해 이를 점령했다(『갑오군정실기』). 해주성 점령은 제1차 봉기 당시 전봉준의 전주성 점령 못지않게 주목할 만한 사건이다. 임종현을 대장으로 한 동학농민군 수만 명은 강령을 습격해 현감을 감금하고 군기를 탈취한 뒤 해주 감영으로 쳐들어갔다. 당시 감영에는 동학농민군에 동조하는 아전들이 있어서 농민군이 진입하는 데 어려움이 없었다. 황해도 관찰사 정현석, 해주 판관 이동화를 비롯한 관속은 농민군에게 붙잡혀 선화당 아래로 끌어내려진 뒤 무수히 구타당했다(『갑오해영비요전말』).

겨우 목숨을 부지한 정현석은 아들 정헌시에게 금천의 일본군 병참소에 구원을 요청하라고 부탁했다. 그러나 농민군은 해주성에서 무기를 탈취하고 관리들을 응징한 뒤 일본군이 들이닥치기 전인 11월 초에 자진 철수했다. 일본군과 관군이 대거 출동한다는 정보를 사전에 입수한 것으로 보인다. 일본군 보고에 따르면 정현석은 제대로 보지도 듣지도 못하고 말조차 하기 힘든 팔순 노인이었다. 그러나 조선 정부는 감영이 점령된 사실을 정부에 보고하지 않았다는 이유로 정현석과 이동화를 파면했다.

금천에 주둔하고 있던 일본군은 해주성이 점령되었다는 소식을 접하고 긴급 전력 보강에 나섰다. 충청도 공주에 내려가 있던 스즈키 아키라 소위가 일본군 50여 명을 이끌고 올라오고, 뒤이어 1개 중대가 파견되었다. 그러나 그들이 금천

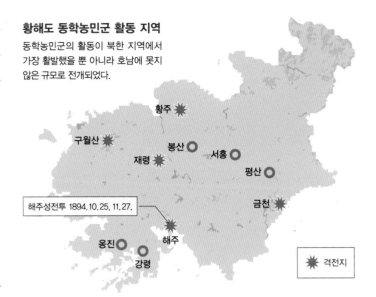

황해도 동학농민군 활동 지역
동학농민군의 활동이 북한 지역에서 가장 활발했을 뿐 아니라 호남에 못지 않은 규모로 전개되었다.

해주성전투 1894.10.25, 11.27.

✹ 격전지

을 출발했을 때는 해주는 물론이고 평산까지 이미 농민군이 휩쓸고 간 뒤였다. 평산의 일본군 전신 시설은 완전히 파괴되고 관아는 불에 탔다. 일본군이 평산을 거쳐 텅 빈 해주성에 도착한 것은 11월 10일이었다.

해주성을 비우고 나온 3만여 농민군은 황해도 일대를 휩쓸며 신천, 옹진 등 10여 고을과 주변의 군사 기지를 습격했다. 스즈키 소위가 일본군 본부에 보고한 내용에 따르면 황해도의 3분의 2가 농민군에게 점령당했다. 조선 관군만으로는 황해도에서 농민군을 제압할 수 없었다.

일본군과 황해도의 동학농민군이 부딪친 곳은 해주 부근의 취야장터였다. 그곳에는 평산, 배산, 연안의 농민군이 연합한 7000명의 대군이 집결해 있었다. 11월 23일 일본군 50명과 민보군 100여 명이 그들을 공격했다. 민보군은 지방 유생, 향리 등이 동학농민군과 싸우기 위해 조직한 군대였다. 비록 수는 적으나 최신 무기로 무장한 일본군을 농민군이 당해 내기는 어려웠다. 농민군은 약 2시간에 걸친 치열한 전투 끝에 큰 피해를 보고 패주했다.

그래도 농민군은 물러나지 않았다. 11월 27일 오응선, 최서옥, 이용선 등이 이끄는 3만여 명의

소년 접주 김구 백범김구 기념관에 전시된 해주성전 투 기록화. 백범김구선생 기념사업협회.

농민군이 산포수 300여 명을 앞세워 해주성 공 격에 나섰다. 호랑이 잡는 포수를 가리키는 산포 수는 정확한 사격술과 빠른 기동력으로 임진왜 란, 병자호란 등의 전란에서 큰 공을 세운 사람들 이었다.

이번 제2차 해주성 공격에는 낯익은 인물도 등 장한다. 훗날 대한민국 임시 정부를 이끌게 될 김 구가 18세 소년 접주로 해주성 공격의 선봉장을 맡고 있었다. 그는 남문을 공격해 성의 관군을 끌 어낸 뒤 서문으로 입성한다는 작전을 세웠다. 그 러나 남문 공격이 일본군의 기습으로 실패하는 바람에 관군을 끌어내지 못한 채 서문을 공격해 야 했다. 다섯 시간의 접전 끝에 공격은 실패로 돌아가고, 김구는 패주하는 농민군과 함께 구월 산으로 숨어 들어갔다.

12월 중순 서울 용산에 주둔해 있던 일본군 103명이 해주에 진주했다. 개성 병참부의 일본군

해주 일대 감영 소재지이 자 서울에서 멀지 않은 해 주가 두 차례나 점령될 만 큼 황해도의 동학농민전쟁 은 격렬하게 전개되었다. 『대동여지도』.

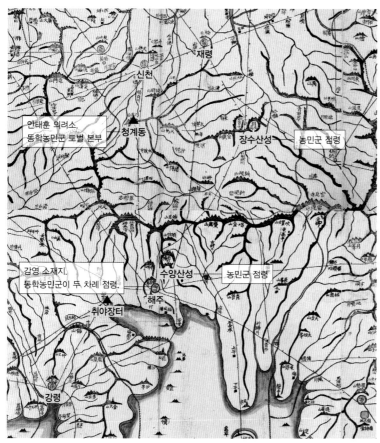

- 안태훈 의려소, 동학농민군 토벌 본부
- 감영 소재지, 동학농민군이 두 차례 점령.
- 농민군 점령
- 농민군 점령

34명도 합류했다. 그들은 압도적인 화력으로 구 월산의 동학농민군 요새를 공격해 초토화했다. 이로써 황해도 동학농민군의 활동은 사실상 종 지부를 찍게 되었다. 살아남은 농민군이 간헐적 으로 활동을 전개했지만, 관군과 일본군에게 큰 타격을 입히지 못했다.

소년 접주 김구는 어떻게 되었을까? 그가 구월 산에 숨어 지낼 때 같은 해주 출신인 안태훈이 밀 서를 보냈다. 보호해 줄 테니 자신에게 오라는 내 용이었다. 안태훈은 훗날 하얼빈 의거의 영웅인 안중근의 아버지였다. 그는 민보군을 결성해 신 천 청계동에서 동학 접주 원용일이 이끄는 농민 군과 싸웠다. 당시 15세이던 안중근도 그런 부친 을 도왔다. 안중근의 기억에 따르면 농민군은 2 만여 명에 이르렀는데 민보군은 70여 명에 불과 했다(『안응칠역사』). 전력의 열세 속에 힘겹게 마 을을 지켜 낸 안태훈은 이후로는 서로 침범하지 않기로 농민군과 약속했다고 한다.

김구가 안태훈의 말에 따르면서 그는 한동안 안중근과 한 지붕 밑에서 지내게 되었다. 훗날 김 구는 안중근을 '안씨 집안의 총 잘 쏘는 청년'으 로 기억했다. 김구는 안태훈의 집에서 지내는 동 안 스승인 고능선을 만나 그 시절의 추억을 소중 하게 간직할 수 있었다. 위정척사파의 태두 이항 로의 제자였던 고능선은 김구를 각별히 아껴 그 에게 애국 사상을 심어 주었다고 한다.

강원도의 농민군

강원도에서는 1880년대부터 최시형의 적극적인 포교에 힘입어 동학 조직이 확대되었다. 최시형이 남접과 북접의 협력을 지시한 대동원령 이후 강원도의 동학농민군은 일제히 봉기했다.

그들의 활동은 두 지역에서 두드러졌다. 하나는 정선, 평창, 영월 등 강원도 남부 지역이었다. 그곳의 농민군은 가까운 충청도 제천, 청주의 농민군과 연계해 활동했다. 다른 하나는 홍천을 중심으로 하는 강원도 중부 내륙 지역이었다. 홍천의 대접주 차기석은 사실상의 강원도 동학농민군 총사령관으로 활동했다. 산악 지대를 중심으로 고립 분산되었던 강원도의 농민군은 차기석으로 인해 비로소 조직적인 지휘 계통을 갖추게 되었다. 그러자 강원도에서도 향촌의 유력층이 민보군을 꾸려 농민군에 대항하고 나섰다.

강원도 남부 지역의 활동부터 살펴보자. 평창의 이치택, 영월의 나교장 등이 이끄는 농민군은 9월 4일 대관령을 넘어 동해안의 강릉 관아를 공격했다. 그들이 관아를 점령했을 때 강릉 부사는 이미 자리를 비우고 없었다. 동학농민군은 탐관오리를 잡아 가두고 옥사를 직접 처리해 억울한 백성을 풀어 주었다.

그들의 다음 목표는 강릉의 명문 고택인 선교장이었다. 선교장 주인 이회원은 승정원 승지로 봉직하다가 잠시 귀가한 참이었다. 그는 화

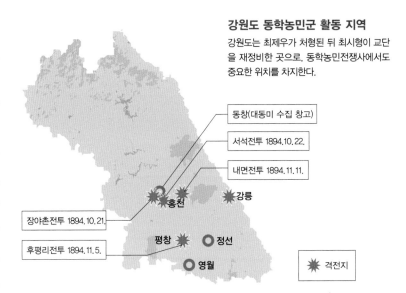

강원도 동학농민군 활동 지역

강원도는 최제우가 처형된 뒤 최시형이 교단을 재정비한 곳으로, 동학농민전쟁사에서도 중요한 위치를 차지한다.

동창(대동미 수집 창고)
서석전투 1894.10.22.
내면전투 1894.11.11.
강릉
장야촌전투 1894.10.21.
홍천
후평리전투 1894.11.5.
평창
정선
영월

✹ 격전지

를 면하기 위해 농민군에게 쌀과 술을 대접하고 돈도 바쳤다. 그렇게 해서 농민군이 방심한 사이 이회원은 민보군을 조직해 강릉 관아를 기습 공격했다. 허를 찔린 농민군은 수백 명의 전사자를 내고 평창으로 퇴각했다. 정부는 이회원을 강릉 부사 겸 소모사로 임명해 농민군 토벌을 맡겼다.

퇴각한 농민군은 영월, 제천, 청주 등지에서 올라온 수천 명의 농민군과 합세해 10월 20일 무렵 다시 강릉 관아를 공격했다. 그들은 일단 관아를 재점령하는 데 성공하지만, 사흘 후 관군의 습격을 받아 패퇴하고 말았다. 농민군이 봉평, 정선, 평창 등지로 물러나자 강릉의 민보군은 여세를 몰아 11월 초순 정선을 거쳐 평창까지 추격해 왔다. 원주에 주둔하고 있던 일본군과 춘천의 관군도 모여들었다.

11월 5일 평창에서 농민군과 관군 사이에 격전이 벌어졌다. 여기서도 농민군은 평창 접주 이문보 등 100여 명의 희생자를 내고 삼척까지 후퇴했다. 일본군과 관군은 농민군을 끝까지 추격해 그들의 은신처를 샅샅이 수색했다. 12월 5일 이후로는 강원도 남부 지역에서 농민군의 자취를 찾기 힘들어졌다.

강릉대도호부 임영관 삼문
고려 시대에 지은 강릉 관아 내 객사인 임영관의 정문. 현재 객사 건물은 없어지고 이 문만 남아 있다. 국보. 강원도 강릉시 임영로 131번길 6.

강원도 중부 내륙 지역으로 가 보자. 차기석은 홍천 내면을 중심으로 1000여 명의 동학농민군을 조직했다. 내면과 가까운 봉평면에서도 적잖은 농민군이 합류해 왔다. 그들은 10월 13일 홍천군 내촌면 물걸리의 동창마을을 공격했다. '동창'은 홍천의 동쪽에 자리 잡은 이 마을에 대동미 수집 창고가 있어서 생긴 이름이다. 강원도 내륙 지역의 중요한 쌀 창고이자 수탈의 상징이었다. 동학농민군은 군량미를 확보하고 창고에 불을 지른 뒤 가까운 홍천 장야촌으로 물러갔다.

그러자 홍천에서 가까운 경기도 지평의 민보군과 횡성의 관군이 추격해 왔다. 민보군은 지평 유림의 대표인 맹영재가 김백선 등의 포수들과 연합해 만든 부대이고, 관군의 지휘자는 횡성 현감 유동근이었다. 그들은 10월 21일 장야촌에 주둔하고 있던 농민군을 공격해 30여 명을 사살했다. 살아남은 농민군은 홍천군 서석면 풍암리의 자작골까지 후퇴했다. 다음 날 그들은 자작골에서 관군에 맞서 처절한 싸움을 벌인 끝에 800여 명이 목숨을 잃었다. 이것이 동학농민전쟁 시기 강원도에서 벌어진 최대의 전투 중 하나인 서석전투였다. 지금도 풍암리에서는 해마다 서석전투에서 희생된 사람들의 제사를 지낸다.

풍암리에서 홍천 내면으로 퇴각한 차기석은 양양, 간성 등의 농민군에게 함께 봉평을 치자는 통문을 보냈다. 그러나 숨 돌릴 틈도 없이 봉평의

포군 대장 강위서가 이끄는 관군의 공격에 맞닥뜨렸다. 차기석은 농민군을 산 위에 매복시켰다가 심야에 기습 공격을 가했다. 관군은 큰 타격을 입고 후퇴했지만, 곧 전열을 재정비하고 각 지역의 관군과 연합해 다시 농민군을 추격했다.

11월 11일 차기석과 농민군은 마지막 항전에 돌입했다. 계방산과 오대산 기슭, 계방천이 흐르는 협곡에 자리 잡은 마을들이 결전장이었다. 관군은 봉평과 내면을 잇는 보래령과 운두령, 강릉과 내면을 잇는 신배령과 응복령을 장악하고 농민군을 포위해 들어갔다.

11월 12일 차기석은 내면 원당리에서 관군과 민보군의 협공을 받아 죽어 가는 농민군 사이에서 생포되었다. 박학조 등 수많은 농민군 지도자가 전사하거나 체포되고 농민군은 뿔뿔이 흩어졌다. 농민군의 시체 위로 눈이 내려 핏자국을 하얗게 뒤덮었다.

강릉으로 압송된 차기석은 11월 22일 강릉 관아 옆에 있는 형장에서 처형당했다. 그가 이끈 중부 내륙 지역의 전투는 치열했던 강원도의 농민군 항쟁 중에서도 대표적인 혈전으로 꼽힌다. 차기석이 처형당한 뒤 농민군 일부는 깊은 산골인 인제 기린면으로 숨어들었다. 그러나 관군은 그들마저도 가만히 두지 않았다. 마지막 토벌 작전이 벌어져 강원도의 농민군은 마지막 한 사람까지 잔인하게 도륙되었다.

충청도의 농민군

무장봉기에 부정적이던 최시형의 방침에 따라
제1차 봉기 때 충청도의 동학농민군은 잠잠했다.
그러나 제2차 봉기가 시작되고 논산 풋개에 북접
과 남접의 연합 사령부가 꾸려진 뒤에는 활기를
띠었다. 충청도 하면 동학농민전쟁의 운명을 결
정한 우금치전투가 떠오르지만, 그 전에도 충청
도 곳곳에서 중요한 전투가 잇달아 벌어졌다.

9월 24일 수많은 북접 농민군이 영동 청산 쪽
에서 청주의 충청 병영(병마절도사가 있는 군영)
을 공격했다. 그러나 병영의 관군은 농민군의 공
격에 대비하고 있었다. 그들은 농민군이 다가오
자 기다렸다는 듯이 총포를 난사했다. 농민군은
수십 명이 전사하는 피해를 보고 후퇴했다.

일단 후퇴한 농민군이 향한 곳은 청주의 상당
산성이었다. 상당산성은 충청도의 방어 기지로
많은 무기를 보관하고 있었다. 농민군은 그곳을
공격해 무기를 탈취한 다음 다시 충청 병영을 공
격할 생각이었다. 그러나 상당산성에 있는 무기
만으로는 병영의 강력한 관군과 맞서 싸우기 어
려웠다. 그들은 훗날을 기약하며 논산으로 발길
을 돌렸다.

기억해야 할 또 하나의 전투는 10월 들어 천안
목천의 세성산에서 벌어졌다. 김복용과 이희인
이 이끄는 3000여 명의 북접 농민군은 세성산과
작성산에 진지를 구축했다. 그들은 두 산 사이의
협곡처럼 생긴 길에 관군이 진입하면 양쪽에서
협공할 계획이었다. 10월 21일 양호순무영 우선
봉 이두황이 경군을 이끌고 세성산 밑에 이르렀
다. 그는 주변의 지형과 농민군의 태세를 관찰해
다음과 같은 기록을 남겼다.

삼면이 심한 절벽이고 한 면만이 살짝 평지를 이룬
다. 진지가 매우 견고하고 넓다. 깃발이 숲처럼 서
있고 포성이 들판을 울렸다(『양호우선봉일기』).

이두황은 농민군이 협공을 준비하고 있음을
간파하고 역공을 펼쳤다. 그의 판단은 적중했다.
농민군은 관군의 기습 공격에 맞서 아침부터 저
녁까지 치열하게 싸웠으나, 해질 무렵에는 전세
가 기울었다. 관군은 퇴각하는 농민군을 몇십 리
나 추격해 철저히 도륙했다. 얼마나 많은 농민군
의 시체가 쌓였던지 지금도 세성산 아랫마을 사
람들은 이 산을 '시성산', 즉 시체가 쌓인 산이라
고 부른다.

세성산에서 승리를 거둔 이두황은 예산으로
향했다. 예산에는 최시형 교주의 대동원령이 떨
어진 뒤 내포 일대의 농민군 수만 명이 집결해 있
었다. 내포는 삽교천과 무한천을 중심으로 펼쳐
진 예산, 서산, 해미, 홍성 지역을 말한다. 10월 25
일 이두황은 아카마쓰 소위가 지휘하는 일본군
과 합세해 예산의 농민군을 공격했다.

상당산성 진동문 상당산성
은 서쪽으로 청주 시내를
한눈에 내려다보는 곳에
자리 잡고 있다. 상당산성
은 사적. 충청북도 청주시
상당구 성내로 124번길 14.

세성산성 세성산 정상을
둘러쌓은 테뫼식 산성. 돌
로 쌓은 내성과 흙으로 쌓
은 외성으로 이루어져 있
다. 충청남도 기념물. 충청
남도 천안시 동남구 성남
면 화성2길 43.

들은 기세가 오를 대로 오른 대규모 농민군을 당해 낼 수 없었다. 대오가 급격히 무너진 관군과 일본군의 연합군은 다시 홍주성으로 퇴각했다.

농민군은 내친 김에 추격전을 벌여 그날 오후에는 홍주성을 에워싸고 매서운 공격을 퍼부었다. 관군과 일본군은 성 위에서 총포를 쏘며 응전했다. 농민군은 동문에서 일본군과 접전을 벌이고 서문에서는 관군과 격돌했다. 밤이 올 때까지 승부를 예측할 수 없는 치열한 대결이 이어졌다. 그러나 농민군이 예산에서 적을 격퇴한 데서 그치지 않고 홍주성까지 공격한 것은 무리였다. 전력을 다한 농민군은 다음 날 아침 기진맥진해서 뒤로 밀리기 시작했다. 관군은 그때를 놓칠세라 성문을 열고 나가 맹렬하게 농민군을 공격했다.

결국 홍주성전투는 농민군의 패배로 끝나고, 그들은 서북쪽으로 20여 킬로미터 떨어진 해미로 퇴각했다. 홍주성 동남쪽의 공주에 총집결해 결전을 벌이려던 동학농민군의 계획은 이 패배로 큰 타격을 입었다. 이두황의 회고에 따르면 성 앞 길가에는 농민군의 시체가 "산이나 숲처럼 쌓여 있었다." 이처럼 일본군과 연합해 예산의 농민군을 제압한 이두황은 훗날 일본인이 주도한 명성 황후 시해에 가담하게 된다.

충청도 동학농민군 활동 지역
서울로 가려는 동학농민군과 이를 저지하려는 일본군·관군·민보군의 최대 격전지였다.

예산 대접주 박인호가 이끄는 농민군은 예산 인근 당진군 면천의 승전곡에서 이두황 부대를 맞아 첫 전투를 벌였다. 승전곡은 깊은 골짜기가 이어지다가 넓은 들판과 연결되는 곳이었다. 농민군은 적진을 향해 부는 서풍을 이용해 산과 들에 불을 지르고 총공세를 펼쳤다. 뜻밖의 화공에 일격을 당한 관군과 일본군은 궤멸 직전까지 갔다. 그들은 새벽이 되어서야 겨우 농민군의 포위망을 뚫고 홍주성으로 퇴각할 수 있었다.

홍주성은 내포에서 가장 큰 규모의 성이었다. 홍주 목사 이승우는 패주해 온 이두황의 군대와 일본군을 보고 예산의 농민군을 내버려 두어서는 안 되겠다고 생각했다. 그는 관군과 일본군의 재정비를 돕고 홍주성의 병력을 보태 예산으로 진격할 계획을 세웠다. 농민군은 예산 신례원에 5만여 명의 대군을 배치해 놓고 그들의 반격에 대비했다.

10월 26일 이승우의 지원을 받은 이두황의 관군과 일본군은 전날의 패배에 대한 설욕을 벼르며 홍주성을 나섰다. 주변 지역 유림의 민병대인 유회군(儒會軍) 4, 5천 명도 합세했다. 그러나 그

홍주성 홍화문 홍주성은 세종 때 처음 쌓고 1451년(문종 1)에 고쳐 쌓았다. 홍화문은 성의 남문이다. 사적. 충청남도 홍성군 홍성읍 오관리 200-2.

경상도 서북부의 농민군

경상도에는 동학농민군이 공격해야 할 전략 목표가 있었다. 일본군이 청일전쟁을 위해 부산과 서울을 잇는 요충지에 가설한 병참선이었다. 선산의 해평, 상주의 낙동, 함창의 태봉에 병참 기지가 들어섰다. 일본군의 통신선을 연결하기 위한 전신주의 건설에는 조선의 백성이 동원되었다. 그들의 원성은 높아져 갔고 농민군은 그에 호응해 병참 기지의 파괴에 나섰다.

경상도 내륙의 예천, 안동, 의성 등은 전형적인 양반 고을로 양반의 수탈과 억압에 대한 농민의 원한이 쌓여 온 곳이었다. 동학농민전쟁이 일어나자 농민은 한을 분출했다. 안동에서는 부사의 행차를 가로막은 뒤 부사를 끌어내려 구타하고 물건을 빼앗는 일도 있었다. 양반들은 아랫것들에게 능욕을 당했다고 분해 하며 복수의 칼날을 갈았다.

예천에서는 양반과 향리층이 집강소를 설치하고 농민군의 읍내 진입을 막았다. 집강소란 본래 동학농민군의 자치 기관이었다. 그런 집강소를 양반과 향리가 세워 놓고 거꾸로 농민군에 대항하는 데 활용한 것이다. 학계에서는 이를 농민군의 집강소와 비교해 '보수 집강소'라 부르기도 한다. 예천의 보수 집강소는 동학교도 11명을 체포해서 읍내 한천 모래밭에 생매장하는 만행을 저지르기까지 했다.

예천 집강소의 만행은 동학농민군을 분노케 했다. 예천 접주 최맹순은 인근 지역으로 통문을 돌려 보수 집강소의 동학교도 매장 사건을 고발했다. 인근 고을에 모인 13명의 접주는 예천 집강소에 생매장 사건의 책임자를 처벌하지 않으면 읍내를 공격하겠다는 경고장을 보냈다. 예천 집강소가 이에 응하지 않자, 1894년 8월 20일 농민군은 예천을 응징하기로 결의했다.

농민군은 예천을 공격하기에 앞서 안동과 의

서정자들 한천이 지나면서 이루어 놓은 충적 평야. 예천에서 넓은 들판으로 손꼽히는 곳이다. 멀리 봉화산이 보이고 그 아래 예천 군청이 자리 잡고 있다. 경상북도 예천군 예천읍 서본리 83, 85–2, 86–1 일대.

성으로 진격했다. 안동과 의성의 전직 관리와 유생들은 이에 맞서 민보군을 결성했다. 민보군은 농민군 선발대를 체포하고, 관군은 뒤따라오는 농민군을 기습 공격했다. 예기치 못한 반격에 밀린 농민군은 안동과 의성을 포기하고 예천으로 향했다. 그들은 예천 농민군과 합세해 예천 읍내 주변을 봉쇄했다.

8월 28일 오후부터 이튿날 새벽까지 예천 읍내 서정자들에서 농민군과 민보군의 결전이 벌어졌다. 그러나 이곳에서도 민보군의 화력을 견디지 못한 농민군은 점령을 포기해야 했다. 승리한 민보군은 예천 읍내에서 거리낌없이 동학교도 사냥에 나섰다.

"동네 사람 중에 동학과 관련이 있다고 알려진 사람, 재산이 있는 사람, 예전에 흠이 있었던 사람, 동학을 다시 일으킬 것 같은 사람을 잡아다 죽이고, 심지어 그 사람의 여자까지 빼앗아 첩으로 삼았다."(『학초전』)

한천 사진 오른쪽에 얕은 둔덕이 있는데, 그 위에 농민군 생매장 터와 비석이 있고 그 앞에 예천스타디움이 세워져 있다.

경상도 서북부
동학농민군 활동 지역
동학농민전쟁 시기 이 지역
의 특징 중 하나는 다른 지역
과 달리 '보수 집강소'가 출
현했다는 것이다.

그 무렵 일본군 장교와 병사 두 명이 예천 인근
에서 농민군에게 사로잡혀 장교가 살해당했다.
그러자 관군 240여 명과 일본군 50명이 예천 일
대에 파견되어 동학교도를 닥치는 대로 학살했
다. 농민군의 일원인 최맹순은 그들의 추적을 피
해 강원도로 도망쳐 은신했다. 그는 11월에 평창
농민군의 지원을 받아 100여 명의 농민군을 이
끌고 복수를 위해 예천 적성리로 쳐들어갔다. 그
러나 최맹순의 복수전은 실패로 돌아가고 그 역
시 체포되어 처형되었다. 이로써 예천 일대의 동
학농민군 항쟁은 비극적으로 마감되었다.

예천 농민군이 활동하던 시기에 성주의 농민
군도 이웃인 지례, 인동(구미)의 농민군과 힘을
합쳐 100여 명의 부대를 결성했다. 그들은 관군
과 싸우면서 세를 불려 9월 4일 무렵에는 성주읍
성을 점령했다. 그러나 성주의 관군도 당하고만
있지는 않았다. 그들은 강력한 화력을 보유한 일
본군의 지원을 받아 곧 농민군을 몰아내고 읍성
을 되찾았다.

성주의 동학농민군 중에는 박정희의 부친인
박성빈도 있었다고 전한다. 박성빈은 일찍이 무
과에 급제했지만, 매관매직으로 터를 잡은 전임

자가 자리를 비켜 주지 않아 낙향했다. 동학에 입
문해 활동하던 박성빈은 관군에 체포되었으나
구사일생으로 처형을 면하고 성주를 떠난 것으
로 알려졌다.

상주와 선산에서는 9월 22일 수천 명의 농민
군이 관아와 읍성을 점령했다. 상주 농민군은 충
청도의 영동, 청산 등지의 농민군과 합세해 세력
을 키운 대군이었다. 그들이 상주와 선산의 읍성
을 점령하자 낙동과 해평의 일본군 병참부는 동
학농민군의 공격에 노출될 가능성이 커졌다.

9월 28일 낙동 병참부에 주둔하고 있던 일본
군이 출동해 상주읍성을 기습했다. 일본군은 사
다리를 타고 성벽을 올라가 농민군을 읍성에서
몰아냈다. 밀려난 농민군은 선산에서 재집결했
다. 그들은 낙동 병참부를 공격해 화근을 뽑아 버
리려 했다. 그러나 9월 30일 병참부 2개 분대의
선제공격을 받고 다시 한번 분루를 삼켜야 했다.
선산읍성을 점령했던 농민군도 10월 1일 해평
병참부 일본군의 공격을 받고 퇴각했다. 그들은
김천 장터에서 재집결했으나, 거기서 다시 200여
명의 대구 관군과 싸워 패했다.

상주와 선산에서 농민군이 물러나자 그 지역
의 양반 유생과 아전들도 예천을 본떠 보수 집
강소를 세우고 읍성을 지켰다. 상주 일대에서는
8900여 명의 관군이 두어 달에 걸친 토벌 작전을
펼쳐 수십 명의 동학 접주를 처단하고 1500여 명
의 농민을 집으로 돌려보냈다.

남해안의 농민군

남해안의 동학농민군은 크게 두 권역을 거점으로 활동했다. 영호남이 만나는 여수-진주 권역과 서쪽 끝의 해남-장흥 권역이다. 예로부터 남해안을 지키는 조선군의 요충지였던 곳들이다. 여수에는 전라 좌수영, 해남에는 전라 우수영이 있고 진주에는 경상 우병영, 강진에는 전라 우병영이 있었다. 또 지리산 자락의 하동은 영호남을 잇는 통로였다.

순천의 동학농민군은 전봉준의 고부 봉기와 거의 같은 시기에 봉기했다. 순천 부사 김갑규는 농민군이 몰려오자 그들의 요구를 들어주기로 하고 목숨을 부지한 뒤 도주했다. 그때 김제 출신의 거물급 농민군 지도자 김인배가 순천에 영호대도소를 설치하고 활동을 시작했다. 그는 김개남으로부터 영호남을 아울러 큰일을 하라는 뜻에서 '영호대접주' 칭호를 받은 인물이었다.

1894년 8월 말 하동의 농민군이 관아를 점령하기 위해 김인배에게 지원을 요청했다. 9월 1일 김인배는 1만여 명의 농민군을 이끌고 섬진강을 건너 하동으로 갔다. 그들은 다음 날 하동에서 지리산 포수가 주축이 된 민보군과 싸워 이겼다. 하동 부사 이채연은 대구로 도피하고 하동읍성은 함락되었다. 김인배는 포수들의 소굴인 지리산

하동 고성산성 고성산 능선을 따라 바위들을 연결해 성을 쌓은 흔적이 남아 있다. 1995년 고성산성 항일전적지보존회가 동학농민운동위령탑을 세웠다. 경상남도 기념물. 경상남도 하동군 옥종면 북방리 산 13-1 일대.

화개동으로 들어가 그들의 거처인 민가 500여 채를 모조리 불태워 버렸다.

하동의 승전보는 진주에 퍼졌다. 9월 17일 김인배가 이끄는 농민군이 진주로 진격하자 경상 우병사 민준호는 항전을 포기하고 그들을 융숭하게 대접했다. 김인배는 진주에서 폐정개혁을 다짐하는 농민군 대회를 연 뒤 경상 우병영을 그곳 농민군에게 맡기고 순천으로 돌아갔다.

그러자 부산 주둔 일본군이 진주 탈환에 나섰다. 정부는 민준호를 파직하고 대구에 있던 지석영의 관군에게 일본군과 함께 진주를 공격하라고 명령했다. 진주 농민군은 여러 고을에 통문을 돌려 함께 진주를 지키자고 호소했다. 그들은 각지의 농민군이 모이는 진주대회를 열려고 했으나, 일본군과 관군의 공격이 임박했다는 소식에 계획을 접어야 했다.

10월 14일 진주의 농민군은 부대를 둘로 나눠 한 부대는 수곡리 장터에서, 다른 부대는 하동 고성산성 아래에서 적군을 기다렸다. 일본군과 관군이 공격한 곳은 고성산성이었다. 그곳을 지키던 농민군은 결사적으로 항전했으나 수천 명의 목숨을 잃고 퇴각했다. 그때 농민군 시체를 쌓아 놓았다는 산성 약수암의 우물은 지금도 보존되어 있고, 산성 아래에는 농민군 희생자를 기리는 추모탑이 세워져 있다.

일본군과 관군이 여세를 몰아 하동 읍내로 진격하자 하동 농민군은 김인배에게 지원 요청을

화개장터 표석 영남과 호남의 경계 지대에 있는 장터. 지리산 일대의 산간 마을들을 이어 주는 상업 중심지 역할을 해 왔다. 경상남도 하동군 화개면 쌍계로 21 일원.

전라도 남부와 경상도 해안 지대 동학농민군 활동 지역
동학농민군은 섬진강 동쪽 진주까지 진출했으나, 일본군과 관군의 공세를 이겨내지 못하고 섬진강 서쪽으로 패퇴했다.

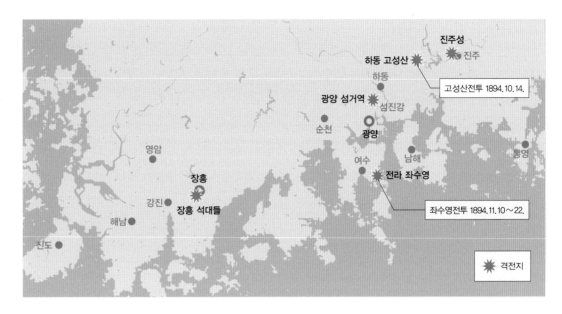

진남관 임진왜란 때 이순신이 전라 좌수영의 지휘소로 사용한 진해루가 불타자 1599년(선조 32) 그 자리에 새로 지은 건물. 국보. 전라남도 여수시 동문로 11.

보냈다. 김인배가 출동하자 일본군은 섬진나루 상류에 매복하고, 관군은 김인배의 퇴로를 차단하기 위해 뒤쪽에서 기다렸다. 10월 22일 하동과 광양 섬거역에서 벌어진 전투에서 김인배는 생애 첫 패배를 당했다. 그는 소나무 가지로 위장하고 가까스로 탈출해 순천으로 돌아갔다.

절치부심한 김인배는 부대를 재정비해 여수의 전라 좌수영을 공격했다. 농민군 사이에 악명이 높았던 전라 좌수사 김철규는 긴장 속에 방비 태세에 들어갔다. 11월 10일 농민군은 여수 앞바다를 막고 전라 좌수영이 있는 진남관 뒷산(종고산)에 진을 쳤다. 그러나 혹한의 날씨에 병력이 마비되고 관군은 성안에서 나오지 않아 그날의 전투는 무산되었다. 일단 철수한 농민군은 6일 후 다시 공격에 나섰다. 전투는 며칠 동안 줄기차게 이어졌으나 승패는 갈리지 않았다.

김철규는 관군만으로는 버티기 어렵다고 판단해 부산의 일본영사관에 지원을 요청했다. 때마침 일본 해군 수송선인 쓰쿠바함이 일본군을 태우고 통영에 정박해 있었다. 그 함선의 일본군 100명이 김철규를 지원하기 위해 여수로 파견되었다. 11월 22일 김인배는 다시 한번 전라 좌수영을 공격했으나 일본군의 지원을 받은 관군의 반격으로 많은 병력을 잃고 퇴각했다. 김철규는 이 전투에서 관군에게 검은 옷을 입혀 일본군처럼 보이게 했다. 일본군을 두려워하던 농민군은 검은 옷만 보고도 도망쳤다고 한다.

전라 좌수영을 점령해 남해안에서 지구전을 펼치려던 김인배의 계획은 수포가 되었다. 설상가상으로 순천의 영호대도소마저 김인배가 자리를 비운 사이 관군에게 점령되었다. 김인배는 광양으로 피신했으나 일본군과 관군은 집요하게 추격해 왔다. 광양의 농민군과 민간인 수천 명이 목숨을 잃은 끝에 영호대접주 김인배는 체포되어 24년의 짧은 생을 마쳤다.

❸ 마지막 함성의 현장

풋개에 진을 치고 있던 남접과 북접의 연합군으로 돌아가자. 총사령관 전봉준은 공주의 충청 감영을 점령하는 데 총력을 기울이기로 하고 각지의 농민군에게 공주로 집결할 것을 촉구했다. 김개남은 이를 거절하고 따로 청주를 공격했다. 공주와 청주에서 전투가 벌어진 1894년 11월은 조선의 진로를 결정한 운명의 시간이었다.

우금치의 함성

논산에서 충청 감영으로 올라가는 길을 공주 남쪽에서 막아선 고개가 우금치이다. 날이 저물면 도둑이 들끓는 바람에 소를 몰고 넘어 가는 것을 금지해서 '우금(牛禁)'이란 이름이 생겼다고 한다. 그러나 농민군은 이 고개를 피할 생각이 없었다. 당시에 들끓고 있던 도둑은 모리배와 침략자들이었기 때문이다.

풋개를 떠난 전봉준과 손병희의 남·북접 연합군 4만 명은 노성을 거쳐 10월 23일 공주 남쪽 30리(12킬로미터) 지점의 경천에 도착했다. 충청도 옥천 쪽의 또 다른 북접군 수만 명은 그들과 호응하기 위해 공주 동쪽 30리 지점의 대교에 진을 쳤다. 이처럼 각각 수만 명에 이르는 농민군이 남과 북에서 공주를 압박해 오자 충청도 관찰사 박제순은 정부에 지원을 요청했다. 양호순무영 좌선봉 이규태는 교도중대와 통위영 2중대를 이

끌고 10월 24일 공주에 도착했다. 세성산전투를 치른 우선봉 이두황도 사흘 후 장위영 병력과 함께 공주에 들어왔다. 일본에서 파견된 후비보병 독립 19대대는 10월 말 공주에 도착했다.

관군은 대교의 북접군을 공격해 두 부대의 합류를 차단하고 경천의 남·북접 연합군에 대비했다. 전봉준은 부대를 둘로 나눠 손병희가 이끄는

공주성전투 전적지
동학농민군은 풋개에서 출발해 충청 감영으로 향했으나, 끝내 우금치를 넘지 못하고 돌아서야 했다.

충청 감영 터(왼쪽 아래)
1603년(선조 36) 청주에서 공주로 옮겼다. 현 공주대학교 사범대학 부설고등학교. 충청남도 공주시 봉황로 75.

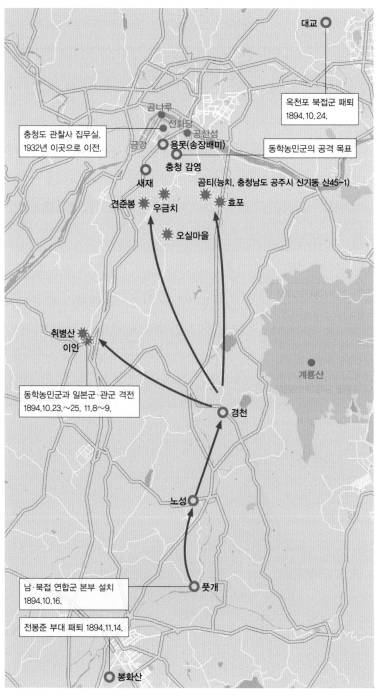

- 대교
- 옥천포 북접군 패퇴 1894.10.24.
- 곰나루
- 선화당
- 충청도 관찰사 집무실. 1932년 이곳으로 이전.
- 공산성
- 금강
- 용못(송장배미)
- 동학농민군의 공격 목표
- 충청 감영
- 새재
- 곰티(능치, 충청남도 공주시 신기동 산45-1)
- 견준봉
- 우금치
- 호포
- 오실마을
- 취병산
- 이인
- 계룡산
- 동학농민군과 일본군·관군 격전 1894.10.23.~25, 11.8~9.
- 경천
- 노성
- 남·북접 연합군 본부 설치 1894.10.16.
- 풋개
- 전봉준 부대 패퇴 1894.11.14.
- 봉화산

180

북접군을 서쪽의 이인으로 보내고, 자신은 주력인 남접군을 이끌고 효포로 향했다. 관군은 먼저 이인의 북접군을 선제공격해 그들을 이인역 뒷산인 취병산으로 몰아넣었다.

남접군이 효포에서 전투태세를 갖추자 관군과 일본군은 효포와 감영 사이의 곰티 주변에 병력을 집결시켰다. 10월 25일 새벽, 남접군은 곰티의 산마루를 향해 진격했다. 일본군은 남접군 왼쪽에서, 관군은 오른쪽에서 협공해 왔다. 남접군은 70여 명의 전사자를 남긴 채 퇴각했다. 날이 저물자 전봉준은 효포 들판에서 장비를 수습하고 경천으로 후퇴했다.

이인과 효포의 패전으로 손실이 컸던 데다 혹한과 폭설마저 겹쳐 농민군의 사기는 크게 떨어졌다. 일부는 고향으로 달아나기도 했다. 전봉준은 2만여 명으로 줄어든 농민군을 두 부대로 나눠 11월 7일과 8일 사이에 이인과 경천의 두 방향을 따라 공주를 향해 다시 북진했다.

감영 측은 이인 쪽에 관군 주력군을 배치하고 우금치에는 일본군과 관군의 연합 병력을 포진시켰다. 전봉준이 이끄는 농민군 주력 부대가 이인을 들이치자 그곳을 지키던 관군도 우금치로 물러났다. 전선은 우금치로 단일화되었다.

11월 9일 아침 해가 밝았다. 우금치와 충청 감

영 외곽, 공주로 들어가는 모든 통로에 일본군과 관군이 배치되어 있었다. 농민군은 동서 40리에 걸쳐 일렬로 진을 치고 전진했다. 우금치 아래 집결한 농민군은 정상의 일본군을 올려다보며 함성과 함께 돌격했다. 한꺼번에 올라갔다가 적이 총을 쏘면 물러나고 총소리가 멈추면 다시 올라갔다. 앞선 대열이 무너지면 다음 대열이 뒤를 이었다. 이렇게 전진과 후퇴를 수십 차례 반복하다 보니 농민군 시체가 우금치 언덕을 메웠다.

전봉준은 어쩔 수 없이 농민군을 일본군 사정거리 밖으로 후퇴시켰다. 관군이 우금치에서 내려와 공격하니 또다시 수많은 농민군이 쓰러졌다. 농민군이 퇴각하자 관군은 밤새도록 집요하게 추격전을 펼쳤다. 효포의 개울에는 피가 가득 고여 흘렀다. 전투가 일단락되었을 때 우금치 공격에 투입된 1만여 명의 농민군은 3000여 명으로 줄어들어 있었다.

12일까지 공주 부근의 산봉우리에 남아 있던 다른 농민군도 관군에 밀려 퇴각했다. 이로써 20여 일에 걸친 공주성전투는 농민군의 패배로 끝났다. 노성 부근으로 물러난 전봉준은 관군에게 격문을 띄워 항일 연합 전선을 제의하고 친일 세력을 응징하는 데 함께할 것을 호소했다. 관군은 14일 전봉준 부대를 공격하는 것으로 대답했다. 전봉준은 남은 병력을 이끌고 봉화산 정상의 황화산성에서 버텼으나, 끝내 적의 화력을 이겨 내지 못하고 퇴각했다.

이인 방향
우금치터널
충청 감영
(공주사대부고) 방향
동학혁명군위령탑
우금치전적지

청주성의 함성

김개남이 전봉준의 공주 공격에 함께하지 않은 명분은 동학의 비기(祕記)였다. "남원에서 49일 머물러야 일을 당해 낼 수 있다."라고 했으니 아직 때가 아니라는 것이었다. 그는 전주화약 직후인 6월 25일 남원을 점령했다. 그곳에서 제1차 남원대회를 연 뒤 7월 하순에 임실로 떠났으니, 그때는 49일을 채우지 못한 셈이다.

그가 다시 남원으로 돌아간 8월 25일부터 49일을 계산하면 10월 14일이 만료일이다. 전봉준이 풋개를 떠나 공주로 북진하기 시작한 10월 23일에는 공주 공격에 합류하지 못할 것도 없었다. 그러나 전주화약을 놓고 전봉준과 대립했던 김개남은 결국 독자 노선을 걸었다.

김개남은 남원을 떠나 전주로 갔다. 그는 남원 부사 이용헌을 칼로 쳐서 죽이고, 고부 군수 양필한을 비롯한 탐관오리를 가렴주구 혐의로 처단했다. 10월 23일에는 금산을 점령하고 역시 군수와 아전들을 처벌했다. 김개남은 여세를 몰아 회덕과 신탄진을 점령하고, 병력을 2만 5000명까지 불려 11월 12일 밤 문의(청주시 상당구)와 신탄진 방면에서 청주성 공격을 개시했다.

청주성을 지키는 관군은 영국산 신식 소총인 스나이더 소총으로 무장하고 있었고, 일본군 1개 소대 병력이 그들을 지원했다. 김개남의 농민군은 독일제 모젤총을 쏘며 청주성 남문을 향해 돌진했다. 그러나 남문 앞 600미터 지점의 고지에

서 일본군의 기습을 받아 혼란에 빠졌다. 그 고지는 지금의 서원대학교 뒷산으로 추정된다. 스나이더 소총뿐 아니라 일본이 자체 개발한 무라타 소총과 각종 근대식 무기로 무장한 일본군을 농민군은 당해 내지 못했다. 그들은 20여 명의 전사자를 남기고 문의 방면으로 퇴각했다.

농민군의 패배는 어림잡아 1 대 250의 비율을 보인 화력의 차이를 볼 때 불가피했다. 일본군은 농민군에게서 깃발 수십 폭, 활 수천 장, 모젤 총 실탄 140발, 화약 150킬로그램, 구식 대포 2문, 소와 말 50여 두를 노획했다. 김개남은 문의에서 한 차례 더 싸운 뒤 진잠(대전 유성구), 연산(논산시 연산면) 쪽으로 퇴각했다.

전봉준과 김개남은 그제야 다시 만나 연합 전선을 형성한다. 청주성전투에서 패하고 이동하던 김개남 부대가 공주성전투에서 패하고 내려오던 전봉준 부대에 합류한 것이다. 각각 수만 명의 대군을 자랑하던 두 부대가 처음부터 함께했다면 역사는 달라졌을지도 모른다. 만시지탄이란 말이 이보다 더 가슴을 치며 다가오는 일도 없을 것이다.

보은의 절규

전봉준과 김개남은 관군과 일본군에 쫓기면서 함께 싸웠다. 그들은 농민군이 장악하고 있던 전주까지 함께 가서 재기를 모색한 것으로 알려졌다. 그러나 전주에서 나올 때는 다시 흩어져 각자의 길을 갔다. 전주에서 3000여 명의 농민군을

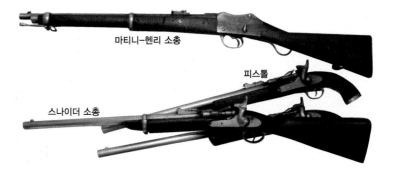

마티니-헨리 소총

피스톨

스나이더 소총

꾸린 전봉준은 11월 23일 원평으로 향했다. 원평에 이르는 동안 농민군은 1만여 명으로 불어났다. 백성의 호응에 자신감을 되찾은 전봉준은 원평 앞산에 진을 치고 각지에 전령을 보내 재집결을 호소했다. 전주를 거쳐 전봉준을 추격해 온 관군과 일본군은 11월 25일 원평천 변 들판에 진을 쳤다. 500미터쯤의 거리를 두고 대치한 양군은 아침부터 저녁까지 쉴 새 없이 총포를 쏘아 대며 격전을 벌였다. 날이 저물 무렵 승자는 관군과 일본군이었다.

전봉준은 포기하지 않았다. 이번에는 태인으로 부대를 옮겨 전열을 가다듬었다. 태인 읍내를 둘러싼 산봉우리마다 농민군의 깃발이 펄럭였다. 그러나 11월 27일 일본군과 관군이 산을 향해 돌진해 오자 농민군은 사방으로 흩어졌다. 연이은 전투에 지친 탓인지 군량과 무기는 물론 가벼운 죽창마저 버리고 달아났다. 농민군 40여 명이 죽고 50여 명이 포로로 잡혔다.

집념의 전봉준도 더는 버틸 수 없었다. 그는 금구 등지에서 다시 군사를 모았지만, 수는 많아도 기율이 서지 않았다. 그대로는 전쟁을 계속하기 어렵다고 판단한 전봉준은 침통한 심경으로 농민군 해산을 선언했다. 그를 하늘처럼 믿고 따르던 농민군에게는 청천벽력이었다. 탄식하며 울부짖는 병사도 있었다. 전봉준은 짧은 말을 남기

고 전장을 떠났다. "성패는 운수에 달려 있다. 이제 제각기 할 일을 하라."

원평과 태인의 전투를 끝으로 전봉준 부대가 뿔뿔이 흩어질 때 전봉준과 함께하던 손병희의 북접군은 임실의 새목터까지 후퇴했다. 그들은 그곳에서 교주 최시형이 이끄는 동학 교단 직속의 북접군에 합류했다. 본래 최시형은 공주성전투가 패배로 끝날 무렵 2만 명을 모아 전주로 가서 전봉준과 합세하려 했었다. 그러나 길이 막히자 순창에서 병력을 재결집한 뒤 소백산맥을 따라 북상하던 길이었다.

최시형과 손병희가 이끄는 농민군은 장수와 무주를 거쳐 영동까지 가는 동안 수많은 접전을 치르고 파김치가 되었다. 그들은 12월 13일 옥천 청산에서 이틀간 머물다가 관군과 일본군이 추격해 온다는 소식을 듣고 17일 보은의 북실마을로 이동했다. 고된 행군으로 지친 데다 추위와 굶주림에 시달리던 농민군은 총탄마저 떨어져 전투력을 상실한 상태였다. 그때 일본군의 습격을 받았으니 그것은 전투가 아닌 학살이었다. 불과 8시간 만에 사망한 농민군 숫자는 일본군 기록에 따르면 300여 명, 민보군 김석중이 쓴 『토비대략』에 따르면 2600여 명이었다. 살아남은 자들은 강원도 방면으로 도주하고 손병희는 보은을 떠나 충주로 피신했다. 그는 12월 24일 동학농민군의 해산을 선포했다. 북실전투는 사실상 동학농민군 최후의 전투였다.

녹두꽃 지다

전봉준을 '녹두장군'이라고 한다. 녹두는 가난한 백성이 쌀을 수탈당하고 대신 심어 먹던 작물이었다. 수탈당하는 백성을 상징하는 녹두가 동학농민군 총사령관의 별칭이 된 것이다. 녹두는 동학농민전쟁 시기에 전라도를 중심으로 널리 퍼진 민요에도 등장한다.

> 새야 새야 파랑새야
> 녹두밭에 앉지 마라.
> 녹두꽃이 떨어지면
> 청포장수 울고 간다.

여기서 '파랑새'는 푸른색 군복을 입은 일본군을 뜻한다. '녹두밭'과 '녹두꽃'은 동학농민군과 전봉준을 가리키고 '청포장수'는 민중을 비유한다고 한다. 전봉준과 동학농민군의 패배가 민중의 가슴에 응어리진 한으로 남아 이 같은 민요로 탄생한 셈이다.

11월 29일 전봉준은 몇 명의 부하와 함께 전라남도 장성의 입암산성으로 숨어들었다. 입암산성 별장 이종록과 친분이 있었으므로 오랜만에 배불리 먹고 푹 잘 수 있었다. 그러나 일본군과 관군이 산성으로 오고 있다는 소식을 듣고 하루 만에 백암산 백양사로 옮겼다. 거기서도 오래 머물지 못하고 숲길을 따라 순창 장터의 주막으로

피신해야 했다. 12월 2일 밤 바로 그곳에서 전봉준은 민보군에게 체포되었다. 전봉준이 고부 접주로 있을 때 그 밑에서 접사 일을 하던 김경천이 팔자를 고칠 마음으로 정보를 팔아먹었던 것이다. 전봉준 일행은 담양의 일본군에게 인계되어 나주로 옮겨졌다.

한편, 전봉준과 헤어졌던 김개남은 12월 1일 태인에 있는 매부 서영기의 집에 숨었다. 그러나 친구인 임병찬의 밀고로 체포되어 전라 감영으로 이송되었다. 전라도 관찰사 이도재는 김개남을 서울로 압송하지 않고 12월 3일 전주 서교장에서 임의로 참수했다.

손화중은 전봉준과 김개남이 관군에게 잡혔다는 소식을 듣고 낙담했다. 죽음을 함께하기로 한 동지들이었다. 그는 자신을 숨겨준 이봉우에게 말했다. "나를 고발해 상을 후하게 받아라. 그동안 나를 도와준 은혜를 이렇게라도 갚고 싶구나." 그는 12월 11일 고창에서 체포되고 나주로 압송되어 전봉준과 만났다. 나주 감옥은 수백 명의 동학농민군을 즉결 처형하고, 전봉준과 손화중을 비롯한 중죄인만 서울로 압송했다. 전봉준의 서울 압송은 일본 정토군 사령관 미나미 고시로가 삼엄한 경비를 펼치며 직접 지휘했다.

12월 18일 전봉준과 일행은 서울에 도착해 일

입암산성 입암산 계곡 능선을 따라 만든 포곡식 산성. 고려 이전부터 성이 있었던 것으로 짐작된다. 사적. 전라남도 장성군 북하면 신성리 산 20-2 일대.

백양사 쌍계루 백암산에 자리 잡은 백양사 일대는 예로부터 수려한 풍광으로 유명한 곳이다. 뒤로 백학봉이 보인다. 전라남도 장성군 북하면 약수리 산 115-1번지.

일제 강점기의 진고개 본정통(지금의 충무로)에서 바라본 진고개 방향 전경. 일제 강점기 우편엽서에 인쇄되어 있다. 국립민속박물관.

본영사관 순사청 감옥에 수감되었다. 일본영사관은 진고개(충무로와 명동 일대)에 있었고, 그 안에 경찰 업무를 보는 순사청을 두고 있었다. 전봉준의 모습을 보기 위해 사람들이 구름처럼 몰려들었지만, 삼엄한 경비 때문에 녹두장군의 마지막 모습을 본 사람은 없었다.

전봉준은 1895년 2월부터 3월까지 모두 다섯 차례에 걸쳐 일본 영사의 심문을 받았다. 그해 3월 30일 새벽 2시, 전봉준은 손화중·최경선 등과 함께 전옥서 감옥에서 교수형을 당했다. 갑오개혁에서 도입된 근대적 형사 제도에 따라 집행된 최초의 교수형이었다. 전봉준은 죽기 직전 감옥에서 그를 지켜본 간수의 부탁으로 다음과 같은 시를 지었다.

> 때를 만나서 천지가 힘을 합했건만
> 운이 다하니 영웅도 스스로 어찌하지 못하는구나.
> 백성을 사랑하고 정의를 세움에 내게 무슨 허물 있으랴만
> 나라를 위하는 일편단심 그 누가 알아주리.

동학농민군은 조선 왕조의 부정부패를 척결하고 외세의 침략을 격퇴한다는 기치를 내걸었다. 조선 왕조에 내재한 모순을 깊이 성찰하고 인내천과 개벽을 주장한 동학과 그 모순을 온몸으로

겪어 내고 있던 농민이 결합해 일찍이 보지 못한 에너지를 뿜어냈다. 전국적 조직인 동학 교단을 매개로 피지배층이 궐기한 동학농민전쟁은 흔히 '위로부터의 혁명'으로 일컬어지는 갑신정변과 대비해 '아래로부터의 혁명'으로 불린다. 신분제 타파, 과부 재가 허용 등 낡은 제도의 혁파를 주장하고 "서울로 쳐들어가 권귀를 멸한다."라는 혁명적 강령을 실천에 옮겼다.

제폭구민과 척왜양창의를 부르짖은 동학농민전쟁은 비록 실패했지만, 한국 근현대사에 깊고 넓은 그림자를 드리웠다. 척왜양의 정신은 열강의 침탈과 일본의 식민 지배로 얼룩진 시기에 한국인의 민족 자주 의식을 버텨 주는 향도였다. 대한제국 시기의 의병전쟁과 일제 강점기의 항일무장투쟁은 동학농민전쟁의 계승자였다. 3.1운동 당시 민족 대표 33인에는 동학농민군 출신이 아홉 명 포함되어 있었다. 제폭구민의 정신은 해방 후 독재와 부정부패에 시달리던 한국인에게도 이를 극복할 수 있다는 신념의 원천이 되었다. 4.19혁명, 5.18광주민주화운동, 6월항쟁 역시 동학농민전쟁의 계승자였다.

이전의 어떤 전쟁과도 달랐던 '개벽의 전쟁' 동학농민전쟁. 그것은 일하며 살아가는 모든 사람에게 그들이 세상의 주인이라는 것을 일깨워 주는 역사적 교훈으로 영원히 남을 것이다.

녹두장군 전봉준 전봉준이 처형된 서울 지하철 1호선 5, 6번 출구 앞 전옥서 자리에 2018년 건립된 동상. 서울 종로구 청계천로 41.

부록

지도 목록

찾아 보기

참고문헌

원전

김기종, 『서정록(西征錄)』.

김부식, 『삼국사기(三國史記)』.

김정호, 『대동여지도(大東輿地圖)』.

김종서 외, 『고려사절요(高麗史節要)』.

노사신 외, 『동국여지승람(東國輿地勝覽)』.

박학래, 『학초전(鶴樵傳)』.

『산성일기(山城日記)』.

서거정 등, 『동문선(東文選)』.

『세종실록지리지(世宗實錄地理志)』.

양호도순무영, 『갑오군정실기(甲午軍政實記)』.

유득공 외, 『이충무공전서(李忠武公全書)』.

유성룡, 『징비록(懲毖錄)』.

이긍익, 『연려실기술(燃藜室記述)』.

이두황, 『양호우선봉일기(兩湖右先鋒日記)』.

이순신, 『난중일기(亂中日記)』.

이항복, 『백사집(白沙集)』.

일연, 『삼국유사(三國遺事)』.

정현석, 『갑오해영비요전말(甲午海營匪擾顚末)』.

『조선왕조실록(朝鮮王朝實錄)』.

司馬光, 『資治通鑑』.

司馬遷, 『史記』.

陳壽, 『三國志』.

『日本書紀』.

단행본

강응천, 『한국사탐험대 5 전쟁』, 웅진주니어, 2006.

구범진, 『병자호란, 홍타이지의 전쟁』, 까치, 2019.

기타지마 만지, 『도요토미 히데요시의 조선 침략』, 경인문화사, 2008.

김광일, 『전쟁으로 읽는 한국사』, 은행나무, 2012.

김성한, 『칠년전쟁』(전 5권), 산천재, 2012.

김시덕, 『그들이 본 임진왜란』, 학고재, 2012.

김양식, 『새야 새야 파랑새야』, 서해문집, 2005.

김영진, 『임진왜란』, 성균관대학교출판부, 2021.

김원모 정성길 엮음, 『사진으로 본 백년 전의 한국 근대 한국(1871-

1910)』, 가톨릭출판사, 1986.

나카츠카 아키라, 박맹수 옮김, 『1894년, 경복궁을 점령하라!』, 푸른역사, 2002.

노영구, 『한국의 전쟁과 과학기술문명』, 들녘, 2022.

동학농민전쟁100주년기념사업추진위원회 편, 『동학농민전쟁연구자료집(1)』, 여강출판사, 1991.

문사철 편, 『민음 한국사』, 민음사, 2014.

박종기, 『새로 쓴 오백년 고려사』, 휴머니스트, 2020.

박태원, 『갑오농민전쟁』(전 8권), 깊은샘, 1989.

사토 데쓰타로 외, 김해경 옮김, 『이순신 홀로 조선을 구하다』, 가갸날, 2019.

서영교, 『고대 동아시아 세계대전』, 글항아리, 2021.

송호정, 『한국 고대사 속의 고조선사』, 푸른역사, 2003.

안주섭, 『고려 거란 전쟁』, 경인문화사, 2003.

안중근, 『安應七歷史』, 독도도서관친구들, 2020

『영남대박물관 소장 한국의 옛 지도 도판편』, 영남대학교 박물관, 1998.

오타니 다다시, 이재우 옮김, 『청일전쟁: 국민의 탄생』, 오월의봄, 2018.

원종규 외, 『갑오농민전쟁 100돌 기념논문집』, 집문당, 1995.

이규철, 『정벌과 사대』, 역사비평사, 2022.

이기훈, 『전쟁으로 보는 한국역사』, 지성사, 1997.

이도학, 『후삼국시대 전쟁 연구』, 주류성, 2015.

이상훈, 『나당전쟁 연구』, 주류성, 2012.

이순신, 노승석 옮김, 『교감 완역 난중일기』, 민음사, 2010.

이영호, 『동학과 농민전쟁』, 혜안, 2004.

이이화, 『이이화의 동학농민혁명사』, 교유서가, 2020.

이준갑 외, 『아틀라스 중국사』, 사계절, 2015.

이찬, 『한국의 고지도』, 범우사. 1997.

조선일보사 출판국, 『격동의 구한말 역사의 현장』, 조선일보사, 1986.

하라 아키라, 김연옥 옮김, 『청일, 러일전쟁 어떻게 볼 것인가』, 살림, 2015.

한국교원대학교 역사교육과 교수진, 『아틀라스 한국사』, 사계절, 2004.

한국교원대학교 역사교육과 교수진, 『아틀라스 한국사』, 사계절,

2022.

한국문화유산답사회 편, 『답사여행의 길잡이』(전 15권), 돌베개,
2004.

한국생활사박물관 편찬위원회, 『한국생활사박물관』(전 12권),
사계절, 2000.

한국역사연구회 편, 『역사문화수첩』, 역민사, 2000.

한명기, 『임진왜란과 한중관계』, 역사비평사, 1999.

한명기, 『병자호란 1 · 2』, 푸른역사, 2013.

황현, 김종익 옮김, 『번역 오하기문』, 역사비평사, 1995.

孫權華 編著, 『漫步歷代古都』, 中國社會科學院出版社, 2008.

孫權華 編著, 『漫步民間神廟』, 中國社會科學院出版社, 2008.

沈从文·王㐤 著, 『中國服飾史』, 陝西范苑大學出版社, 2004.

王圻 · 王思義 編集, 『三才圖會』, 上 · 中 · 下, 上海古籍出版社, 1985.

王其榘 編, 『明實錄 邻國朝鮮篇資料』, 中國社會科學院
中國邊疆史研究中心, 1983.

王其榘 編, 『清實錄 邻國朝鮮篇資料』, 中國社會科學院
中國邊疆史研究中心, 1987.

劉煒 · 張倩儀 編著, 『圖說 中國的文明』, 常務印書館, 2002.

大島曉雄 外, 『図說 民俗探訪事典』, 山川出版社, 1983.

野呂肖生, 『歷史散步便利帳』, 山川出版社, 2002.

井上光貞 監修, 『図說 歷史散步事典』, 山川出版社, 1979.

논문

김도형, 「한국 전쟁사 서술에 대한 비교와 특징 연구- 남북한 중등
역사 교과서 고대 대중국전쟁사 서술을 중심으로 -」, 『세계 역사와
문화 연구』, 제56집, 2020.

김병곤, 「668년 고구려 멸망시 사천원전투의 재구성 및 의의」,
『고구려발해연구』, 제46권, 2013.

김진한, 「高句麗 滅亡과 淵蓋蘇文의 아들들」, 『한국고대사탐구』,
제22권, 2016.

노영구, 「壬辰倭亂 초기 양상에 대한 기존 인식의 재검토 —
和歌山縣立博物館 소장 「 壬辰倭亂圖屛風」에 대한 새로운 이해를
바탕으로 —」, 『韓國文化』, 제31권, 2003.

_____, 「征韓偉略』에 나타난 일본의 임진왜란 海戰 이해」,
『이순신연구논총』, 제22권, 2014.

_____, 「임진왜란 의병에 대한 이해의 과정과 새로운 이해의 방향」,
『한일군사문화연구』, 제13권, 2019.

박노석, 「백제 황산벌 전투와 멸망 과정의 재조명」, 『인문과학연구』,
제27권, 2010.

서영교, 「白江戰鬪와 新羅」, 『역사학보』, 제226집, 2015.

이도학, 「白江戰鬪의 位置 확인에 대한 接近」, 『한국고대사탐구』,
제25권, 2017.

이재준, 「군사적 관점에서 본 주류성과 백강의 위치」,
『한국고대사탐구』, 제31권, 2019.

조성운, 「황토현전투의 전개와 역사적 의의」, 『한국민족운동사연구』,
제77권, 2013.

최기성, 「동학농민혁명운동과 청일전쟁에 대한 연구」, 『전북사학』,
제28권, 2005.

한우근, 「동학농민군의 봉기와 전투 - 강원, 황해도의 경우 -」,
『한국사론』, 제4집, 1978.

기타

국사편찬위원회, 한국사데이터베이스. https://db.history.go.kr/

동북아역사재단. https://www.nahf.or.kr/

문화재청 국가문화유산포털. https://www.heritage.go.kr/

문화체육관광부·전라북도, 동학농민혁명기념재단 사료(史料)
아카이브. http://www.e-donghak.or.kr/archive/

중학교 역사 교과서, 고등학교 한국사 교과서 및 역사 부도.

위키백과 우리 모두의 백과사전. https://ko.wikipedia.org/wiki/

㈜두산, 두피디아. https://www.doopedia.co.kr/

한국고전번역원, 한국고전종합DB. https://db.itkc.or.kr/

한국학중앙연구원, 한국민족문화대백과사전. http://
encykorea.aks.ac.kr/

진 **151** 황룡촌 항공 사진_박동진 **153** 회선포_위키미디어 영문(Author: Koreanidentity10000) **156** 평양전투_위키미디어(Author: Toshikata Mizuno), 뤼순을 점령한 일본군_위키미디어(Source: http://blog.sina.com.cn/s/blog_5015e65f0102vh9w.html), 조선 병사와 청군 포로_위키미디어(Source:映像が語る「日韓倂合」史: 1875年--1945年, Author: jjok), 웨이하이에서 일본군에 항복하는 정여창 제독_위키미디어(Toshihide Migita), 압록강해전·풍도해전_위키미디어(Author: Kobayashi Kiyochika) **158** 인천 제물포에 상륙한 일본군_『사진으로 본 백년 전의 한국』 **160** 격침된 고승호의 선원을 구조하는 프랑스 군함 르리옹호_위키미디어(Source: Bibliotheque Nationale de France) **161** 시모노세키조약_위키미디어(Kubota Beisen), 류궁다오 갑오해전기념관_위키미디어 중문(Author: Fanghong) **163** 개선하는 일본군·일제 강점기 일본군 사령부의 모습_서울역사아카이브 **166** 광한루_문화재청, 상이암 부도_임실군청 **169** 홍범도_위키미디어(Source: https://www.i815.or.kr/) **171** 소년 접주 김구_백범김구선생기념사업협회, 해주 일대_서울대학교 규장각한국학연구원 **174** 상당산성 진동문·세성산성_문화재청 **178** 고성산성_문화재청, 화개장터 표석_위키미디어(Source: Self-photographed, Author: Piotrus) **179** 진남관_여수시청 **182** 청주 충청도병마절도사영문_문화재청, 스나이더 소총_위키미디어 일본어(Author : MatthewVanitas) **184** 입암산성·백양사 쌍계루와 백학봉_문화재청 **185** 진고개_국립민속박물관

* 출판기획 문사철은 이 책에 실린 모든 자료의 출처를 찾기 위해 최선을 다했습니다. 누락이나 착오가 있으면 다음 쇄를 찍을 때 꼭 수정하도록 하겠습니다.

한국여지승람 03
전쟁의 시공간

지은이 문사철

2023년 11월 18일 초판 1쇄 발행

인쇄 민언프린텍
제본 책공장
제작 제이오

펴낸 곳 직지플러스
펴낸이 강응천
주소 경기도 고양시 일산동구 장백로 184 우신프라자 407호(장항동)
등록 제2021-000057호
전화 031-908-5674
팩스 0504-188-3254
이메일 jikjiplus@gmail.com

ISBN 979-11-982718-3-9
ISBN 979-11-982718-0-8 04910 (세트)